船舶电气设备管理与工艺

第4版

吴浩峻　张春来　编著

林叶锦　主审

大连海事大学出版社

DALIAN MARITIME UNIVERSITY PRESS

图书在版编目(CIP)数据

船舶电气设备管理与工艺 / 吴浩峻，张春来编著.
4 版. -- 大连 : 大连海事大学出版社，2024.7.
ISBN 978-7-5632-4566-6

Ⅰ. U665
中国国家版本馆 CIP 数据核字第 2024845WZ2 号

大连海事大学出版社出版

地址:大连市黄浦路523号 邮编:116026 电话:0411-84729665(营销部) 84729480(总编室)

http://press.dlmu.edu.cn E-mail:dmupress@dlmu.edu.cn

大连天骄彩色印刷有限公司印装　　　　　　　大连海事大学出版社发行

2004 年 8 月第 1 版　　　2024 年 7 月第 4 版　　　2024 年 7 月第 1 次印刷
幅面尺寸:184 mm×260 mm　　　　　　　　　　　　　印张:14
字数:353 千　　　　　　　　　　　　　　　　　　印数:1~1500 册
出版人:刘明凯

责任编辑:陈青丽　　　　　　　　　　责任校对:任芳芳　　刘宝龙
封面设计:张爱妮　　　　　　　　　　版式设计:张爱妮

ISBN 978-7-5632-4566-6　　　　　定价:35.00 元

内容提要

  本书是作者结合近年来"船舶电气设备管理与工艺"课程的改革与实践,对辽宁省"十二五"普通高等教育本科省级规划教材《船舶电气设备管理与工艺》(第3版)进行修订而成的。全书共分十章,内容包括:概述、船舶常用电工仪表与仪器、船舶常用低压电器及其维护与管理、船用电机的管理与维护、船舶辅机电气控制装置的管理与维护、船舶低压电站的管理与维护、船舶高压电站的管理与维护、船舶照明设备的管理与维护、船舶电子设备的管理与维护、船舶电缆处理工艺和安全用电。

  本书注重实际操作,强调应用,更加突出与适任实操评估的结合,将部分实操视频等以二维码数字资源的形式呈现,供读者扫描学习。本书内容全面丰富,体系完整,注重理论知识与实际应用相结合,突出实用性与针对性,可作为轮机工程专业本科"船舶电气设备管理与工艺"课程的教材,也可作为海船轮机部船员适任实操评估(船舶电气)的培训教材,还可作为轮机管理人员实船工作时处理电气系统故障的参考用书。

第 4 版前言

随着航运业和造船业的迅速发展,船舶电气自动化程度越来越高,控制系统越来越复杂。因此,适应船舶自动化技术的发展,提高轮机管理人员对船舶电气自动化设备的管理水平,是现代船舶管理亟须解决的问题,更是海运强国战略的内在需求。

《船舶电气设备管理与工艺(第 4 版)》是作者在满足交通运输部颁布的《海船船员培训大纲(2021 版)》船舶电气相关内容的要求下,参考了交通运输部《海船船员培训大纲(2021 版)》、中国船级社《钢质海船入级规范》、国内外有关教材以及实船电气设备资料,依据船舶电气设备管理技术要求及相关规范,结合作者多年从事船舶电气类课程理论教学与实船电气自动化维修的实践体会,在作者 2016 年编著的《船舶电气设备管理与工艺(第 3 版)》的基础上修订补充撰写而成的。在撰写过程中,作者始终坚持正确的政治方向和价值导向,注重课程思政元素的融入;坚持加强学生的思想性,着力培养学生形成电气设备维护的正确技能的思路。

为了使本教材紧跟新技术、更具实用性,本书在章节结构上与第 3 版相比有一些调整,内容上也有所增删,使知识体系更趋于合理。本书全面系统地叙述了船舶电气设备的管理、操作、维修工艺和常见故障的排除方法,以使轮机工程专业的毕业生能够适应新形势的需要,适应机电一体化的需求,胜任电气自动化设备的管理、使用和维护工作。

与第 3 版教材相比,第 4 版主要增加和优化的内容如下:

第二章中,增加了模拟式万用表的面板与测量电路的分析,对 4～20 mA 电流信号发生器的内容进行了优化。

第三章中,增加了过流继电器用于电动机保护的典型接线图分析和参数设置方法内容;增加了常用低压电器的功能测试方法内容;对时间继电器、压力继电器、电磁制动器、电磁阀、可编程序控制器等内容进行了优化;增加了变频器、触摸屏等在实船中应用逐渐增多的电气模块的相关内容。

第五章中,增加了船用电气控制箱的装配工艺和调试内容;增加了电动机变频起动控制箱的装配和调试内容;增加了电动机触摸屏起动控制箱的装配和调试;对采用电压测量法带电检修电气故障的内容进行了优化。

第六章中,增加了抽屉式空气断路器的插入和抽出实操内容;增加了框架式空气断路器的操作及功能测试内容;增加了发电机保护动作判别(主开关跳闸)内容;增加了 PPU 模块+PLC 控制的典型电站自动控制系统分析内容。

第七章中,增加了高压主配电板的结构组成、高压开关柜、功能保护与控制装置 HIMAP、船舶高压配电装置的主要操作项目等内容。

第九章中,增加了绝缘栅双极晶体管 IGBT 的功能测试内容;优化了电子控制电路图分析的内容。

在每一章中均增加了复习思考题,覆盖《海船船员考试大纲(2022版)》适任实操评估篇中有关"电气与自动控制(大管轮)""电气与自动控制(二/三管轮)""船舶电工工艺和电气设备"三项评估内容船舶电气的全部知识点。

本书由大连海事大学吴浩峻、张春来编著,曹涛、邱翔、王满、赵楠楠、张金男、王浩亮、陈诗蒙、邢釜祯、吕正凯、朱琳等提供了大量视频、图片、文字等资料支持。编写过程得到了大连海事大学轮机工程学院领导、大连海事大学出版社的大力支持与帮助,在此表示衷心的感谢。本书第1版于2004年、第2版于2010年、第3版于2016年由大连海事大学出版社出版,作者对使用过第1版、第2版、第3版的师生及提出宝贵意见的同志表示衷心的感谢。

由于作者水平有限,书中难免有不足之处,诚请专家、读者多提宝贵意见。

作者
2024年3月

第 3 版前言

航运业和造船业的迅速发展,使得船舶电气自动化程度越来越高,控制系统越来越复杂。因此,适应船舶自动化技术的发展,提高轮机管理人员对船舶电气自动化设备的管理水平,是现代船舶管理急需解决的问题。

本书是为了满足中华人民共和国海事局颁布的《中华人民共和国海船船员适任考试和评估大纲》的要求,使轮机员能够适应新形势的需要,适应机电一体化要求,胜任电气自动化设备的管理、使用和维护工作而编写的。

本书在编写过程中参考了中国船级社《钢质海船入级规范》、中华人民共和国海事局《中华人民共和国海船船员适任考试和评估大纲》、国内外有关教材以及实船电气设备资料,依据船舶电气设备管理技术要求及相关规范,结合作者多年从事船舶电气类课程理论教学与船舶电气自动化维修的实践经验,全面系统地叙述了船舶电气设备的管理、操作、维修工艺和常见故障的排除方法。

本书是依据轮机工程专业本科"船舶电气设备管理与工艺"教学大纲编写的。第 3 版教材是作者在认真总结第 1、2 版的经验基础上修订补充编写而成的。为了使本教材的体系更科学,作者在章节结构上做了一些调整;同时为了使本教材紧跟新技术、更加实用,对书稿内容做了一些增删。

与第 2 版相比,主要增加内容如下:

第二章中,增加了便携式干式温度校验炉、便携式压力校验仪、电阻箱、电流信号发生器等船舶电气设备现场安装调试及维护的常用仪器的内容;增加了船舶电气控制系统中的关键器件(检测传感器)的内容。

第三章中,增加了电气控制系统的执行器件的内容;增加了在船舶电气控制系统中普遍应用的可编程控制器 PLC 的内容,以实例详细分析 PLC 设计实现的完整过程。

第五章中,以实际控制电路为例详细分析了电气控制线路故障分析及排除的方法;增加了电气技术现场调试的工艺内容;增加了船舶侧推与电力推进装置的维护与检修内容。

第六章中,增加了船舶电站自动化、船舶高压电力系统的操作和维护的内容。

第七章中,增加了日光灯常见故障、原因及排除方法的内容。

第十一章中,增加了焊接电路图的详细分析内容。

第十二章中,增加了安全隔离栅在油船和散装化学品液货船中的使用内容、电缆的切割、芯线端头处理及接线处理等内容。

本书内容全面丰富、取材新颖,注重理论原理与实际应用相结合,突出实用性与针对性,可作为轮机工程专业本(专)科"船舶电气设备管理与工艺"课程的教材,也可作为海事局海船船员适任评估中的"船舶电工工艺和电气测试"及"船舶电站操作"两项内容的培训教材,还可作为轮机管理人员实船工作时处理电气系统故障的参考书。

本书由大连海事大学张春来教授、吴浩峻副教授编著,孙才勤、史成军、康宝仲、赵楠楠、王满、张金男、王浩亮等参与了部分内容的编写工作。在编写过程中,得到了轮机工程学院领导、大连海事大学出版社的大力支持与帮助,在此表示衷心的感谢。本书第 1 版于 2004 年、第 2 版于 2010 年由大连海事大学出版社出版,作者对使用过第 1 版、第 2 版的师生及提出宝贵意见的同志表示衷心的感谢。

由于编者水平有限,书中难免会有不足之处,诚请专家、读者多提宝贵意见。

作者
2016 年 3 月

第 2 版前言

随着航运业和造船业的迅速发展,船舶电气自动化程度越来越高,控制系统越来越复杂。因此,适应船舶自动化技术的发展,提高轮机管理人员对船舶电气自动化设备的管理水平,是现代船舶管理亟须解决的问题。

本书是为了满足 STCW 78/95 公约及中华人民共和国海事局颁布的《中华人民共和国海船船员适任考试和评估大纲》的要求,使轮机员能够适应新形势,做到机电合一,胜任电气自动化设备的管理、使用和维护工作而编写的。

本书在编写过程中参考了中国船级社《钢质海船入级规范》、中华人民共和国海事局 2004 年实施的《中华人民共和国海船船员适任考试大纲》及国内外有关教材,依据船舶电气设备管理技术要求及相关规范,结合作者多年从事船舶电气类课程理论教学与实践经验,全面系统地叙述了船舶电气设备的管理、操作、维修工艺和常见故障的排除方法。

本书是依据轮机工程专业本科“船舶电气设备管理与工艺”教学大纲编写的。全书共分十四章,包括船舶电气系统概述、船舶常用低压电工材料、常用电工仪表的基本原理及测量方法、船舶电子设备的管理和维护、船舶常用低压电器及其维护管理方法、船舶电机的维护保养要求及方法、船舶电站的管理与维护、船舶辅机电气控制装置的管理和维护、船舶内部通信及信号装置、船舶电气设备安装和安全用电、照明系统的维护保养要求及方法、船舶交流主电站系泊试验、主机遥控系统的管理与维护、机舱监测与报警系统的管理与维护。

本书由大连海事大学赵殿礼教授、张春来副教授编著。大连海事大学的赵楠楠、王浩亮、王雪松、方宇、张立文,大连希云自动化有限公司的张跃年,大连远洋运输公司船员管理中心郑宝成参与了本书部分内容的编写和图文的编辑工作。

本书内容全面、取材新颖,注重理论与实际应用相结合,突出实用性与针对性,可作为轮机工程专业本(专)科“船舶电气设备管理与工艺”课程的教材,也可作为海船船员适任评估中的“船舶电工工艺和电气测试”及“船舶电站操作”两项内容的培训教材,还可作为轮机管理人员实船工作时处理电气系统故障的参考书。

本书在编写过程中得到了轮机工程学院领导、船舶电气设备教学组全体教师及实验人员、大连海事大学出版社的大力支持与帮助,在此表示衷心的感谢。本书第 1 版于 2004 年由大连海事大学出版社出版,作者对使用过第 1 版的师生及提出宝贵意见的同志表示衷心的感谢。

由于编者水平有限,书中不足之处在所难免,恳请广大读者批评指正。

作者

2009 年 12 月

第1版前言

随着航运业和造船业的迅速发展,船舶电气自动化设备越来越多,也越来越先进、复杂。因此,要求轮机管理人员必须跟上时代的发展,不断提高对电气设备的管理水平。本书是为了履行 STCW 78/95 公约的要求及中华人民共和国海事局颁布的《中华人民共和国海员训练办法》和相关的培训纲要,使轮机员能够适应新形势的需要,做到机电合一,全面胜任电气设备的管理、使用和维护工作而编写的。

本书在编写过程中参考了中国船级社的《钢质海船入级与建造规范》和中华人民共和国海事局 1998 年颁布实施的《中华人民共和国海船船员适任考试和评估大纲》,依据船舶电气设备管理技术要求及相关规范,结合船舶电气实际管理经验,全面系统地叙述了船舶电气设备的管理、操作、维修工艺和常见故障的排除方法。

全书共分十章,主要涉及船舶电力系统的组成;船舶电气设备的工作条件;船舶电工材料;常用电工仪表的基本原理及测量方法;船舶电机的维护保养要求及方法;船舶辅机电气控制装置的维护保养要求及常见故障的处理方法;船舶安全用电;照明系统的维护保养要求及方法;船舶电气设备的管理规范。

本书是由具有实船工作经验的教师根据多年实船工作经验,依据"船舶电气设备管理与工艺"课程教学大纲编写的,本书由赵殿礼主编,许乐平主审,第一章和第九、十章由赵殿礼编写,第二章和第三章由冯惠编写,第四章和第七章由张春来编写,第五章由武云晶编写,第六章和第八章由吴浩峻编写。

本书可作为轮机工程专业本(专)科、轮机工程专业函授本(专)科"船舶电气设备管理与工艺"课程的教材,亦可作为海事局海船船员适任评估中的"船舶电工工艺和电气测试"和"船舶电站操作"两项内容的培训教材,还可作为轮机员(二、三管轮)的船舶电气培训教材及轮机员实船工作时处理电气系统故障的参考书。

由于作者水平有限,书中不足之处在所难免,恳请读者批评指正。

作者

2004 年 7 月

目 录

概述

本章主要介绍:船舶电气系统概述,船舶电气设备的特点与一般要求,船舶电气设备检验等内容。

第一节　船舶电气系统概述

一、船舶电气系统的分类

根据用途和性质的不同,船舶电气系统大体上可分为:船舶电力系统、船舶电力拖动系统、船舶照明系统、船内通信与报警系统、船舶无线电通信与导航系统和机舱自动化系统。

1.船舶电力系统

船舶电力系统是由电源装置、配电装置、电网、负载按照一定方式连接的整体,是船舶中电能产生、传输、分配和消耗等全部装置与网络的总称。船舶电力系统的基本参数是电制、额定电压、额定频率。

2.船舶电力拖动系统

有别于船舶发电机主要以柴油机为动力进行拖动工作,船舶电力拖动是指使用电动机为动力,拖动各种工作机械的工作方式。

目前,远洋货船的船舶电力拖动系统主要分为机舱辅机电力拖动系统和甲板机械电力拖动系统。

机舱辅机电力拖动系统包括:为柴油机主机服务的辅机,如淡水冷却泵、海水冷却泵、滑油泵、分油机、燃油输送泵、辅锅炉、机舱通风机、空气压缩机(简称空压机)、盘车机等;为船舶安全及生活用的辅机,如日用海水泵、日用淡水泵、消防泵、压载泵、总用泵、舱底水泵、水雾灭火水泵、冷藏冰机、空调等。

甲板机械电力拖动系统包括锚机、绞缆机、舷梯机、起货(重)机、舵机、起艇机、电梯及船舶侧推装置等。

在海洋钻井平台(船舶)和特种船舶中广泛使用的以电动机为主推进动力的,即电力推进,也属于船舶电力拖动。

3.船舶照明系统

船舶照明是船舶航行安全、作业以及船上人员生活的必要条件。船舶照明系统一般分为主照明、应急照明(习惯称为大应急)、临时应急照明(习惯称为小应急)、航行灯和信号灯照明系统。

主照明系统又称正常照明系统,由船舶主电源供电;应急照明系统,可由应急发电机供电,也可由蓄电池组供电;当应急电源为应急发电机时,有的船舶还会设置一蓄电池组作为临时应急电源,并应符合《钢质海船入级规范》的相关要求;航行灯和信号灯照明系统,要求由正常电源和应急电源两路供电,并能实现自动切换。

设置应急发电机的船舶,应急照明由应急配电板供电。正常情况下,应急配电板由主配电板供电,因此,应急照明也是由船舶主电源供电,与正常照明同时工作,主电源失电后由应急发电机供电。正常照明和应急照明的灯点采用交叉布置。

4.船内通信与报警系统

船内通信系统按其用途不同可分为:船内电话通信系统、船舶操纵信号系统、船用广播对讲系统、船内子母钟系统。

船内电话通信系统是指挥航行、协调工作、业务联系的主要系统,是自动化船舶内部通信的重要组成部分;船舶操纵信号系统按功能可分为电气传令钟子系统、舵角指示子系统、主机转速指示子系统、调距桨传令钟和指示子系统;船用广播对讲系统是指用于向全船发送指挥命令和通知、收听电台广播的系统;船内子母钟系统是船舶的时间显示系统,系统由一只母钟和多只子钟组成,母钟与子钟采用 RS485 通信或脉冲驱动,控制子钟同步显示,母钟采用高精度、高稳定度的晶体作时钟源,也可采用 GPS 授时。

船内报警系统是指用于向船员、旅客传送与安全有关的声光信号和指令的报警系统。按其用途不同可分为:通用报警、自动雾笛、驾驶台值班报警、病房呼叫报警、冷库误锁报警、火灾报警、水雾灭火装置、CO_2 施放报警装置、机舱报警灯柱、轮机员安全报警、轮机员值班报警、机舱监测与报警系统、货舱进水监测系统、油船及液化气船的可燃气体报警系统等。

5.船舶无线电通信与导航系统

船舶无线电通信系统是船舶在海上航行时与岸上联系的唯一系统,如甚高频、卫星通信等。

无线电通信是通过天线传播和接收信息。天线是导体,与船体、大地(海水、河水)构成电容。按一定频率交变的电源一端接地、另一端加到天线上,则对地电场形成电流,电流产生磁场,当频率高到一定程度,交变电磁场会以电磁波的形式向周围空间传播。

船舶导航系统是指用于船舶航向定位的系统,如陀螺罗经、导航雷达和全球定位系统(GPS)等。

6.机舱自动化系统

机舱自动化系统主要是指对机舱柴油主机、副机等设备完成遥控、自动控制、监测、报警等功能的系统。

二、船舶电气系统常用低压控制电器及常用测量仪表仪器

1.常用低压控制电器

常用低压控制电器主要有空气断路器、接触器、热继电器、继电器、熔断器、主令电器、电磁制动器、电磁阀、可编程控制器、变频器和触摸屏等。

2.常用测量仪表仪器

常用测量仪表仪器有万用表、兆欧表(便携式)、钳形电流表、交(直)流电压表、交(直)流电流表、功率表、功率因数表、频率表、同步表、兆欧表(配电板式)、便携式干式温度校验炉、便携式压力校验仪、电阻箱、标准电流信号发生器等。

第二节 船舶电气设备的特点与一般要求

一、船舶电气设备对电源参数的要求

1.电流种类

船舶供电系统有交流和直流两种电制。交流电制具有许多优点,被船舶广泛采用。目前,散杂货船、液货船、集装箱船、客船和科学考察船大都采用交流电制。只有一些特殊船舶和小型船舶还采用直流电制。

2.电压

目前,各规范和规则对船舶供电系统的额定电压和最高电压均有明确的规定,具体要求可参阅 IEC(International Electrotechnical Committee ,IEC,国际电工委员会)92—201《系统设计规则》。低压船舶大多采用 380 V 或 440 V,高压船舶采用 3 000 V~11 000 V,目前常用的有 6.6 kV、11 kV。

电力系统的电压与用电设备电压是一致的。考虑到输电线路引起的电压下降,低压电力系统的电源(发电机)电压比用电设备的高。陆地规定高5%,如系统电压为 380 V,发电机电压则为 400 V;系统电压为 440 V,发电机电压则为 460 V。船舶线路比较短,主要设备集中在机舱,离发电机近,电压降较小。因此 380 V 的发电机为 390 V,440 V 的则为 450 V。高压电力系统一般不计及电压降,发电机与系统电压一致。例如:用电设备电压为 6.6 kV,系统和发电机电压均为 6.6 kV。

3.频率

各规范均将船舶供电系统的频率以 50 Hz 和 60 Hz 作为标准频率。这一规定不包括弱电设备所需的特殊频率以及海上平台等特殊设备的频率。

4.配电系统

按 IEC 92—201《系统设计规则》的规定,直流配电系统和交流配电系统是有区别的,其规定如下:

（1）标准的直流配电系统主要有：双线绝缘系统；以船体为回路的单线系统；一极接地的双线系统；中线接地但不以船体为回路的三线系统；中线接地并以船体为回路的三线系统。

（2）交流配电系统：通常分为一次配电系统和二次配电系统。

标准的一次配电系统主要采用三相三线绝缘系统和中性点接地的三相三线系统；对于500 V 及以下的电压，还可以采用中点接地但不以船体为回路的三相四线制系统、单相双线绝缘系统、一极接地的单相双线系统。

标准的二次配电系统主要采用三相三线绝缘系统和中性点接地的三相三线系统；对于500 V 以下的所有二次配电系统，还可以采用中点接地但不以船体为回路的三相四线制系统、单相双线绝缘系统、一极接地的单相双线系统、对照明和插座供电用的中线接地的单相双线系统、中线接地但不以船体为回路的单相三线系统。

5.介电性能

电气设备的介电性能，通常以介电常数来表示，它是表示绝缘能力特性的一个系数，是电气设备的重要参数之一。

船舶电力系统的绝缘建立在瞬时过电压被限制在规定的冲击耐受电压优先系数的基础上，外来的瞬时电压必须低于或限制在低于船舶电源系统规定的冲击耐受电压，而船舶电力系统中，电器或设备产生的瞬时过电压也必须低于船舶电源系统规定的冲击耐受电压。因此，船用低压电器用于船舶电源系统的条件为：

（1）船用电器的额定绝缘电压不应低于船舶电源系统的额定电压；

（2）船用电器的额定冲击耐受电压不应低于船舶电源系统的额定冲击耐受电压；

（3）船用电器产生的瞬时过电压不应高于船舶电源系统的额定冲击耐受电压。

船用电器在设计时，一般都会考虑适用于多种船舶电源系统和适用于一种或几种安装类别，因此，船用电器的额定冲击耐受电压，应按预期使用的多种电源系统中相对地的最高电压和最高安装类别来确定。

6.附加要求

船用电子设备除了满足一般通用要求外，还应满足下面附加要求：

（1）船用电子设备的电子组件，应在0~55 ℃的环境温度内正常工作。若预期安装在会出现特别高温的场所（如直接邻近主机、锅炉等位置），应做特殊考虑。如果安装在有发热器件的箱柜内，应保证在70 ℃温度时不失效。若预期安装在可能出现低温的处所，如露天甲板、无保温措施的甲板室内，应能在-25 ℃环境温度下正常工作。

（2）所有自动化设备应能在下列相对湿度下正常工作：温度达45 ℃时，湿度为95%±3%；温度高于45 ℃时，湿度为70%±3% 。

二、船舶电气设备的环境条件及防护等级

船舶的环境条件比陆地差，船舶电气设备的损坏及绝缘性能与船舶航行的区域、空气温度、空气中的盐雾、油雾有直接关系，船舶的摇摆与振动也会造成电气设备的损坏。船用环境条件的特殊性，决定了对船用电气设备的特殊要求，选用的规范和规则不同，要求的性能指标也略有不同。一般船用电气设备应在表1-1规定的条件下能正常工作，对于船用电子设备以及专用船舶的电气设备还另有规定。

表 1-1　船用电气设备正常工作环境条件

环境因素	正常工作环境条件
周围空气温度最高值	40 ℃[①] 45 ℃
周围空气温度最低值	−25 ℃[②]
海上潮湿空气影响	有
盐雾影响	有
油雾影响	有
霉菌影响	有
倾斜	≤25°
摇摆	≤25°
振动	有
冲击[③]	有

①40 ℃主要适用于沿海、内河船舶用的电器,对于高于 45 ℃的场所应做特殊考虑;②主要适用于安装在露天甲板及无保温措施的露天甲板舱室内的电器,对于低于−25 ℃的场所应做特殊考虑;③指船舶正常营运时产生的冲击。

1.环境温度

环境温度和初级冷却水温度如表 1-2 所示,表中各值与电气设备安装的部件和船舶航行的海区有关。该表为中国船级社(CCS)《钢质海船入级规范》的要求,并规定适用于电子设备的环境温度上限值为 55 ℃。不同规范的要求稍有不同,应予以注意。另外为了使电气设备适应其工作环境的湿度,必须考虑其结构材料和绝缘处理。

表 1-2　环境温度和初级冷却水温度

介质	部位	温度/℃	
		无限航区	除热带海区以外的有限航区
空气	封闭处所内	0~45	0~45
	温度超过 45 ℃(或 40 ℃)和低于 0 ℃的处所内	按这些处所的温度	按这些处所的温度
	开敞甲板	−25~45	−25~45
水		32	25

2.船舶倾斜

船舶电气设备应满足船舶倾斜和摇摆的条件,详见表 1-3。

表1-3　倾斜角

设备、组件	倾斜角②			
	横向		纵向	
	横倾	横摇	纵倾	纵摇
应急电气设备、开关设备、电器和电子设备①	22.5°	22.5°	10°	10°
上列以外的设备、组件	15°	22.5°	5°	7.5°

①装载液化气体和化学品的船舶,其应急电源还应在船舶进水以致最终横倾达30°的极限状态下能保持供电;②纵倾、横倾可能同时出现。

3.冲击、振动

船舶电气设备应不受正常使用时可能产生的振动和冲击的影响,固定载流部件的螺钉和螺母必须锁紧,使其不因振动而松脱;保证在表1-4规定的振动试验条件下,无机械损伤和误操作。

表1-4　船用电气设备应满足的振动要求

安装部件	频率范围/Hz	峰值
一般场所	2.0~13.2	位移±1 mm
	13.2~100.0	加速度±7 m/s²
往复机上和舵机舱内	2.0~25.0	位移±1.6 mm
	25.0~100.0	加速度±40 m/s²

4.电压和频率波动

船舶电气设备应确保在表1-5中所规定的电压和频率偏离额定值的波动情况下可靠工作。

表1-5　电压和频率波动

设备	参数	稳态(%)	瞬态(%)	
一般设备	电压波动	−10~6	±20	1.5
	频率波动	±5	±10	5
由蓄电池供电的设备: 充电期间接于蓄电池 充电期间不接于蓄电池	电压波动	−25~30 −25~20	−	−

5.电气间隙和爬电距离

电气设备的不同电位的带电部件之间、带电部件与其他接地金属外壳之间,无论沿表面或通过空气,计及绝缘材料性质和使用条件,应足以承受其工作电压。为此,有关规范和规则均规定了最小电气间隙和爬电距离。

6.盐雾、油雾和霉菌

由于电气设备的使用环境会受到盐雾、油雾和霉菌的影响,所以必须充分考虑耐腐蚀和不使绝缘性能变坏的措施。例如电气设备的材料和绝缘材料应考虑防盐雾、油雾和霉菌。

7.爆炸性气体环境条件

在爆炸性气体条件下工作的电气设备,必须满足有关爆炸性气体环境电气设备的要求,例如 IEC 79 号出版物和 IEC 92—502 号出版物的附录 A 等中对电气设备防爆型式的要求如下。

防爆型式和标志为:隔爆型——d;增安型——e;本质安全型——i_a,i_b;正压型——p;充油型——o;充砂型——q;无火花型——n;特殊型——s。

一般船舶的油漆间、蓄电池间和油泵间等有爆炸危险处所中,允许安装的合格防爆电气设备的类、级别和温度组别应不低于表 1-6 的规定。

表 1-6　一般船舶危险舱室允许安装防爆电气设备的要求

处所	电气设备级别	允许最高表面温度
蓄电池间	$0.5 > \delta_{max}$ $0.5 > MICR$	450 ℃
油漆间	$0.9 > \delta_{max} > 0.5$ $0.8 > MICR > 0.45$	200 ℃
油泵间	$\delta_{max} > 0.9$ $MICR > 0.8$	200 ℃
乙炔储藏室	$0.5 > \delta_{max}$ $0.5 > MICR$	300 ℃

注:①δ_{max} 是按 IEC 79—1A(1975)附录的方法测得的最大试验安全间隙。
②$MICR$ 是按 IEC 79-3C 方法测得的最小点燃电流与甲烷测得的最小点燃电流的比值。

8.外壳防护等级

电气设备由若干元器件和连接导线组成,外面用罩壳加以防护,防止液体和固体进入。

表示防护等级的标志由特征字母 IP 及后面加两位数字组成,前位数表示对固体的防护程度,后位数表示对液体的防护程度。数字越大,防护等级越高,反之越低。特征数字表示的防护等级规定,如表 1-7 和 1-8 所示。

表 1-7　第一位特征数字表示的防护等级

第一位特征数字	防护等级	
	简述	定义
0	无防护	无专门防护
1	防护大于 50 mm 的固体物	人体某一大面积部分,如手(但不防护故意接近)。直径超过 50 mm 的固体物
2	防护大于 12 mm 的固体物	手指或长度不超过 80 mm 的类似物。直径超过 12 mm 的固体物
3	防护大于 2.5 mm 的固体物	直径或厚度超过 2.5 mm 的工具、线材等。直径超过 2.5 mm 的固体物
4	防护大于 1 mm 的固体物	厚度大于 1 mm 的线材或带材。直径超过 1 mm 的固体物

续表

第一位特征数字	防护等级	
	简述	定义
5	防尘	并不能完全防止灰尘进入,但进入的灰尘数量不足以影响设备的良好运行
6	尘密	灰尘不能进入

表 1-8   第二位特征数字表示的防护等级

第二位特征数字	防护等级	
	简述	定义
0	无防护	无专门防护
1	防漏	滴水(垂直滴落的水滴)应无有害的影响
2	15°防滴	当外壳偏离其法线位置倾斜至不超过15°的任一角度时,垂直滴水应无有害影响,偏离垂线不超过60°的任一角度的淋水应无有害影响
3	防淋水	从任何方向向外壳溅水应无有害影响
4	防溅	用喷嘴从任何方向向外壳喷水应无有害影响
5	防冲水	猛烈海浪的海水或强力喷嘴的喷水进入外壳不应达到有害的数量
6	防海浪	当外壳在规定的压力及时间条件下浸入水中时,应不可能进入有害数量的水
7	防浸水	设备适宜于在制造厂规定的条件下长期潜入水内
8	防潜水	注:一般这意味着设备是水密的。但对某些型式的设备而言,这也可意味着能进水,但不产生有害影响

第三节   船舶电气设备检验

尽管各种电气设备在出厂时已经做过出厂试验,并由船检机构颁发了合格证书,但考虑到运输过程中的颠簸和装卸等原因,装船以后都应重新进行通电试验和系统联调。这样做的目的是检验设备在船舶安装后的完好性,检验相关设备的接口信号实现功能。检验的时间和试验大纲可以根据设备试验完成的程度决定。有些与船舶航行保障没有直接关系的设备,原则上可以在码头系泊试验时完成检验;有些设备在系泊试验后,仍然需要在航行试验中做效用试验。

电气设备的码头系泊试验在电缆敷设、设备安装、切割接线结束后进行。系泊试验一般包括三项内容:外观检查、绝缘检验和性能试验。

一、外观检查

外观检查主要检查设备表面保护层光洁度,指示牌指示的正确性,电气接线保持整齐、牢固无脱落或裸线,设备的外壳防护等级是否符合安装场所的要求。外观检查的重点是检查防护型式和等级是否符合要求。对此,各国船级社都有具体的、明确的规定。

二、绝缘检验

绝缘检验是对所有电气设备通电以前必须完成的工作。进行此检验既为了人身安全,又为了设备的安全。所以,在做通电检验以前,首先应做绝缘检验。目前检测中所使用的仪器一般采用便携式兆欧表。

兆欧表选用的原则是:额定电压 36 V 以下的设备,使用 100 V 兆欧表测量;额定电压为 36~500 V 的设备,用 500 V 兆欧表测量;额定电压为 500~1 000 V 的设备,用 1 000 V 兆欧表测量;额定电压在 1 000 V 以上的设备,用 2 500 V 兆欧表测量。对于绝缘程度的标准,IEC 的标准中指出:“要定出最低限度的绝缘电阻值是不现实的,由于绝缘电阻值取决于进行试验的气候条件,但一般情况下应达到 1 MΩ 的最低限度。”所以,在检验中也要考虑到气候、温度、湿度对绝缘的影响,对于新设备来说,其测量的绝缘值应该越高越好。

三、性能试验

电气设备虽然在出厂前均有相应船级社颁发的证书,但装船后,仍须根据设计部门编制的《电气试验及验收大纲》的项目和要求,对各系统设备进行性能试验、调整,并将结果提交船厂检验部门验收(试验的具体方法见后续章节)。

复习思考题

1-1 叙述船舶电气系统的组成、船舶电力系统的基本参数。

1-2 叙述船舶电气设备系泊试验的主要内容。

船舶常用电工仪表
与仪器

第二章

电工仪表是用来测量电流、电压、功率、相位、频率等电量的仪表,经过变换器的转换,它还可以间接测量各种非电量,如温度、压力、速度等。

便携式干式温度校验炉、便携式压力校验仪、电阻箱、电流信号发生器是船舶电气设备现场安装调试及维护的常用仪器。

因此,对船舶电气设备管理人员来说,了解电工仪表的基本知识,掌握电工仪表、现场调试常用仪器的基本知识和使用方法非常必要。

本章主要介绍:船舶电工仪表的分类与正确使用,万用表、便携式兆欧表、钳形电流表、仪用互感器、温度校验炉、压力校验仪、电阻箱、电流信号发生器的结构和工作原理。

第一节　船舶电工仪表的分类与正确使用

一、船舶常用电工仪表的分类

船舶常用的电工仪表的种类繁多,分类的方法也有许多种,根据仪表的工作原理可分为磁电系、电磁系、电动系、感应系、整流系、静电系、热电系及电子系等。

仪表根据被测对象可分为电流表、电压表、功率表、功率因数表、频率表及多种用途表等;根据工作电流的种类可分为直流仪表、交流仪表、交直流两用仪表;根据使用方式可分为安装式仪表(又称配电板式仪表)和便携式仪表;按读数的方式可分为指针式或直读式、数字式和记录式仪表等。

此外,按测量准确度的要求,各类仪表又有 0.1、0.2、0.5、1.0、1.5、2.5、5.0 七个等级之分,以表示仪表的指示值与被测量接近的程度,其对应的测量误差见表 2-1。因为任何一个电流表在测量时,它所指示的数值与实际值不完全相等,都会产生一定的误差,所以以等级的数字表示最大误差的百分数:实际值=测量值×(1±仪表等级/100)。例如 1.0 级的电流表测得 100 A 的电流,而实际数字可能在 99 A 到 101 A 范围内,所以说,电流表等级的数字越小,电流表越准确。0.1、0.2 和 0.5 的电流表,是在实验室或校验其他电流表时使用;其他等级的电流表,多用在配电板上。

表 2-1　准确度等级与基本误差对照表

准确度等级	0.1	0.2	0.5	1.0	1.5	2.5	5.0
基本误差(%)	±0.1	±0.2	±0.5	±1.0	±1.5	±2.5	±5.0

二、正确使用仪表

在使用仪表前须首先注意观察表盘上的符号标记,了解仪表的性能特点,并仔细阅读仪表的使用说明书,了解仪表使用时的注意事项和仪表要求的工作条件(安放位置、温度、外磁场、交流电流波形及频率)。

测量时将仪表正确地接入被测电路,例如:用电流表测量电路某点所在支路的电流时,先把该点断开,然后把两个断头分别接电流表的两支表笔;用电压表测量电路中某两点之间的电压,两支表笔直接并接在这两个点。图 2-1 是电压和电流测量方法示意图。

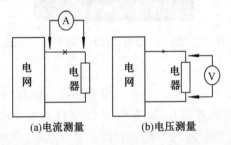

(a)电流测量　　　　(b)电压测量

图 2-1　电压和电流测量方法示意图

需要机械调零或电气调零的仪表,测量之前还要先把示值调整到零位。对于指针式仪表,读数时,要眼睛正对指针。在船舶上使用的电压表、电流表及功率表的刻度盘上应有表示其额定值的明显标志。

第二节　万用表

万用表是一种多功能、多量程的便携式电工仪表,一般的万用表可以测量直流电流、交直流电压和电阻,有些万用表还可测量电容、功率、晶体管共射极直流放大系数 h_{FE} 等。

万用表的型号有很多,功能略有差别,但基本结构和工作原理是一样的。目前常用的有模拟式万用表和数字式万用表两种。模拟式万用表就是指针表,其特点是读数麻烦,需要注意表笔极性、功能少、误差大,但测量电容充放电时很直观;数字式万用表的特点是精确、功能强大、读数方便、自动判别极性、保护功能强大,缺点是测量变化性强的信号时数字会来回跳动。

一、模拟式万用表的面板与测量电路

现以较为常用的 MF-47 型模拟式万用表为例说明万用表的面板与测量电路、使用前的准备工作、使用注意事项和使用方法。

图 2-2 是 MF-47 型模拟式万用表面板示意图,面板主要由插孔、挡位选择开关、旋钮和刻度盘构成。

图 2-2　MF-47 型模拟式万用表面板示意图

1.插孔

万用表面板上有 4 个独立插孔和一个 6 孔组合插孔。标有"+"字样的为红表笔插孔;标有"COM(或–)"字样的为黑表笔插孔;标有"10 A"字样的为大电流插孔,当测量 500 mA ~ 10 A 范围内的电流时,红表笔应插入该插孔;标有"2 500 V"字样的为高电压插孔,当测量 1 000 ~ 2 500 V 范围内的电压时,红表笔应插入此插孔。6 孔组合插孔为三极管测量插孔,标有"N"字样的 3 个孔为 NPN 三极管的测量插孔,标有"P"字样的 3 个孔为 PNP 三极管的测量插孔。

2.挡位选择开关

挡位选择开关的功能是选择不同的测量挡位。开关的所有位置都刻在它周围的表盘上,按测量的对象把开关的位置分为欧姆挡、交流电压挡、直流电压挡、直流电流 mA 挡和放大倍数挡等五个挡位,并且每个挡位都标明不同量程。测量时一定要确认开关所处的挡位与被测量值一致,否则可能造成仪表的损坏。

3.旋钮

万用表面板上有两个旋钮:机械调零旋钮和欧姆调零旋钮。

机械调零旋钮的功能是在测量前,将表针调到电压/电流刻度尺的"0"刻度处。欧姆调零旋钮的功能是在使用电阻挡测量时,将表针调到欧姆刻度尺的"0"刻度处。

4.刻度盘

图 2-3 是 MF-47 型模拟式万用表刻度盘,刻度盘用来指示被测量值的大小,它由 1 根表针和 6 条刻度尺组成,最常用的是两条刻度尺。第 1 条标有欧姆字样的为欧姆刻度尺。在测量电阻阻值时查看该刻度尺。这条刻度尺最右端刻度表示的阻值最小(0),最左端刻度表示阻值最大(无穷大),当中刻度不均匀。在未测量时表针指在左端无穷大处。

欧姆挡的不同量程是用"×1 Ω""×10 Ω""×100 Ω""×1 kΩ""×10 kΩ"等标出来的。实际测量时,电阻的实际值由下式确定,单位是欧姆:

被测电阻实际值 = 指针读数 × 量程值

例如:将挡位选择开关放在"×1 kΩ"的量程,表头上的读数是 30 时,则这只电阻的阻值是 30×1 kΩ = 30 000 Ω。

图 2-3 MF-47 型模拟式万用表刻度盘

第 2 条标有"ACV/DCV"(左方)和"DCA"(右方)字样的为交直流电压/直流电流刻度尺。在测量交直流电压和直流电流时都查看这条刻度尺。该刻度尺最左端刻度表示最小值,最右端刻度表示最大值,在该刻度尺下方标有三组刻度值,它们的最大值分别是 250、50 和 10。

被测线路的实际值由下式确定:

被测实际值 = 指针读数 ×(量程值 / 满偏刻度值)

式中:满偏刻度值是指三组中所选任一组刻度值的最大值。

例如:如挡位开关选择置于"500 V"量程挡测量时,表针若指在第 2 组刻度值的最大刻度 50 处,表示此时测量的电压值为 500 V(而不是 10 V 或 250 V)。

图 2-4 是 MF-47 型模拟式万用表测量电路简图,图中,表头 A 是一个高灵敏度的磁电式直流电流表,用以指示被测量的数值,满刻度时,流过表头的电流为几微安至几百微安;电位器 RP 是欧姆挡电气调零电阻;SA 是挡位选择开关。

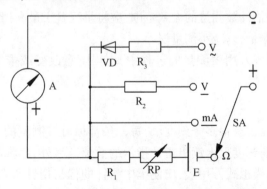

图 2-4 MF-47 型模拟式万用表测量电路简图

二、模拟式万用表使用前的准备工作

在使用模拟式万用表前,需要安装电池、机械调零和安插表笔。

1.安装电池

在使用万用表前,需要给万用表安装电池,若不安装电池,电阻挡和三极管放大倍数挡将无法使用,但电压、电流挡仍可使用。MF-47型模拟式万用表需要 9 V 和 1.5 V 两个电池,其中9 V 电池供给 $R×10$ kΩ 电阻使用,1.5 V 电池供给 $R×10$ kΩ 以外的电阻挡和三极管放大倍数测量挡使用。安装电池时,一定要注意电池的极性不能装错。

2.机械调零

在出厂时,大多数厂家已对万用表进行了机械调零,由于某些原因造成表针未在零位时,可以自己进行机械调零。

3.安插表笔

万用表有红、黑两根表笔,在测量时,红表笔要插入标有"+"字样的插孔,黑表笔要插入标有"-"字样的插孔。

三、模拟式万用表的使用注意事项

在使用模拟式万用表时要按正确的方法进行操作,否则测量值会不准确,重则会烧坏模拟式万用表,甚至会使人触电,危及人身安全。

1.正确选择挡位和插孔

测量某一电量前,首先确定挡位选择开关的挡位和表笔所在的插孔须与被测量的电量相符。如果使用欧姆挡去测量交流电压,容易烧毁模拟式万用表。在测量时,绝不允许用手接触表笔的金属部分,否则会发生触电或影响测量精度。

为了排除表笔是否存在断线等故障,可在使用模拟式万用表前在欧姆挡任意量程短接红、黑表笔测量。

2.正确选择量程

在测量前,如果无法估计被测量的大致范围,应将量程置于最高挡粗侧,防指针打坏,然后逐渐转换到合适的量程测量,以减小测量误差。

要注意:在使用模拟式万用表测量的过程中,不得随意改变或带电切换挡位选择开关的位置。

3.正确读数

模拟式万用表的表盘上有很多条刻度尺,每一条都标有被测量的标志符号,读数时,应根据被测量及量程在相应的刻度尺上读出指针指示的数值。另外,读数时应尽量使视线与表盘面垂直;对装有反射镜的模拟式万用表,应使镜中指针的像与指针重合后再进行读数;测量交直流电流或电压时,读数时尽量使指针工作在满刻度值的1/2 或 2/3 以上区域;测量电阻时,则应尽量使指针接近该挡中心刻度值。

4.测量直流电压或电流时要注意极性

测量直流电压或电流时,要注意仪表的正、负极性。测电压时,须将仪表并联于电路上,红表笔应接被测量电路中电位较高的一点;测电流时,仪表必须串联在电路里,电流应从红表笔流入表头。对于未知的电制,先用交流挡位去测量判别后,再正确测量。

5.测量电阻时的注意事项

测量电路中的电阻时,被测电阻至少有一端与电路完全断开,并将电路中的电源断开;测量时,要先进行电气调零,而且每改变一次量程,都必须重新调零;测量低值小电阻时,要注意接触电阻。测量大电阻时要避免人体接触电阻;在使用间隙,不要让两根表笔短接,以免浪费电池。

欧姆调零时,如果调零旋钮无法将表针调到欧姆刻度尺的"0"处,一般是因为万用表内部电池用旧了,更换新电池即可。

6.电压电流的有效值测量

模拟式万用表只适宜测量正弦电压或电流的有效值,不能测量非正弦量。

7.高压测量时的插孔选择

测量 2 500 V 的交流电压或直流电压时,红表笔要插在"2 500 V"的插孔上,并要注意安全。

8.测量完毕后挡位选择开关的正确位置

模拟式万用表测量完毕后,应将挡位选择开关拨到"OFF"挡,若无此挡则应拨到交流电压挡最大量程上,以保证仪表安全。

四、模拟式万用表的使用方法

模拟式万用表的测量功能很多,这里仅介绍电压测量功能,电阻、二极管、三极管等电子元件的测量在后续章节介绍。

1.交流电压测量

MF-47 型万用表的交流电压挡具体又分为 10 V、50 V、250 V、500 V、1 000 V 量程。下面通过测量市电电压的大小来说明交流电压的测量操作及注意事项。

第一步:选择插孔。红表笔插入标有"+"字样的插孔;黑表笔插入标有"COM(或-)"字样的插孔。

第二步:选择挡位、量程。市电电压一般在 220 V 左右,根据量程应高于且最接近被测电压的原则,选择 250 V 量程最为合适。

第三步:红、黑表笔并联于测量电路。由于交流电压无正、负极性之分,故红、黑表笔可随意分别插在市电插座的两个插孔中。

第四步:正确读数。根据指针指在第二条刻度尺上的位置和所选量程获得对应的读数,读数时尽量使指针工作在满刻度值的 1/2 或 2/3 以上区域。因为测量时选择的量程为 250 V,所以选择最大值为 250 的那一组数进行读数。若表针指在刻度尺的"240"处,则被测市电电压的大小为 240 V。

2.直流电压测量

直流电压测量的方法与交流电压测量相同,只是挡位选择开关应在直流电压挡,并且要考虑表笔的极性。

五、数字式万用表的使用方法和注意事项

与模拟式万用表相比,数字式万用表灵敏度高,准确度高,显示清晰,过载能力强,便于携带,使用更简单。普及型的数字式万用表的电路构成、装配结构、性能指标与模拟式万用表大同小异。

数字式万用表的使用方法与模拟式万用表基本一样,不同的是数字式万用表使用时,必须把电源开关打开。使用后,对于无自动关断电源功能的数字式万用表,必须关断其电源,挡位选择开关置于"OFF"位置。

下面以 VC9802 型数字式万用表为例(如图 2-5 所示),简单介绍其使用方法和注意事项。

图 2-5　VC9802 型数字式万用表

1.使用方法

(1)使用前,应认真阅读有关的使用说明书,熟悉电源开关、挡位及量程选择开关、插孔的作用。

(2)将电源开关置于"ON"位置。

(3)交直流电压的测量:根据需要将量程开关拨至 V－(直流)或 V~(交流)的合适量程,红表笔插入 VΩ 孔,黑表笔插入 COM 孔,并将表笔与被测线路并联,这样读数即可在液晶屏上显示。

(4)交直流电流的测量:将量程开关拨至 A－(直流)或 A~(交流)的合适量程,红表笔插入 mA 孔(<200 mA 时)或 20A 孔(>200 mA 时),黑表笔插入 COM 孔,并将万用表串联在被测电路中即可。测量直流量时,数字式万用表能自动显示极性。

(5)电阻的测量:将量程开关拨至欧姆挡的合适量程,红表笔插入 VΩ 孔,黑表笔插入 COM 孔。如果被测电阻值超出所选择量程的最大值,万用表将显示"1.",此时应选择更高的量程。测量电阻时,红表笔为正极,黑表笔为负极,这与模拟式万用表正好相反。因此,测量晶体管、电解电容器等有极性的元器件时,必须注意表笔的极性。

2.使用注意事项

(1)如果无法预先估计被测电压或电流的大小,则应先拨至最高量程挡测量一次,再视情

况逐渐把量程减小到合适位置。测量完毕,应将量程开关拨到最高电压挡,并关闭电源。

(2)满量程时,仪表仅在最高位显示数字"1.",其他位均消失,这时应选择更高的量程。

(3)测量电压时,应将数字式万用表与被测电路并联;测电流时应与被测电路串联;测直流量时不必考虑正、负极性。

(4)当误用交流电压挡去测量直流电压,或者误用直流电压挡去测量交流电压时,显示屏将显示"000",或低位上的数字出现跳动。

(5)禁止在测量高电压(220 V 以上)或大电流(0.5A 以上)时换量程,以防止产生电弧,烧毁开关触点。

(6)当显示" "、"BATT"或"LOW BAT"时,表示电池电压低于工作电压。

第三节　便携式兆欧表

便携式兆欧表简称兆欧表(俗称摇表)主要用来测量和检测电气设备、电气线路和电缆的绝缘电阻。它区别于带电测量电网绝缘的配电板式兆欧表。

兆欧表是电气管理人员必备的主要测量仪表之一,兆欧表具有使用简便、携带方便、测量时不需要其他辅助设备、不需要外接电源及可直接读出测量结果等优点,所以兆欧表被广泛使用。常用兆欧表有各种不同的规格,依据其手摇发电机或内部电压变换装置发出的最高电压可分为 100 V、200 V、500 V、1 000 V、2 500 V 等几种。下面介绍手摇发电机式便携式兆欧表(简称手摇式便携式兆欧表)。

一、手摇式便携式兆欧表的基本结构

图 2-6 是手摇式便携式兆欧表的原理电路图,兆欧表所测的绝缘电阻值以兆欧(MΩ)为单位。图中 G 为手摇发电机,发电机组件由摇柄、防逆转系统、传动齿轮、离心式摩擦调速系统、发电机等组成;电路系统由倍压整流电路及测量装置磁电式双动圈流比计组成,仪表的指针固定在双动圈上。仪表的三个接线柱分别是:线路端 L、接地端 E、屏蔽端 G。

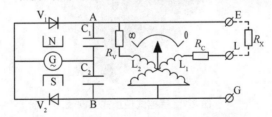

图 2-6　手摇式便携式兆欧表的原理电路图

其工作原理是:顺时针摇动手摇式便携式兆欧表手柄时,手柄使棘轮、传动齿轮、离心式摩擦调速系统等机构转动,并带动发电机转子以 5 倍于手柄的转速旋转,定子线圈输出交流电压。棘轮是防止转子逆转,离心式摩擦调速系统防止转子超速。手柄以额定转速转动时,定子线圈将输出的交流电压,经二极管 V_1、V_2,电容 C_1、C_2 倍压整流后,在 A、B 两端输出直流高压。兆欧表的类别就是以发电机所能发出的最高电压来决定的。电压越高,兆欧表所能测得的绝缘电阻值也就越高。

测量时被测电阻 R_X 接于兆欧表的线路端 L 与接地端 E 之间。电压线圈 L_1、电阻 R_C 和被测电阻 R_X 相串联,电流线圈 L_2 和电阻 R_V 相串联,然后再并联接至 A、B 两端。设线圈 L_1 电阻为 r_1,线圈 L_2 电阻为 r_2,当摇动手摇发电机时,兆欧表将输出直流高电压 U,则两个线圈通过的电流分别为:

$$I_{L1} = \frac{U}{r_1 + R_C + R_X} \qquad I_{L2} = \frac{U}{r_2 + R_V}$$

上面两式相除:

$$\frac{I_{L1}}{I_{L2}} = \frac{r_2 + R_V}{r_1 + R_C + R_X}$$

式中的 r_1、r_2、R_C 和 R_V 均为定值,仅 R_X 为变量,所以改变 R_X 会引起比值 I_{L1}/I_{L2} 的变化。由于线圈 L_1 与线圈 L_2 绕向相反,流入电流 I_{L1} 和 I_{L2} 在永久磁场作用下,在两个线圈上分别产生两个方向相反的转矩 T_1 和 T_2,由于气隙磁场不均匀,因此 T_1 和 T_2 既与对应的电流成正比,又与其线圈所处的角度有关。当 $T_1 \neq T_2$ 时指针发生偏转,直到 $T_1 = T_2$ 时,指针静止。指针偏转的角度只取决于 I_{L1} 和 I_{L2} 的比值,此时指针所指的刻度即是被测设备的绝缘电阻值。

当 E 端与 L 端短接时,I_{L1} 为最大,指针顺时针方向偏转到最大位置,即"0"位置;当 E、L 端未接被测电阻时,R_X 趋于无穷大,$I_{L1} = 0$,指针逆时针方向转到"∞"位置。

手摇式便携式兆欧表表头没有游丝,手摇式便携式兆欧表中的发电机只要停止发电,流过两个线圈的电流便等于零,这时表中线圈的回转能力消失,因此指针到处都可以停下来,这一特点也正是手摇式便携式兆欧表的优点。另外,手摇式便携式兆欧表所测量出的绝缘电阻 R_X 的读数能基本上不因手摇发电机转速快慢引起的电压变化而受到影响。这是由于两个线圈由同一个发电机供电,因而不管供电电压变得是高是低,I_{L1} 与 I_{L2} 之间也总能保持一定的比值。

图 2-7 是手摇式便携式兆欧表的实物图,上有三个接线柱,分别为接线柱 L、接线柱 E 和保护(或屏蔽)环 G。

图 2-7　手摇式便携式兆欧表

测量时,应该分别将接线柱 L 及接线柱 E 用单股导线与被测对象相连,接线柱 L 与被测对象和大地绝缘的导体部分相接;接线柱 E 与被测对象的外壳或其他导体部分相接;保护环 G 只有在需要时才与被测对象上的保护遮蔽环部分相接。

一般测量时只用 L 和 E 两个接线柱,保护接线柱的作用是消除"L"和"E"接线柱间的漏电和被测绝缘物表面漏电的影响。

接线柱 E 只在被测物表面漏电很严重的情况下才使用。当使用兆欧表测量具有绝缘层的电缆(或导线)的绝缘电阻时,由于被测物表面的影响很显著而又不易除去时,产生的漏电流可能引起较大的测量误差。例如空气太潮湿,绝缘材料的表面受到侵蚀而不能擦干净时,测出来的绝缘电阻太低,这就需要判断是因为内部绝缘不好,还是因为表面漏电的影响。为了消除漏电流引起的误差,就必须加入保护环,使表面绝缘的因素不会影响到兆欧表的指示。如果在不接保护环 G 时,绝缘电阻的数值就已经很高,则不一定需要接入保护环。在大多数情况下,干净被测物的表面基本上无不良情况,测出的数值接近绝缘物内部绝缘电阻的实际值。

二、手摇式便携式兆欧表的使用

使用手摇式便携式兆欧表测量绝缘电阻时,接线或操作不当,都将影响测量结果,甚至危及人身安全。

1.手摇式便携式兆欧表的选择

选用手摇式便携式兆欧表进行绝缘电阻的测量时,一般应使手摇式便携式兆欧表的手摇发电机发出的最高电压高于被测对象的额定工作电压,并兼顾到不损坏被测对象,才能正确测试出被测对象在额定工作电压下工作时是否达到必要的绝缘电阻值。

通常,测量额定工作电压 500 V 及 500 V 以上(低于 1 000 V)的低压电气设备(元器件)、电缆(电线)、电机或电力变压器的绕组时,应选用 1 000~2 500 V 的兆欧表;测量额定工作电压在 500 V 以下的设备时,一般选用 500 V 或 1 000 V 的兆欧表;而测量 36 V 以下的低压电气设备的绝缘电阻,只能选用 100 V 或 200 V 的兆欧表。对于有规程规定的应以规程为准。

2.手摇式便携式兆欧表使用的注意事项

(1)正确选用电压等级:测量电气设备绝缘电阻时,应根据设备额定工作电压的大小选用不同等级的兆欧表。电子控制设备禁止使用手摇式便携式兆欧表测量绝缘。

(2)表面清洁、平稳放置:要擦干净被测设备的表面,确保其导电良好,以免造成测量误差。使用手摇式便携式兆欧表测量时,将手摇式便携式兆欧表水平放置在平稳、坚硬的场地上并应远离磁场,避免不平衡、倾斜和电磁感应误差。

(3)绝缘良好:手摇式便携式兆欧表的接线柱与被测设备间连接的导线,必须对大地绝缘良好,不能用双股绝缘线和绞线,应用单股线单独连接,以免导线绝缘不良而引起误差。

(4)开路、短路试验:测量前应先对手摇式便携式兆欧表进行一次开路和短路试验,检查仪表是否良好。当接线柱 L 与 E 之间不接任何被测物(即处于开路状态)时,以 120 r/min 的转速顺时针方向摇动手柄,观察兆欧表是否指向∞;再将接线柱 L 与 E 短路,慢慢转动手柄,观察手摇式便携式兆欧表是否指零,如果满足上述条件,说明手摇式便携式兆欧表工作正常。

(5)断电测量:严禁在电气设备带电时使用手摇式便携式兆欧表进行测量,若被测对象与电源有连接,在测试前必须将电源切断,否则,不但影响测量结果,而且对测试人员及仪表来说都是很危险的。若被测对象有可能感应出高电压(存在较大容量的电容或电感元件),或测量大容量的变压器与发电机等设备时,还需要进行充分放电后才能进行测量,时间一般为 2~3 min。

(6)避免器件击穿:严禁使用手摇式便携式兆欧表测量电子设备、仪表、传感器等低压电气设备的绝缘电阻,更不能用手摇式便携式兆欧表测试二极管、三极管及集成电路等,以免将这些设备中的电子器件击穿。

（7）电缆测量：测量含有绝缘层的电缆（或导线）的芯线对外壳的绝缘电阻，在需要时应将保护环 G 接于被测电缆（或导线）最内层的绝缘层，消除因漏电引起的误差。

（8）手摇转速均匀：虽然手摇式便携式兆欧表的读数一般不受转速变化的影响，但转速与规定转速（120 r/min）相差太大也会对手摇式便携式兆欧表有损害或产生测量误差。一般要求转速不超过规定转速的±20%。摇动时，还应避免先快后慢，因为摇动时电机输出电压高，使被测物绝缘介质上充上高电压，当转速慢下来时，手摇式便携式兆欧表中的电压过低，使绝缘介质上的电荷倒流，造成读数误差。

（9）避免电击：当使用手摇式便携式兆欧表测试时，手摇式便携式兆欧表的接线柱 L 与 E 之间有很高的直流电位差，绝对不能用手去碰手摇式便携式兆欧表的接线柱或被测对象，以免被击伤。在测试结束，手摇发电机转子还没有完全停止转动、被测对象还没有完全放电之前，不要马上用手去拆除连线，避免发生触电事故。

（10）测量完毕放电：在测量较大容量的电容器、发电机、电缆线路和变压器等设备的绝缘电阻之后，由于它自身存在的电容被手摇式便携式兆欧表的高压充电，测试完毕后还带有高压，可能会造成人身被短时电击，因此，测量结束后应先将被测对象短接放电。

三、手摇式便携式兆欧表的测量方法举例

1.测量电动机绕组的绝缘电阻

电动机绕组的绝缘电阻分为三相绕组的对地绝缘和绕组之间的相间绝缘。

（1）确定定子绕组的三相并测量阻值

三相异步电动机定子绕组是三相绕组，即有三个完全相同的独立绕组，三相的三个首尾端通常以 U_1-U_2、V_1-V_2、W_1-W_2 表示，六个出线端都固定接在机座的接线盒内。因此，首先要切断电源，然后打开电动机接线盒，拆开端子板连接片；将万用表的挡位选择开关置于欧姆挡的 $R×1\Omega$ 挡，短接表笔调零；将一个表笔接在一个接线端，另一个表笔分别去触碰其余的五个接线端，若万用表指针停在表盘左侧不动，说明两个接线端不是一相绕组。若指针指向表盘右侧，则两个接线端是一相绕组；依此方法确定三相绕组，然后测量每相的阻值。

也可以使用手摇式便携式兆欧表依上述方法确定三相绕组。

（2）测量三相绕组的对地绝缘

测量前首先对手摇式便携式兆欧表进行一次开路和短路试验，检查仪表是否良好。然后按图 2-8(a)接线，手摇式便携式兆欧表的 L 端分别接定子绕组 U、V、W 三相，E 端接外壳，手摇式便携式兆欧表转速为 120 r/min，读数在 1 MΩ 以上。

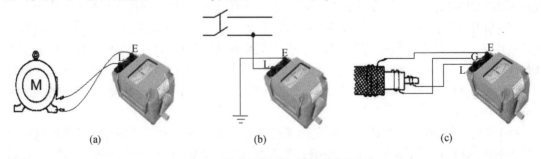

(a)   (b)   (c)

图 2-8　手摇式便携式兆欧表测量连线图

（3）测量三相绕组的相间绝缘

在接线盒内任取一相绕组的一端接 L 端,取另一相的一端接 E 端,摇动手摇式便携式兆欧表,绝缘电阻读数在 1 MΩ 以上。依此方法对 U、V、W 三相的相间绝缘分别进行测量。

测量发电机绕组或电气设备线圈(如变压器绕组、接触器线圈等)的绝缘电阻,可以参照上面的方法。

2.测量电网线路绝缘电阻

如图 2-8(b)所示,首先将所要测试的线路的电源切断。然后将手摇式便携式兆欧表的 L 接线柱接到所要测试的线路上,E 接线柱接地(在船上 E 接船体),摇动手摇式便携式兆欧表至额定转速,指针稳定后所指刻度值即是此线对地的绝缘电阻值。

3.测量电缆绝缘电阻

如图 2-8(c)所示,首先要切断电源,在测量电缆的芯线对外壳绝缘电阻时,除将芯线和外壳分别接于接线柱 L 与 E 外,还要将电缆外壳和芯线之间的内层绝缘物接保护环 G,以消除因表面漏电而引起的误差。

若测量电缆的各相之间的绝缘电阻,应将两相导线分别接到手摇式便携式兆欧表的接线柱 L 和 E 上。

第四节　钳形电流表

一、穿心式电流互感器

如图 2-9 所示,穿心式电流互感器本身结构不设一次绕组,载流(负荷电流)导线由 L_1 至 L_2 穿过由硅钢片制成的圆形(或其他形状)铁芯起一次绕组作用,二次绕组直接均匀地缠绕在圆形铁芯上,与仪表、继电器、变送器等二次负荷的电流线圈串联形成闭合回路。由于穿心式电流互感器不设一次绕组,其变比根据一次绕组穿过互感器铁芯中的匝数确定,穿心匝数越多,变比越小;反之,穿心匝数越少,变比越大。

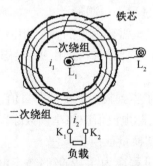

图 2-9　穿心式电流互感器

二、钳形电流表的结构原理

根据上述穿心式电流互感器的原理,即可制成钳形电流表。

通常,在用电流表测量电路的电流时,需切断电路,才能将电流表或电流互感器的一次绕组串接到被测电路中去,而用钳形电流表进行测量时,则可在不切断电路的情况下测量电流。

钳形电流表由穿心式电流互感器和电流表组成,其外形及测量方法如图 2-10 所示。电流互感器的铁芯在捏紧扳手时就可以张开,这样可不必切断被测电流通过的导线就可以穿过铁芯的缺口,然后放松扳手,铁芯闭合。这样,通过电流的导线相当于电流互感器的一次绕组,二次绕组中便出现感应电流,和二次绕组相连的电流表的指针便发生偏转(或是数字显示变化),从而指示出被测电流的数值。

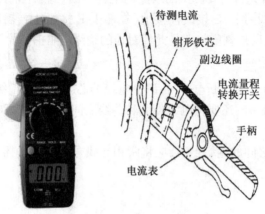

图 2-10　钳形电流表

三、钳形电流表的使用方法及注意事项

钳形电流表在船上主要用于测量线路电流、电动机的起动电流或运行电流。使用时应注意:

(1)使用前应擦除仪表钳口上的油污,以使钳口紧密结合,如有杂声可重新开合一次。

(2)使用前注意指针是否指在零位上,如不指在零位,可调整表盖上的机械零位调节器,使其恢复至零位。

(3)测量时应先将挡位选择开关放在最大量程挡,进行试测量,脱开被测导线后再根据被测电流的试测情况变换到合适的量程进行测量。

(4)测量时将挡位选择开关调至需要测量的一挡,用手扳开钳口,放置被测导线。为了减少误差,被测导线应放置在导磁铁芯(钳形口)的中央,导磁铁芯闭合后,即可在刻度尺上测出读数(或是数字显示读数)。

(5)测量 5A 以下电流时,为了得到较为准确的测量值,在条件许可的情况下,可把导线多绕几圈放进钳形口进行测量,但实际电流值应该是读数除以放进钳形口内导线的圈数。

(6)切忌在测量电流过程中切换量程挡。

(7)测量电动机起动电流时量程应为 4~7 倍的额定电流;测运行电流时,应减小到合适量程。

(8)测量完毕,一定要将量程挡位选择开关放在最大量程或"OFF"的位置上,以免再次使用时,由于疏忽未选择合适量程而损坏仪表。

第五节　仪表测量电路

本节先介绍仪用互感器,然后以电压、电流测量电路为例来介绍配电设备上使用的指示仪表连接电路。

一、仪用互感器

配合仪表使用的变压器称为仪用互感器。用于变换电压比例的称为电压互感器;用于变换电流比例的称为电流互感器。

1.电压互感器

测量高电压线路的电压时,如果用电压表直接测量,不仅对工作人员很不安全,而且仪表的绝缘也需要加强。故需要用有一定电压比的电压互感器将高电压按比例变换成标准低电压(额定 100 V),然后在电压互感器二次侧连接电压表测量电压。图 2-11 是电压互感器实物图,图 2-12 是电压表实物图。当电压表与电压互感器配套时,表的指示值即为被测电压的实际值。

图 2-11　电压互感器

图 2-12　电压表

在使用电压互感器时,将匝数较多的原边绕组(也称高压绕组)并联于被测电路,而匝数较少的副边绕组接电压表或其他仪表(如功率表)的电压线圈,如图 2-13 所示是电压互感器测量电路的结构图和电路图,虚线框内是其电气符号。

电压互感器使用时的注意事项如下:

(1)由于电压表及其他仪表电压线圈的阻抗值相当高,电压互感器在使用时相当于一台空载运行时的变压器,所以电压互感器在使用时副边不能短路。电压互感器在一、二次侧均需安装熔断器。

(2)电压互感器的副边绕组及外壳必须接地。这主要是为了防止一旦高、低压绕组间的

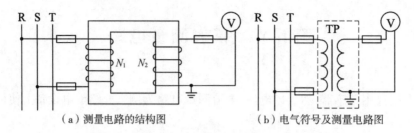

（a）测量电路的结构图　　　　　（b）电气符号及测量电路图

图 2-13　电压互感器测量电路的结构图和电路图

绝缘损坏而使低压绕组和测量仪表对地出现高电压，危及人员和设备的安全；另一方面也是为了防止静电荷积累而影响测量精度。

2.电流互感器

测量高电压线路中的电流，或测量大电流时，同测量高电压一样，也不宜将仪表直接接入电路，应用一台有一定电压比的升压变压器，即电流互感器，将高电压线路隔开，将大电流按比例变换成标准小电流（额定 5 A 或 1 A），然后在电流互感器二次侧连接电流表。图 2-14 是电流互感器实物图，图 2-15 是电流表实物图。当电流表与电流互感器配套时，表的指示值即为被测电流的实际值。

图 2-14　电流互感器

图 2-15　电流表

使用时将匝数较少的原边绕组串接于被测电路中，而匝数较多的副绕组与测量用的电流表等连接，如图 2-16 所示为电流互感器的测量电路结构图和电路图，虚线框内是其电气符号。

电流互感器的一次绕组有线圈式和母线式（即穿芯式）。线圈式的一次绕组是已绕在互感器铁芯上的；母线式没有一次绕组，是用铜排或导线直接穿过互感器作为一次绕组。大于 200 A 的电流互感器，一般都是穿心式，一次绕组只有 1 匝。一次侧小电流的也有采用穿心式的。

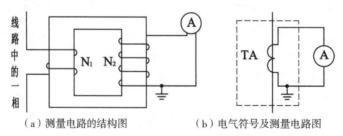

（a）测量电路的结构图　　　　　（b）电气符号及测量电路图

图 2-16　电流互感器的测量电路结构图和电路图

电流互感器使用时的注意事项如下：

（1）在使用电流互感器时切不可将副边绕组开路,副边绕组中也绝不允许接熔断器。

（2）电流互感器的副边绕组及外壳必须接地。这主要是为了防止一旦高、低压绕组间的绝缘损坏而使低压绕组和测量仪表对地出现高电压,危及人员和设备的安全。

二、交流电压测量

船舶低压电力系统采用三相三线制,对电网和发电机的电压测量就是指对线电压的测量。通常称"测量单相电压",实际上是测量一个线电压;称"测量三相电压",实际上是测量三个线电压。

1.交流单相电压的测量电路

如图 2-17 所示是电压的直接测量电路图,电压表经熔断器 FU 直接接在线路的任两相上进行测量。线路额定电压为 380 V,根据中国船级社《钢质海船入级规范》的要求,电压表的量程上限应为 380×1.2＝456 V;发电机额定电压为 390～400 V,量程上限应为 400×1.2＝480 V,应采用 0～500 V 的量限。图 2-18 所示是通过电压互感器间接测量电路图。

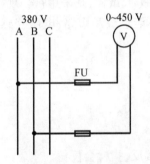

图 2-17　电压直接测量电路

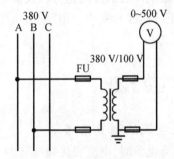

图 2-18　电压间接测量电路

2.交流三相电压的测量电路

船舶配电板上大多数是用一个电压表 V 通过万能转换开关 SA(组合开关)选择,分别测量三相电压。

图 2-19 是交流三相电压直接测量电路图,图中转换开关 SA 共有 4 对触点。在"0"位时,4 对触点均不通,不测量电压;在"AB"位时,触点 1、2 和 5、6 闭合,测量线电压 U_{AB};在"BC"位时,触点 3、4 和 7、8 闭合,测量线电压 U_{BC};在"CA"位时,触点 1、2 和 7、8 闭合,测量线电压 U_{CA}。

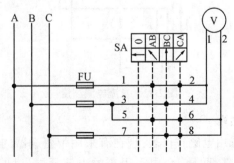

图 2-19　交流三相电压直接测量电路

图 2-20 是交流三相电压间接测量电路。3 个线电压用 2 台电压互感器 TC_1 和 TC_2 测量，U_{AB} 和 U_{BC} 用各自的电压互感器测量，U_{CA} 用 2 台互感器的 U_{AB} 和 U_{BC} 按 V 形接法相量相加合成测量。相量图如图 2-21 中虚线相量 U_{AC} 所示。

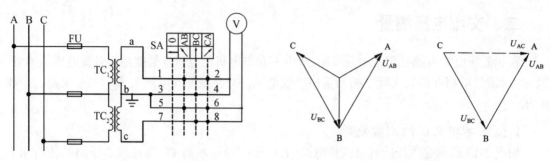

图 2-20　交流三相电压间接测量电路　　　　图 2-21　V 形接法测量电压的相量图

3.交流电压的测量方法和注意事项

使用交流电压表的接法是并联在测量电路上，如需要扩大量程，则采用符合规格的电压互感器，进行正确接线与安装使用；副边接熔断器，二次侧不能过载和短路；电压互感器外壳、副边必须接地。

三、电流测量

1.直流电流的测量电路

测量直流电流时，电流表接线标有"+""−"极性，若接反，指针会反偏。

直流电流表一般采用磁电式仪表，内阻（连同分流器 R）很小，串联在被测量的电路中。

容量较大的直流电流表都是外附分流器，如图 2-22 所示，从原理上看分流器串联在被测电路任何位置都可以，但规范要求必须设置在"+"极。分流器实际是一个阻值很小的电阻，当有直流电流通过时，产生压降，供直流电流表显示，直流电流表实际是电压表，直流电流表和分流器应配套使用。

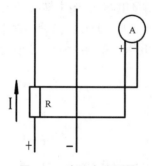

图 2-22　直流电流测量

2.交流电流的测量电路

以往的交流电流表多采用电磁式仪表，现在有采用带变送器的磁电式仪表。无论采用哪一种原理结构的电流表，内部都是一个内阻很小的电流元件，对外引出 2 个接线端子，没有极性。

交流电流表制作成标准的 5 A 或 1 A 量程。国内一般都采用 5 A 量程,超过 5 A 的通过电流互感器变换测量。电力电路都是通过电流互感器变换测量。

单相交流电流测量电路如图 2-23 所示。电流互感器 CT 一次侧流过负载电流 I,变换成二次侧电流接入电流表。在 CT 额定负载阻抗范围内,可以接多个电流表或其他电流元件,所有电流元件串联。CT 二次侧不允许开路,外接电流表接线端子有短路连接片,外部接线校对后才能拆开短路连接片。

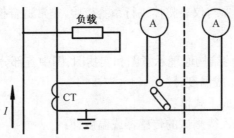

图 2-23　单相交流电流测量电路

图 2-24 所示是船用配电板中采用万能转换开关测量发电机输出三相电流的电路接线图。图中,转换开关 SA 是特殊的,触点在转换的过程中,应保证电流互感器 CT 的二次侧不开路。

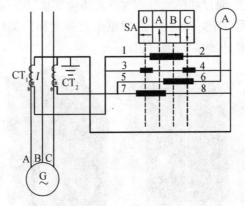

图 2-24　三相电流测量电路

3.交流电流的测量方法和注意事项

使用交流电流表的接法是串联在测量电路上的,如需要扩大量程,则采用符合规格的电流互感器,进行正确接线与安装使用;副边不能开路;电流互感器外壳、副边一端必须接地。

第六节　常用电气调试仪器

便携式干式温度校验炉、便携式压力校验仪、电阻箱、电流信号发生器是船舶电气设备现场安装调试及维护的常用仪器。

一、便携式干式温度校验炉

温度校验炉主要用于温度元件(热电偶、铂电阻、温度计)、温度变送器(传感器)、温度开关及温度显示仪表的校验和维修。它采用高稳定控温仪,其均热块采用导热极好的铜合金材料,可方便地设置并精确产生所需温度(达700 ℃)。它具有体积小、加温快速、控温稳定、无污染等特点,可将温度传感器与仪表整体进行系统校验,非常适合控制现场或实验室使用。

1.基本结构及原理

图2-25是温度校验炉的结构原理示意图和实物图,图中各部分组成如下:

①插入待测试的传感器或温度计;

②固体金属块:由它形成干式槽;

③干式槽:在此槽内插入待测试的传感器或温度计;

④内部电阻温度探测器RTD:检测槽内实际温度;

⑤加热元件;

⑥冷却风扇。

温度校验炉的工作原理:通过加热元件⑤加热固体金属块②并保持温度稳定。在使用时,需在温度校验炉的设置界面设定好给定温度,根据给定温度和检测到的实际温度的温度差去控制加热元件的通电或断电,从而保持温度恒定。

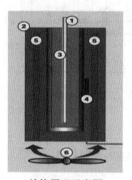 

(a)结构原理示意图　　　　　(b)实物图

图2-25　温度校验炉

图2-26　温度校验炉使用示意图

2.使用方法及注意事项

(1)温度校验炉应水平、可靠放置。

（2）需校验的传感器或器件须正确插入并只能插入待校验器件，如图 2-26 所示，不可用力插入干式槽，以防损坏器件；插入深度应尽可能接近槽底，以保证测量精度。

（3）槽内不可倒入导热油或其他液体，以防止加热时沸腾溅出或泄漏。

（4）温度校验炉通电前应确认电源电压等级，一般有 110 V 与 220 V 两种，错误的电源接入会烧毁温度校验炉。

（5）校验过程中正确设置温度，如图 2-26 所示设定为 700.00 ℃，则加热元件开始通电，槽内温度升高，图中显示的 696.68 ℃是实际的检测温度。

（6）校验结束后，不可直接断电，应将设定温度调至室温，待冷却风扇将实际温度冷却至设定温度后再断电。

（7）取出校验的传感器或器件时，须谨慎操作，以防烫伤。

二、便携式压力校验仪

便携式压力校验仪用来校验压力传感器、压力表等，由精密数字压力表和便携式手持气压压力泵（简称手操压力泵）组成，精度高、稳定性好，手泵加压轻松，压力值定格稳定，气密性强。便携式压力校验仪除可作为较高准确度校正标准器（表）外，也可作为工作仪表使用。

1.手操压力泵的基本结构及原理

如图 2-27 所示，手操压力泵由加压泵（由手柄 1、活塞杆 2、气缸 3 组成）、压力微调器 4、泄压阀 5、正负压切换阀 6、标准压力表接头 7、被校验传感器或仪表接头 8 组成。它在结构上设计了压力微调器，旋转微调器可方便地改变输出压力，此外还附有高压软管连接被校验传感器或仪表。将可随身手操压力泵携带到现场，其校验既迅速又简便。使用时手握手操压力泵手柄，用力握紧、放松反复进行，从而带动活塞杆往复运动，活塞杆往复运动几次就可以产生输出压力。

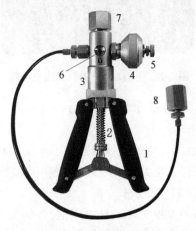

图 2-27　手操压力泵结构示意图

2.便携式压力校验仪的使用方法及注意事项

下面以校验正压 1.6 MPa、负压 −0.07 MPa 为例说明其使用方法：

（1）使用时，精密数字压力表与手操压力泵上的"标准压力表接头 7"可靠连接。

（2）用快速接头所配高压软管连接被校验传感器或仪表后即可校验。

（3）校验正压时，"正负压切换阀6"置于"正压"位置，压力微调器旋至适当位置，关闭泄压阀。手动加压泵，当正压到约1.6 MPa时，微调到测量点1.6 MPa，稳定1~3 min，读数。

（4）校验负压时，"正负压切换阀6"置于"负压"位置，压力微调器旋至适当位置，关闭泄压阀。手动加压泵，当负压到约-0.07 MPa时，微调到测量点-0.07 MPa，稳定1~3 min，读数。

校验过程中要随时注意各连接处保持良好的密封，校验结束时务必先旋松泄压阀卸载后才能拆卸传感器或仪表，否则易发生危险、损坏器件。

三、电阻箱

电阻箱是一种箱式电阻器，它可以跳跃式地调节电阻，且能显示确定的电阻值，可以用于热电阻的回路模拟测试。

1.基本结构及原理

电阻箱由若干个不同阻值的定值电阻，按一定的方式连接而成。电阻箱中的定值电阻一般用康铜和锰铜丝绕制，使电阻值基本不随温度变化。

图2-28是常用的ZX21型十进制直流电阻箱，ZX21型十进制直流电阻箱是六个十进开关串联而成的多值电阻器。电阻元件接于开关各个触点之上，通过改变开关电刷位置得到各种阻值，按阻值大小分别从四个接线柱上引出。ZX21型十进制直流电阻箱是在直流回路中做调节阻值之用，也可用于未做精度要求的交流电路中。

图2-28　ZX21型十进制直流电阻箱

2.主要技术指标及使用注意事项

（1）阻值调节范围：0~99 999.9 Ω。

（2）电阻箱内电路对外壳金属之间的绝缘电阻应不小于100 MΩ。

（3）使用时，把两个接线柱接入电路，一端接最右侧"0"接线柱，另一端接0.9 Ω或9.9 Ω或99 999.9 Ω，一般接"99 999.9 Ω"接线柱。

（4）调节旋盘就能得到0~99 999.9 Ω的任意阻值，各旋盘对应的指示点的示数乘以面盘上标出的倍数，然后加在一起，就是接入电路的阻值。

四、电流信号发生器

电流信号发生器是船舶电仪调试中常用的电气仪表。在船舶电气自动控制系统中，广泛采用4~20 mA的标准电流信号作为微机或PLC系统采集和现场控制信号，因此在安装调试与维护中,会经常用到电流信号发生器,但传统的万用表一般都不具备 mA 信号输出功能。电流信号发光器具有体积小、操作方便等特点,可作为现场安装调试及维护的工具。

(一)功能说明和技术参数

图 2-29 是 SIN-C702 信号发生器外形结构图,可以输出、测量以下信号:电流信号、电压信号、mV 信号、8 种热电偶信号(E、K、B、S、T、R、J、N 信号)。

如图 2-30 所示是信号发生器调试使用场合,它涵盖了可编程控制器、分布式控制系统DCS、现场仪表、调节阀、变频器等设备维护及调试所需的大部分功能。除了常规的测量和输出电流(有源与无源电流输出均可)、电压,24 V 配电输出等多种功能,还增加了热电偶的输入与输出功能,以及可编程输出功能(可以按照用户设定的时间线性输出信号值)。因此,通过SIN-C702 信号发生器可以读取或模拟现场绝大多数工程量。

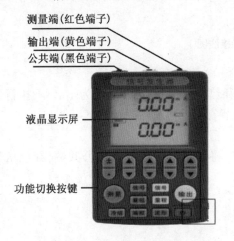

图 2-29　SIN-C702 信号发生器外形结构图

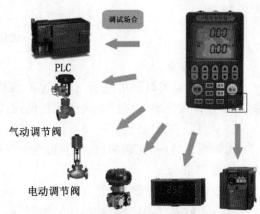

图 2-30　信号发生器调试使用场合

信号发生器采用三个接线端子,输入、输出更加方便。此外,除了常规的两线制接线方式外,还可实现调节阀门接线、三线制变送器接线等多种功能;采用双显示模式,测量信号和输出信号可同时显示在显示屏上,数据查看非常方便。

(二)使用方法接线举例

1.信号输出

(1)电压、有源电流、4~20 mA、热电偶输出

①如图 2-31(a)正确接线,注意极性的正确连接,将黑色信号线接在公共端、黄色信号线接在输出端。

②按黄色的"信号"键切换所要输出的信号类型。

③按"▲▼"键调整输出值大小。

④按黄色的"输出"键,LCD 屏幕中"SOURCE"会由"OFF"变成"ON",启动输出。

(2)无源电流输出

无源电流输出可作为二线制变送器模拟器,用于回路测试。

①如图 2-31(b)正确接线,注意极性的正确连接。

②按黄色的"信号"键切换信号类型为 mA。

③将信号发生器侧面的拨码开关拨到"无源输出 ON"侧,启动无源电流输出功能。

④按"▲▼"键调整输出值大小。

⑤按黄色的"输出"键,LCD 屏幕中"SOURCE"会由"OFF"变成"ON",启动输出。

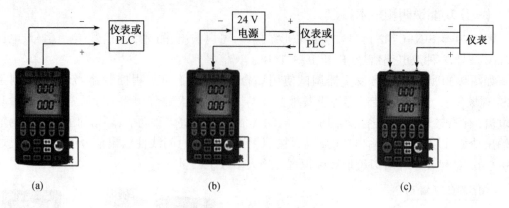

图 2-31　信号发生器接线图 1

2.信号测量

信号发生器可以测量电压、有源电流、无源电流和热电偶信号,更新周期为 1 s。不执行测量功能时,按青色的"测量"键关闭测量模式,以达到节省电池电量的目的。

(1)电压、有源电流测量

①如图 2-31(c)正确接线,注意极性的正确连接,将黑色信号线 B 接在公共端,红色信号线 R 接在测量端。

②按青色的"测量"键,打开测量功能。

③按青色的"信号"键,切换信号类型。

④在 LCD 测量值显示区显示实际测量值。

(2)无源电流测量

信号发生器用于二、三线制变送器测试。

①如图 2-32(a)或(b),按照二线制或三线制接法连接好信号线。

②按青色的"信号"键切换信号类型为 24VLOOP。

③此时输出端固定输出 24 V 或 16 V 的电压(拨码开关在"低载模式 ON"侧时,输出 16 V)。

④在 LCD 测量值显示区显示实际测量值,输出显示区域固定显示为 25 mA。

(3)热电偶测量

信号发生器用于测量热电偶温度值时,带自动或手动冷端补偿功能。

①如图 2-31(c)正确接线,注意极性的正确连接,将黑色信号线接在公共端,红色信号线接在测量端。

②按青色的"信号"键,切换信号类型为 K、E、J、T、R、B、S、N。

③在 LCD 测量值显示区显示实际测量值。

(4)调节阀门

输出有源电压/电流给阀门,测量反馈信号来调节阀门。

①如图 2-32(c)正确接线。

②按青色的"信号"键,切换测量信号类型为电压/电流。

③按黄色的"信号"键,切换输出信号类型为电压/电流。

④按黄色的"输出"键,LCD屏幕中"SOURCE"会由"OFF"变成"ON",启动输出。
⑤在LCD测量值显示区显示实际阀门的反馈测量值。

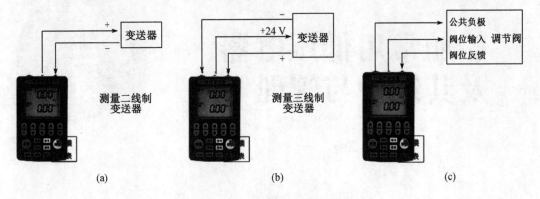

图2-32 信号发生器接线图2

复习思考题

2-1 叙述模拟式(指针式)万用表的使用注意事项。

2-2 叙述模拟式(指针式)万用表测量交直流电压的注意事项。

2-3 叙述使用便携式兆欧表对电气设备的绝缘电阻值进行测量的方法和注意事项。

2-4 叙述电动机绕组绝缘故障查找方法并实操。

2-5 叙述使用钳形电流表测量线路电流的方法和注意事项。

2-6 简述电压、电流互感器的工作原理及安装注意事项。

2-7 叙述交流电压的测量方法和注意事项。

2-8 叙述交流电流的测量方法和注意事项。

2-9 叙述便携式干式温度校验炉的使用方法及注意事项。

2-10 叙述便携式压力校验仪的使用方法及注意事项。

船舶常用低压电器及其维护与管理

第三章

为了保证船舶电气设备安全可靠运行,管理者应做好常用电器的维护工作。

本章主要介绍:低压空气断路器、接触器、热继电器、控制继电器、熔断器、主令电器、电磁制动器、电磁阀的工作原理及功能测试方法,可编程控制器(PLC)、变频器和触摸屏的相关知识。

第一节　低压空气断路器

一、概述及选用

空气断路器又叫自动空气开关,是一种不仅可以接通、分断电路,还可以对负载电路进行自动保护的开关电器。当负载电路发生短路、过载、欠压等故障时,能自动切断电路。常用的空气断路器因结构不同主要分为微型断路器、塑壳式断路器(又称装置式空气断路器)、框架式断路器(又称万能式空气断路器)三类。框架式断路器主要用于发电机主开关,会在后续章节介绍,本节只介绍前两种断路器。

微型断路器与塑壳式断路器的结构和工作原理基本相同。塑壳式断路器电流等级一般为630 A 以下,而微型断路器最大电流等级在 125 A 以内。塑壳式断路器以螺钉安装为主,而微型断路器主要是通过导轨安装。

1.微型断路器

微型断路器(Micro Circuit Breaker,简称 MCB),是配电装置中电气终端使用最广泛的一种保护电器。用于额定电流在 125 A 以下的单相、三相的短路、过载、欠压等保护。图 3-1 是微型断路器的电气符号、实物图及内部结构图,图 3-1(c)中:1 是接线端、2 是静触点、3 是动触点、4 是短路电磁脱扣器、5 是过载热脱扣器、6 是灭弧装置、7 是自由脱扣机构、8 是操作机构。其中欠压脱扣器为选配件。

2.塑壳式断路器

塑壳式断路器(Molded Case Circuit Breaker,简称 MCCB),主要作用是为低压配电系统和电动机回路中的过载、短路提供保护功能。使用选配件后可实现欠压保护及分励脱扣控制。塑壳式断路器在船上多作为负载屏上的供电开关使用。

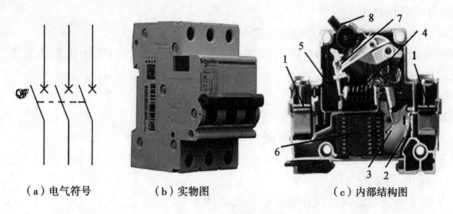

（a）电气符号　　　　　（b）实物图　　　　　（c）内部结构图

图 3-1　微型断路器

塑壳指的是用塑料绝缘体作为装置的外壳，用来隔离导体以及接地金属部分。其脱扣单元分为热磁脱扣与电子脱扣器。其电气符号、结构组成和工作原理与微型断路器基本相同。在船舶的配电板以及电动机控制箱内都使用塑壳式断路器，多采用电子脱扣器作为脱扣单元。图 3-2 分别是热磁式、电子式塑壳式断路器实物图。

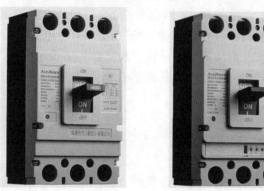

图 3-2　热磁式、电子式塑壳式断路器

断路器的一个重要参数是限流分断能力。它是指电路发生短路时，断路器跳闸时限制故障电流的能力。电路发生短路时，断路器触头快速打开，产生电弧，相当于在线路中串入一个迅速增加的电弧电阻，从而限制了故障电流的增加，降低了短路电流的电磁效应、电动效应和热效应对断路器和用电设备的不良影响，延长断路器的使用寿命。

3.断路器的选用

在使用时，首先根据具体使用条件选择类别，再按电路的额定电流及对保护的要求来选用。当额定电流在 630 A 以下时，可选用塑壳断路器；当额定电流比较大时，就应选用框架式断路器。

（1）一般选用

①断路器的额定电流≥负载工作电流。

②断路器的额定电压≥线路或设备的额定电压。

③断路器的脱扣器额定电流≥负载工作电流。

④断路器的极限通断能力≥电路最大短路电流。

⑤断路器欠压脱扣器额定电压=线路额定电压。

(2)配电用断路器的选用

①长延时动作电流整定值=(0.8~1)倍导线允许载流量。

②短延时动作电流整定值≥1.1倍(线路计算负载电流+1.35倍电动机起动电流倍数×最大一台电动机额定电流)。

(3)电动机用断路器的选用

①长延时电流整定值=电动机额定电流。

②6倍延时电流整定值的可返回时间≥电动机实际起动时间。

③鼠笼式电动机瞬时整定电流=(8~15)倍脱扣器额定电流。

(4)照明用断路器的选用

①长延时电流整定值≥线路计算负载电流。

②瞬时电流整定值=6倍线路计算负载电流。

二、断路器的功能测试

以三极断路器为例,断路器可以通过断电或通电方式实现通断功能测试。

断电测试时,选择万用表的欧姆挡(或蜂鸣器挡)合适量程。断路器分闸状态,测量三相主触点的电阻均为无穷大;断路器合闸状态,测量三相主触点的电阻均为零。

通电测试时,选择万用表的电压挡合适量程。断路器分闸状态,确认断路器的电源进线端已经接入三相电,测量三相电源电压正常;断路器合闸状态,测量断路器输出端三相电压均正常。

三、断路器的检查及处理

断路器在日常使用中,应经常对其进行巡视检查,以保证其处于正常工作状态。每年应进行定期检查,检查要点及处理方法如下:

(1)检查接线端子螺钉(栓)的接触情况。如有松动,应予拧紧。

(2)检查断路器表面、上部电源侧表面或绝缘处。如有尘埃、油污、异物,应用干净布去除。

(3)检查分合闸操作是否顺利,试验脱扣器能否动作。如分、合不顺,有滑扣或脱扣按钮按下而断路器不自由脱扣,应予修理。

(4)检查绝缘电阻是否达到要求。用500 V兆欧表检测带电体与框架、极间的绝缘电阻,如未达到10 MΩ,则取下绝缘件查明原因或予更换。

第二节 接触器

接触器主要用于频繁接通或分断交直流电路,具有控制容量大、可远距离操作、能实现联锁控制等优点,并具有欠压保护功能,被广泛应用于自动控制电路中。其主要控制对象是电动机,也可用于控制其他电力负载,如电热器、照明、电焊机、电容器组等。

接触器按控制电流的种类可分为交流接触器和直流接触器。图3-3是交流接触器实物图,主要由电磁系统、触点系统、灭弧装置和其他部件组成。

图3-3 交流接触器实物图

一、接触器的选用

应根据不同的使用条件,正确地选择接触器的产品类型和容量等级。主触点的额定电流应大于或等于负载的额定电流,在频繁操作或用于电动机正反转及反接制动的场合,选择接触器容量必须考虑电动机的起动电流、通电持续率。

电磁线圈允许在额定电压的85%~100%范围内正常使用,其电压等级有36 V、110 V、127 V、220 V、380 V等,可根据控制回路的电压等级来选择。一般规定,吸合电压不低于电磁线圈额定电压的85%,释放电压不高于电磁线圈额定电压的70%。

二、接触器的维护保养及注意事项

接触器的维护保养及注意事项主要包括:

(1)经常保持接触器的清洁(用干燥的压缩空气吹净浮灰或用刷子蘸电器清洁液刷净)。

(2)检查接触器各紧固件是否松动,特别是紧固压接导线的螺钉,以防止松动脱落造成连接处发热。如发现过热点后,可用整形锉轻轻锉去导电零件相互接触面的氧化膜,再重新固定好。

(3)定期检查调整触点的压力、开距、超行程,使之保持在规定的范围内,触点上不得涂抹润滑油。

(4)检查衔铁与铁芯接触是否紧密,接触处的铁锈、尘埃和污垢必须清除干净。

(5)接触器的灭弧罩应安装牢固,灭弧栅片不得缺少,当有振裂破损或灭弧罩烧损严重时,应予更换。

(6)反力弹簧长期使用后,若失去弹性或疲劳断裂,应及时换新。

三、接触器的拆装工艺

图3-4是CJ 10-20型交流接触器的主要零部件内部结构图。拆卸交流接触器前,先将线圈数据、不同触点的数量及各对触点动作前后的电阻值记入表3-1。

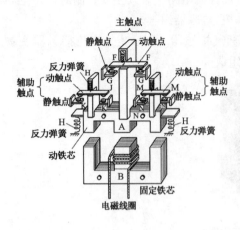

图 3-4 CJ 10-20 型交流接触器的
主要零部件内部结构图

表 3-1 接触器检测记录表

主要零部件			型号		容量（A）	
序号	名称	作用				
触点对数						
			主触点		辅助触点	
			常开	常闭	常开	常闭
触点电阻						
			常开触点		常闭触点	
			动作前	动作后	动作前	动作后
电磁线圈						
		工作电压/V		直流电阻/Ω		

1.接触器的拆卸步骤

（1）拆卸灭弧罩

拆下灭弧罩上面的紧固螺钉,即可取下灭弧罩。

（2）拆卸主触点

用手向上拉紧主触点定位弹簧夹,取下主触点的动触点桥及主触点压力弹簧片。拆卸主触点的动触点时必须将主触点侧转 45°后取下。拧出主触点的静触点与接线座铜条上的螺钉,即可将静主触点取下。

（3）拆卸辅助触点的静触点

松开辅助常开静触点的接线柱螺钉,取下常开静触点。

（4）拆卸底部盖板

将接触器倒置,底部朝上,松开接触器底部的盖板螺钉,取下盖板。在松盖板螺钉时,必须用另一只手压住胶木盖板,以防缓冲弹簧的弹力将盖板弹出。

（5）拆卸静铁芯

取下由底部盖板压住的静铁芯缓冲绝缘纸片及静铁芯,取下静铁芯支架及缓冲弹簧。

（6）拆卸电磁线圈

拔出线圈接线端的弹簧夹片,即可取下线圈。

（7）拆卸动铁芯(衔铁)及支架

取下反力弹簧,取下动铁芯和支架,从支架上取下动铁芯定位销,取下动铁芯及缓冲绝缘纸片。至此,接触器的拆卸基本结束。

2.接触器的修理及装配

接触器需修理或更换的元器件主要是动、静主触点和电磁线圈。修理后的装配可按与拆卸相反的步骤进行。

3.接触器的功能测试

接触器可以通过断电或通电方式实现功能测试。

断电测试时,选择万用表的欧姆挡合适量程检查线圈是否良好;使用蜂鸣器挡测试主触点、辅助触点是否良好,采取手按动绝缘连杆顶端的方式进行测试。注意检查运动部分是否灵活,以防产生接触不良、振动和噪声。用兆欧表测量各主触点间及主触点对外壳绝缘电阻是否符合要求。

通电测试时,根据铭牌数据接入线圈电压,测试主触点、辅助触点是否良好。

4.拆装注意事项

(1)拆卸过程中,应备有盛放零部件的容器,以免丢失零部件。零部件应按顺序整齐放置,以便于装配。

(2)拆装过程中不允许硬撬,以免损坏电器。装配辅助静触点时,要防止卡住动触点。

(3)通电测试时,接触器应固定在控制板上,并有人监护,以确保用电安全。

(4)调整触点压力时,注意不得损坏接触器的主触点。

第三节　热继电器

一、概述

热继电器是电流通过发热元件产生热量,使检测元件(一般采用双金属片)受热弯曲而推动连杆机构动作,从而使其输出触点的状态发生变化的一种继电器。热继电器中发热元件具有发热惯性,不能在电路中做短路保护。它主要用于电动机的过载保护、断相保护和三相电流不平衡运行的保护及其他电气设备状态的控制。热继电器的保护特性、电气符号和实物图如图3-5所示。

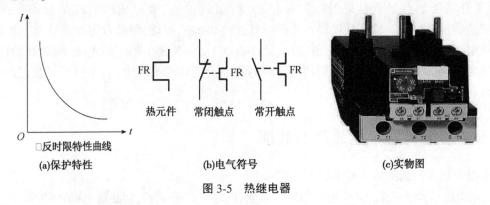

FR 热元件　常闭触点　常开触点

□反时限特性曲线

(a)保护特性　　　　　(b)电气符号　　　　　(c)实物图

图3-5　热继电器

二、热继电器的选用

在选用热继电器时,主要考虑以下方面:

(1)一般情况下,按电动机额定电流来选择热继电器。热元件的额定电流应为电动机额定电流的1.1~1.25倍。

(2)热继电器整定值一般按电动机额定电流的1倍选取。

(3)当电动机起动次数频繁时,热继电器可能误动作,所以在控制重复短时工作制的异步电动机时,不宜用热继电器作过载保护,而应使用埋入电动机绕组的温度传感器来保护。

(4)由于热继电器具有很大的热惯性,不能作为线路的短路保护。

(5)热继电器一般都有手动与自动复位两种方式,并且可以利用螺钉调节成任一方式,以满足不同场合的需要。凡能自动复位的热继电器,动作后应能在 5 min 内可靠地自动复位;而手动复位的热继电器,在动作后 2 min 内用手按下手动复位按钮时,也应可靠地复位。采用自动元件控制的自动起动电路应将热继电器设定为手动复位形式。

三、热继电器电流整定值的调整

热继电器电流整定值的调整按以下步骤进行:

(1)根据电动机的额定电流,选用热继电器。

(2)使用热继电器对电动机进行过载保护时,将热元件与电动机的定子绕组串联,将热继电器的常闭触头串联在交流接触器的电磁线圈的控制电路中。

(3)电流整定值一般应与被保护电动机的额定电流一致。若不一致,用螺丝刀转动电流值刻度盘进行调整。考虑到瞬时的超负荷,可整定在 1.05~1.2 倍的额定电流。

(4)整定后对热继电器进行试验和复位操作。试验时,可在热继电器的发热元件通以 1.2 倍额定值的实际电流,延时 20 min 触点动作。

四、热继电器的功能测试

热继电器可以通过断电或通电方式实现功能测试。

断电测试时,选择万用表的欧姆挡合适量程检查发热元件是否良好。使用蜂鸣器挡测试常闭、常开辅助触点是否良好;按动"test"按键,测试常闭、常开辅助触点是否动作;按动"reset"按键,测试常闭、常开辅助触点是否恢复;按动"stop"按键,测试常闭触点是否能断开。

通电测试时,先查明电流整定值,发热元件通以 1.2 倍整定值的实际电流,同时开始计时,等待延时 20 min。用万用表的欧姆挡(或蜂鸣器挡)合适量程测试常闭、常开延时触点是否正常动作。

五、热继电器常见故障的处理

热继电器常见的故障主要有以下几方面:

1.用电设备操作正常,但热继电器动作频繁;或电气设备烧毁,而热继电器不动作。

故障原因及处理方法:

(1)热继电器的整定电流值小于被保护的设备的额定电流,热继电器动作频繁;整定值太大,电气设备即使烧毁热继电器也不动作。此时应转动电流值刻度盘的刻度值使之与设备的额定电流相符。

(2)热继电器内可调整部件的固定支钉松动,不在原整定点上。此时要将支钉铆紧,并重新进行调整试验。

(3)经过大的短路电流后,双金属片已产生永久变形。此时要对热继电器进行重新调整或更换。

（4）热继电器久未校验，灰尘堆积或生锈，动作机构不灵。正常情况下应每年进行一次动作校验，定期清除灰尘或锈迹，重新进行动作机构调整。

（5）热继电器的外接线未接上或松动。

2.热继电器接入后主电路不通。

故障原因及处理方法：

（1）接线柱的螺钉松动。此种情况应拧紧接线柱螺钉。

（2）热元件烧毁。此种情况应更换热元件或热继电器。

3.热继电器的触点在控制电路中不通。

故障原因及处理方法：

（1）触点烧毁或变形不能接触。此种情况应修理或更换触点。

（2）刻度盘或调整螺钉转到了不合适的位置，使触点顶开。此种情况应重新调整刻度盘或调整螺钉。

（3）热继电器动作后未复位或是双金属片已产生永久变形，此种情况应检查复位模式。

第四节　控制继电器

控制继电器是在电力拖动控制线路中，作为远距离接通与分断交直流小容量控制和保护电路或作为信号转换的中间元件。

控制继电器的种类很多，按控制线圈电流种类可分为交流控制继电器和直流控制继电器；按作用原理不同可分为中间继电器（电压继电器）、过电流继电器、时间继电器、压力继电器、温度继电器、固态继电器等。

一、电压继电器

电压继电器采用电磁式结构，与接触器相似，主要由电磁系统和触点系统组成。其工作原理是当线圈中的电流或两端电压达到继电器的动作值时，电磁吸力克服弹簧的反力，使衔铁吸合并带动触点动作以切换所控制的电路。其功能测试方法与接触器一样。

由于触点接通和分断的是交直流控制电路，电流很小，因此，一般电压继电器不需要灭弧装置。电压继电器线圈在施加85%～105%的额定电压时应能可靠运行。它的触点数目多，可通过它来增加控制电路中的信号数量，或将信号放大，即用小电流控制大电流。图3-6是电压继电器的实物图。

图3-6　电压继电器实物图

二、过电流继电器

根据线圈中电流的大小而接通和断开电路的继电器称为电流继电器。使用时电流继电器的线圈与负载串联,其线圈的匝数少而线径粗,按动作原理分为电磁式、电子式。

过电流继电器是通过检测电流是否超过设定值来工作的,电路正常工作时,过电流继电器不动作,当电路电流超过某一整定值时继电器动作,切断控制电路电源,对电动机、设备等实现过电流保护。

图3-7是施耐德EOCRSS过电流继电器实物图。它具有过电流、缺相和堵转三种保护功能,为定时限的时间-电流特性;通过继电器上2个内置电流互感器CT检测三相电流;通过面板前部LED指示状态显示电源和脱扣状态;脱扣输出为NO、NC两个无源触点。它可替代热继电器使用,具有保护精度高、动作灵敏度高的特点。

EOCRSS过电流继电器具有故障复位和自检测功能。当发生电动机过载、缺相等故障时需手动复位(按"RESET"按钮)或断电方式复位;在使用一段时间后为保证设备的安全运行,按"TEST"按钮可进行设备自身运行状况好坏的判断。

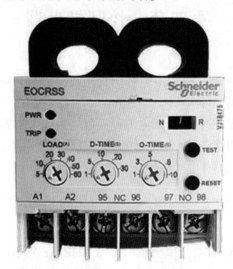

图3-7 施耐德EOCRSS过电流继电器实物图

1.三个旋钮的设置功能

LOAD(A):用于整定过电流继电器的脱扣阈值,一般略高于电机额定电流值。

D-TIME(s):用于设定电机起动时间,在起动时间内,保护功能被屏蔽,用以避开起动时的冲击电流。

O-TIME(s):用于设定继电器的脱扣延时时间,在正常运行过程中,若实际电流超过LOAD(A)设定值,且持续达到或超过O-TIME,继电器将脱扣。

2.三个旋钮的具体设置方法（功能测试）

图3-8是EOCRSS过电流继电器用于电动机保护的典型接线图,在使用时应对继电器进行必要的设置,以保证继电器能正常工作,具体方法如下:

①在电动机起动前,根据电动机实际起动时间,将起动延时旋钮"D-TIME"调到该值(可

多加 2~3 s),如起动时间无法确定,可将该旋钮先调到最大值。通过钳形电流表测出具体电流值,计算出时间。

②将脱扣延时旋钮"O-TIME"及过电流设定旋钮"LOAD(A)"调整到最大值。

③起动电动机,待电动机运行平稳后(即超过起动延时时间 D-TIME 值),将过电流设定旋钮"LOAD"逆时针方向缓慢旋转到红色指示灯"TRIP"闪烁为止,此点为实际运行电流值的100%。再将旋钮按顺时针方向旋至红色指示灯刚刚熄灭处(在动作延时 O-TIME 设定时间内),此点为实际运行电流值的103%。继续按顺时针方向旋转过电流设定旋钮"LOAD(A)",将其设定在合适的过电流值上(一般过电流值设置在实际运行电流值的 110%~125%)。

④根据电动机正常起动运行情况,重新校准起动延时时间(D-TIME)。一般设定值比实际值大 2~3 s。

⑤依据实际情况重新设定动作延时(O-Time)时间。

⑥设置完成后,在不起动电动机的情况下,可按测试按钮"TEST"进行模拟功能测试。

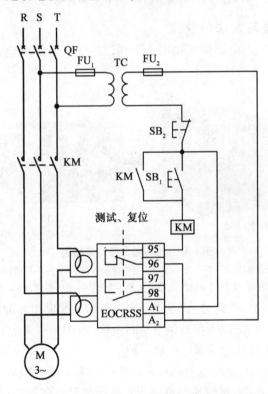

图 3-8　EOCRSS 过电流继电器用于电动机保护的典型接线图

三、时间继电器

时间继电器从线圈通电或断电起,需要经过一定的延时后才能使触点动作,主要用于需要按时间顺序控制的电路中。时间继电器可分为通电延时型和断电延时型两种类型。目前在实际应用中多采用电子式时间继电器,电子式时间继电器主要由电子延时电路、触点组成。图 3-9 是时间继电器 KT 的电气符号图。

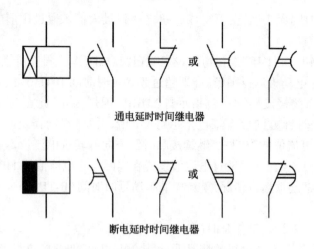

图 3-9 时间继电器 KT 的电气符号图

1.时间继电器的整定方法和步骤

图 3-10 是 ST3 型时间继电器的实物图。下面以 ST3 型时间继电器为例说明时间继电器的整定方法和步骤。

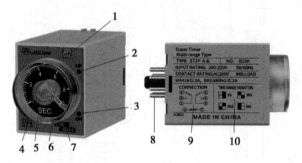

图 3-10 时间继电器的实物图

1—线圈额定电压;2—工作指示灯;3—电源指示灯;4—型号;5—延时调整旋钮;
6—延时时间刻度盘;7—延时量程拨片;8—管脚;9—电气符号;10—延时量程

第一步:根据铭牌中的电气符号,识别是通电延时型还是断电延时型。

第二步:根据控制要求,按以下步骤调节延时量程(有的型号无此功能)。

(1)查看延时量程:4 种延时量程中选取一种。

(2)设定延时量程:例如,延时量程选取 1 s 时,延时量程拨片拨在 2、4 位置。

(3)取出延时时间刻度盘:延时调整旋钮固定在调整延时时间的电位器上,取下该旋钮即可取出刻度盘。

(4)选择延时时间刻度盘:内含两张正反量程不同的刻度盘,根据延时量程选好后将延时调整旋钮复位。

第三步:延时时间的调整。顺时针方向转动延时调整旋钮为延长延时时间,逆时针方向转动延时调整旋钮为缩短延时时间。

第四步:调整完成后必须进行通电试验验证,确保延时基本正确。

2.时间继电器的功能测试

时间继电器可以通过通电方式实现功能测试。

先查明时间继电器的整定时间(延时调整旋钮中的红色标识对应的刻度盘时间),接着根据线圈额定电压正确接入电源,然后接通电源,ON电源指示灯亮起,同时开始计时,用万用表的欧姆挡(或蜂鸣器挡)合适量程测试常闭、常开延时触点是否按整定时间动作。延时时间到后,UP工作指示灯亮起。

四、压力继电器

压力继电器又称压力开关,图3-11是船上常用的YWK-50型单元式压力继电器实物图,它属于波纹管式传感器,可用于气体、蒸汽等气体介质和液体介质。压力继电器的压力设定值可调,调节范围为-0.1~4 MPa;幅差值亦可调,调节范围为0.07~0.25 MPa。

图3-11　YWK-50型单元式压力继电器实物图

1.工作原理

压力继电器利用介质压力与弹簧力的平衡关系来开、闭电气微动开关触点(触点为一组,分3端:COM、NC、NO),在介质压力上升或下降到由弹簧力预先调定的开、闭压力时,使微动开关通、断,改变电信号,控制其他电器动作(如电动机、电磁阀、各类继电器、PLC输入通道等),用以实现泵的起动或停止、执行元件的顺序动作或系统的安全保护等功能。

压力继电器有两个调节旋钮,可以实现压力设定值调节和幅差值调节,顺时针转动上端左侧的"压力设定值调整"螺钉,会使压力设定值增加,反之则减小;顺时针转动下端左侧"幅差值调整"旋钮,会使压力幅差值增加,反之则减小。

图3-12是YWK-50型单元式压力继电器的结构原理图。被测量的压力信号p接至测量室,通过波纹管转换为力信号作用于比较杠杆,产生测量力矩。此外,杠杆上还作用着由设定弹簧产生的设定力矩和由幅差弹簧产生的幅差力矩。

当输入信号p处在压力的下限值以下时,比较杠杆处于水平位置。此时,动触点与静触点2闭合,作用螺钉与幅差弹簧盘之间存在一定的间隙,幅差弹簧对杠杆不起作用。

当p增大时,杠杆绕支点逆时针转动,拨臂左移,带动舌片使跳簧压缩,储存弹性能。同时,作用螺钉与幅差弹簧盘的间隙逐渐消失,当杠杆继续转动时,不仅要克服设定力矩,还要克服幅差力矩。当杠杆转过某个角度,即被测量压力p达到上限值时,舌片正好与簧片处在同一平面,跳簧有了释放能量的机会,迅速把簧片弹开,使动触点离开静触点2而与静触点1闭合,触点切换。

当压力p降低时,杠杆绕支点顺时针转动,当杠杆回到水平位置时,舌簧舌片又与舌簧簧

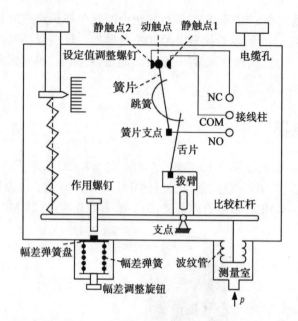

图 3-12　YWK-50 型单元式压力继电器的结构原理图

片处在同一平面,跳簧再次把舌簧弹开,使动触点离开静触点 1 而与静触点 2 接触。

当压力 p 在上限值和下限值之间变化时,跳簧保持原状态不变,也就是压力继电器的输出状态不变。

2.双位控制的调节

通过幅差的调整,可以采用单个压力继电器实现双位控制,其控制原理是:假设压力设定值在 2.5 MPa,幅差值在 0.5 MPa 时,从导压管加压,实际压力达到 3 MPa 时,电气微动开关触点动作(常闭触点断开、常开触点闭合);继续加压超过 3 MPa 然后减压,实际压力降至 3 MPa 时,电气微动开关触点不动作;继续减压,实际压力降至 2.5 MPa 时,电气微动开关触点复位(常闭触点恢复闭合、常开触点恢复断开)。

下面以船舶空气压缩机的输出压力保持在 2.5~3 MPa 为例,说明压力继电器的使用和设定值及幅差值的调整方法:

(1)将压力继电器内部的微动开关接线端子(一般接 NC 常闭触点,升压断开、降压接通)接入控制电路,将导压管接口通过金属管与空气瓶密封连接。导压管接口处应使用三通阀连接标准压力表。

(2)调好压力设定值及幅差值:取下压力设定值锁紧螺母,旋动设定值调整螺钉,将压力指针指示在标度尺刻度 2.5 MPa,此值即是空压机的低压设定值;旋动幅差值调节旋钮,调至约 0.5 MPa,"压力设定值+幅差值"即是空压机的高压设定值。

(3)校验调好的压力设定值(低压设定值):假设空气瓶初始压力是 0 MPa,接通电源使空压机工作,空气瓶压力上升,使压力继电器微动开关(NC 常闭触点)自动断开,空压机停止工作;然后使空气瓶压力降低,微动开关自动闭合使空压机工作,观察微动开关自动闭合时的压力值是不是设定好的压力设定值 2.5 MPa。如有偏差,应反复升压、降压、调节压力设定值螺钉进行试验调整。

(4)校验调好的幅差值:空压机工作使空气瓶压力上升,观察压力继电器的常闭微动开关自动断开时(此时使控制电路断电,空压机停转)的压力值是不是 3 MPa(高压设定值)。如有偏差,应反复升压、降压、调节幅差值旋钮进行试验调整。

需要注意的是:压力继电器指针指示值为低压设定值,设定值调节范围即低压设定值调节范围;幅差旋钮上数字仅表示幅差的大小程度而非实际值,实际压力应从标准压力表读取。

五、温度继电器

温度继电器又称温度开关,由毛细管温包式的传感器和电气微动开关等组成,前者通常包括毛细管温包、调压复位弹簧和限位机构等。图3-13是船上常用的WTZK-50压力式温度继电器,它属于波纹管式传感器,可用于对铜和铜合金无腐蚀作用的气体、蒸汽等气体介质或液体介质。控制器的温度设定值可调,调节范围为-60~170 ℃;幅差值可调,调节范围为3~5 ℃。当被测介质温度升高时,插入其中的温度继电器的毛细管温包和波纹管中的感温剂气体膨胀,使波纹管伸长并克服弹簧的弹力,控制微动开关动作;当温度降低时,温包内气体收缩,波纹管收缩与弹簧一起动作,使微动开关复位,如此反复动作,从而达到温度控制的目的。

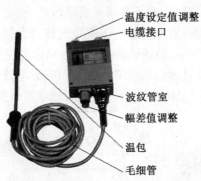

温度设定值调整
电缆接口
波纹管室
幅差值调整
温包
毛细管

图3-13 WTZK-50压力式温度继电器

下面以船舶冷库的温度保持在-8~-5 ℃的范围内为例,说明温度继电器的使用和设定值及幅差值的调整方法:

(1)毛细管温包固定在冷库内,其周围介质应保持流动,温度继电器装在冷库外,毛细管应可靠固定,将温度继电器内部的微动开关接线端子(一般接NC常闭点,升温接通、降温断开)接入控制电路中。冷库内应设置标准温度表。

(2)调好温度设定值及幅差值:取下温度设定值锁紧螺母,旋动设定值调节螺钉,将温度指针指示在标度尺刻度-8 ℃,此值即是冷库的低温设定值;旋动幅差值调节旋钮,调至约3 ℃。"温度设定值+幅差值"即是冷库的高温设定值。

(3)校验调好的温度设定值:假设冷库初始温度是室温20 ℃,接通控制电路电源,冰机工作使冷库温度下降,注意观察温度继电器微动开关自动断开时的温度是不是设定好的温度设定值-8 ℃(此时使制冷电机停机)。如有偏差,应反复升温、降温、调节温度设定值螺钉进行试验调整。

(4)校验调好的幅差值:使冷库温度上升,观察温度继电器的微动开关自动闭合时(此时使控制电路有电、冰机工作制冷)的温度值是不是-5 ℃(高温设定值)。如有偏差,应反复升温、降温、调节幅差值旋钮进行试验调整。

需要注意的是:温度继电器指针指示值为低温设定值,设定值调节范围即低温设定值调节范围;幅差旋钮上数字仅表示幅差的大小程度而非实际值,实际温度应从标准温度表读取。

六、固态继电器

固态继电器(Solid State Relay,SSR)是一种无触点通断电子开关,为四端有源器件。其中两个端子为输入控制端,另外两端为输出受控端,中间采用光电隔离器件实现输入、输出之间的电气隔离。在输入端加上直流或脉冲信号,输出端就能从关断状态转变成导通状态(无信号时呈阻断状态),从而控制较大负载。整个器件无可动部件及触点,可实现相当于常用电磁接触器或继电器一样的功能。

如图 3-14 所示是固态继电器的实物图、电气符号和工作原理简图。固态继电器型号规格繁多,但工作原理基本相似。

固态继电器主要由输入(控制)电路、驱动电路和输出(负载)电路三部分组成。输入电路为输入控制信号提供一个回路,使之成为固态继电器的触发信号源,输入电路多为直流输入(个别的为交流输入);驱动电路可以包括隔离耦合电路、功能电路和触发电路三部分。隔离耦合电路多采用光电耦合器和高频变压器两种电路形式;功能电路可包括检波整流、过零、加速、保护、显示等各种功能电路;触发电路的作用是给输出器件提供触发信号。输出电路是在触发信号的控制下,实现固态继电器的通断切换。输出电路主要由输出器件(芯片)和起瞬态抑制作用的吸收回路组成,有时还包括反馈电路。固态继电器使用的输出器件主要有晶体三极管、单向可控硅、双向可控硅、MOS 场效应管、绝缘栅型双极晶体管等。

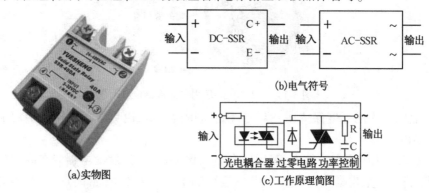

(a)实物图　　(b)电气符号　　(c)工作原理简图

图 3-14　固态继电器

固态继电器选用注意事项:

(1)选择产品时,应根据负载的性质不同,在电流挡位上留有不同的余量。阻性负载时,可按 2 倍以上负载电流选取;感性或容性负载时,可按 3 倍以上负载电流选取。

(2)根据负载电流与环境温度的关系,当环境温度较高或散热条件欠佳时,应增加电流容量。为防使用时负载短路,要求在负载回路中串接相应的快速断路开关或快速熔断器。

(3)感性负载时,应在输出端并压敏电阻,以防过压时损坏晶闸管。压敏电阻(MOV)的选配:240 V 挡时选 430~470 V,440 V 挡时选 680~750 V,660 V 挡时选 1 100~1 200 V。

(4)安装时,要求散热器与固态继电器接触面之间必须平整、光洁,并在散热器表面均匀涂上一层导热硅脂,最后再将套上平垫圈、弹簧垫圈的螺钉对称拧紧固定。

(5)固态继电器首次工作停用后,应趁其尚有余温时再紧固一下固定螺钉,以使固态继电器底板和散热器表面能够紧密接触,达到最佳散热效果。

(6)固态继电器的标称电流是在环境温度为 40 ℃时的标称电流,所以散热要充分。

由于固态继电器是由固体元件组成的无触点开关元件,所以与电磁式继电器相比具有工作可靠、使用寿命长、对外界干扰小、能与逻辑电路兼容、抗干扰能力强、开关速度快和使用方便等一系列优点,因而应用领域很多,有逐步取代传统电磁继电器之势,并可进一步扩展到传统电磁继电器无法应用的计算机控制等领域。

第五节　熔断器

低压熔断器,也称为保险丝,它是一种安全保护电器,主要用于短路保护,在电网和用电设备的保护中广泛应用。当电网或用电设备出现短路故障时,通过熔体的电流大于其额定值,熔体因过热而熔化,自动切断故障电路,避免用电设备的损坏,并防止事故的蔓延。熔断器在切断电路过程中往往产生强烈的电弧并向四周飞溅。为了安全有效地熄灭电弧,一般把熔体安装在壳体内,并采取有效措施,快速熄灭电弧。

一、熔断器的结构和特征

熔断器按结构可分为开启式、半封闭式和封闭式三种。在船舶电动机主电路中,已经很少使用熔断器。图 3-15 是控制电路常用的熔断器电气符号及实物图。熔断器主要由熔体、外壳、绝缘底座组成,其中熔体是控制熔断特性的关键元件,常做成丝状或片状。熔体材料必须具有熔点低、导电性能好、易于熔断、不易氧化、反时限动作等性质。制作熔体的材料一般有铅锡合金、锌、银、铜等。

FU

图 3-15　熔断器电气符号及实物图

从结构上来说,普通熔断器的熔丝由具有一定几何形状的金属丝构成;而快速熔断器的熔丝除了具有一定形状的金属丝外,还会在上面点上某种材质的焊点,其目的是使熔丝在过载情况下迅速断开。

从功能上来说,普通熔断器在适当的过载情况下会有一定的允许通过时间,实际电流超过额定电流值越大,熔断时间就越短,相反超过额定熔断电流越小,熔断时间就越长,也即反时限特性;而快速熔断器的特点是突出"快",也即灵敏度高,当电路电流一过载,熔丝在焊点的作用下,迅速发热并断开熔丝。

快速熔断器的灵敏度比较高,一般用以保护半导体元器件,比如变频器前的快速熔断器。

二、熔断器的功能测试

熔断器可以通过断电或通电方式实现功能测试。

断电测试时,选择万用表的欧姆挡(或蜂鸣器挡)合适量程,将熔体取出,测量其两端阻值即可判断。

通电测试时,选择万用表的电压挡合适量程,循电路先测量并确认熔断器电源接入端的电压正常,再测量熔断器输出端电压,若正常则熔断器功能正常,否则熔断器已损坏。

第六节　主令电器

主令电器是专门发送动作命令的电器,主要用于切换控制电路。通过它发出指令或信号,借助继电器、接触器、可编程控制器、变频器等其他电器,实现控制电路的接通或断开,使被控制对象(如电动机等)起动、运转、停止或改变运行状态。主令电器主要包括按钮、组合开关、主令控制器、行程开关、接近开关等。

一、按钮

按钮是用来短时接通或者分断小电流电路的控制电器;是发出控制指令或者控制信号的电器;是一种手动且一般可以自动复位的主令电器。

如图 3-16 所示是按钮的实物图、电气符号和结构示意图,按钮由按钮帽、复位弹簧、支柱连杆、动触点、静触点和外壳等组成,通常做成复合式,有一对常闭触点和一对常开触点。当按下按钮时,常闭触点先断开,常开触点后闭合。

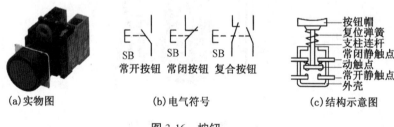

(a)实物图　　　　(b)电气符号　　　　(c)结构示意图

图 3-16　按钮

二、组合开关

组合开关又称为转换开关,是一种结构紧凑、体积小、使用方便的低压电器。它主要用于各种控制线路的转换,电压表、电流表的换相测量控制,配电装置线路的转换和遥控等。组合开关在船舶主配电板上主要用来选择测量三相电压、三相电流;手动并车时作为同步选择开关,选择待并发电机;手动调节发电机转速(频率)的调油门手柄等。

图 3-17 所示是组合开关的实物图、单层结构图、电气符号和触点状态表。

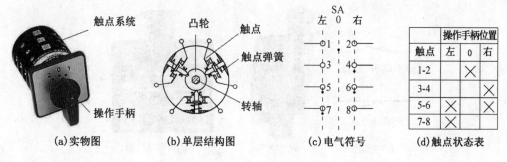

	操作手柄位置		
触点	左	0	右
1-2		×	
3-4			×
5-6	×		×
7-8	×		

(a)实物图　　(b)单层结构图　　(c)电气符号　　(d)触点状态表

图3-17　组合开关

三、主令控制器

主令控制器是一种多位置、多回路的控制开关,用于操作频繁而且要求有多种控制状态的场合,例如控制电动起货机、锚机等。图3-18是主令控制器的电气符号、实物图及结构示意图。

(a)电气符号　　　　　　(b)实物图　　　　　　(c)结构示意图

图3-18　主令控制器

四、行程开关

行程开关又称限位开关、位置开关,主要用于将机械位移转变为电信号,它利用机械的某些运动部件的碰撞使其触点动作来实现接通或分断控制电路,达到一定的控制目的。

如图3-19所示,行程开关由微动开关、操作机构及外壳等部分组成,借助机械部件上的撞块触动操作机构,推动微动开关,使触点闭合或断开。它分为直动式(按钮式)、滚动式(旋转式)、微动式和组合式。直动式行程开关动作原理同按钮类似,所不同的是:按钮是用手按动,而行程开关则由运动部件的撞块碰撞。当运动部件上的撞块碰压行程开关时,其触点动作;当运动部件离开时,在弹簧的反力作用下,其触点自动复位。

五、接近开关

接近开关又称无触点接近开关,是理想的电子开关量传感器。当金属检测体靠近开关的感应区域时,接近开关就能无接触、无压力、无火花地迅速发出电气指令,它除可以完成行程

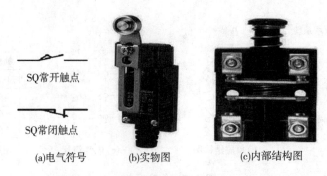

图 3-19　行程开关

控制和限位保护外,还是一种非接触型的检测装置,用作检测器件尺寸和测速等。它的特点是工作可靠、使用寿命长、功耗低、定位精度高、操作频率高以及适应恶劣的工作环境等。在船上它多用来测量主机转速。

如图 3-20 所示,接近开关可以将转轴的旋转速度转换为电脉冲信号,经电路放大、整形后送显示单元显示相应的被测转速值或相应控制系统的输入通道。

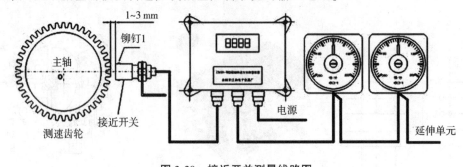

图 3-20　接近开关测量线路图

1.接近开关的工作原理

图 3-21 是常用的电感式接近开关。电感式接近开关由三部分组成:振荡器、开关电路及放大输出电路。振荡电路中的线圈在传感器检测面产生一个高频交变磁场,当金属物体接近传感器检测面并达到感应距离时,金属物体内产生的涡流吸收了振荡器的能量,引起振荡电路中的负载加大,使振荡减弱以至停振。振荡器的振荡及停振这两种状态,转换为电信号并通过整形放大转换成二进制的开关信号,经功率放大后输出,从而达到非接触式检测的目的。电感式接近开关所能检测的物体必须是金属物体。

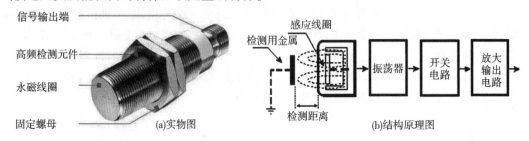

图 3-21　电感式接近开关

2.接近开关的检测距离

电感式接近开关的最佳检测距离是1～3 mm,实际安装时比较简便的检测方法是:将接近开关加上电源,再将接近开关的检测端对准一块铁质材料,由远到近慢慢接近,使接近开关动作(接近开关上的发光指示可看出),测量两者间的距离即可。

确定接近开关的检测距离时应考虑接近开关的安装位置、被检测物体的大小和材质。同一种接近开关在检测不同材料的物体时,其动作距离是不一样的。

第七节　电磁制动器

电动机的机械制动是使用电磁制动器来实现的,电磁制动器(又称电磁刹车装置)是把电磁力转变为机械制动力矩,从而使电动机断电后迅速停转的一种电器。图3-22是带电磁制动器的电动机实物图,电动机设计有手动释放装置,既可以电磁操作,也可以手动操作。

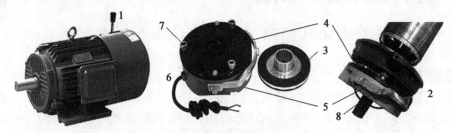

图 3-22　带电磁制动器的电动机实物图
1—手动释放装置;2—电动机后端盖;3—制动圆盘(摩擦片);4—衔铁圆盘;
5—电磁铁圆盘;6—刹车线圈;7—空心螺钉;8—紧固及调节螺钉

一、基本结构

在船舶中,采用电动驱动的锚机、起货机、舷梯、电梯等许多甲板机械的电动机都配有直流圆盘式电磁制动器,图3-23所示是电磁制动器工作状态结构示意图。电磁制动器主要由制动圆盘(又称摩擦片)、衔铁圆盘、反作用弹簧、电磁铁圆盘(内有刹车线圈)、紧固及调节螺钉、手动释放装置等组成,制动圆盘固定在电动机转轴上。它是电磁脱离(释放)、断电弹簧施压的摩擦式制动器,在断电时可安全、可靠地制动。圆盘式电磁制动器与电动机合成一体,既能提高制动器的水密性能,又能使制动性能稳定、可靠。

二、基本工作原理

松闸动作:当电动机要运转时,电磁铁(刹车线圈)通直流电产生电磁吸力,克服反作用弹簧力,将衔铁圆盘吸引向右移动并压缩弹簧,使制动圆盘(摩擦片)与衔铁圆盘脱开,电动机可自由旋转,电动机连同制动圆盘一起开始旋转。

制动动作:停车时,刹车线圈失电,衔铁圆盘被反作用弹簧弹开,向左移动紧压到安装在电

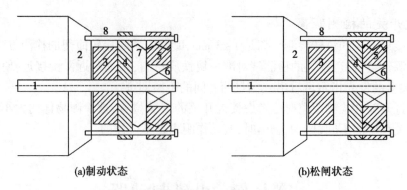

(a)制动状态　　　　　　　　　(b)松闸状态

图 3-23　电磁制动器工作状态结构示意图

1—电动机转轴;2—电动机后端盖;3—制动圆盘(摩擦片);4—衔铁圆盘;

5—电磁铁圆盘;6—刹车线圈;7—反作用弹簧;8—紧固及调节螺钉

动机轴上的制动圆盘上,产生摩擦力矩,电动机停转。

三、刹车间隙的测量与调整

刹车间隙是衔铁圆盘与电磁铁圆盘的间隙,也可以是扳动手动释放装置后,制动圆盘与衔铁圆盘的间隙。

直流圆盘式电磁制动器经长期使用后,其制动圆盘(摩擦片)必定受到磨损,引起气隙增大和反作用弹簧动作长度的增加,气隙增大后,在同一磁动势作用下,会使气隙磁通密度显著下降,造成刹车失灵。因此,必须经常检查制动器的刹车间隙,并及时加以调整。测量时,取下测量孔的螺钉帽或风扇罩,把制动器外壳上的紧固及调节螺钉拧松,用塞尺测量刹车间隙并记录,然后与制动器说明书的要求进行比较,若间隙过大,应调整或更换新的摩擦片。

调整制动器外壳上的紧固及调节螺钉,目的是改变反作用弹簧制动力矩(或刹车间隙),限制衔铁圆盘被弹回的行程,从而调整刹车的松紧。但必须注意要均匀调节所有紧固及调节螺钉,否则会造成摩擦片歪斜、气隙不均匀,出现噪声和振动。

当摩擦片磨损过大时,摩擦片与衔铁圆盘间隙即回程太大,制动力矩减少,制动效果不好,滑程大。若间隙太小,反作用弹簧的弹力大,制动力矩大,很快把动能以热的形式消耗掉,在短时内就造成制动器温度急剧上升,使端盖油漆变色甚至焦黑。所以,在采用电磁制动器的甲板机械运行时应注意制动器温度和滑程,每个航次结束后都必须测量刹车间隙,必要时要调整。

1.测量制动器刹车间隙

(1)电磁制动器允许的间隙为 0.6~2 mm。

(2)当刹车线圈断电时,用塞尺测量电磁铁圆盘与衔铁圆盘端面的间隙。

(3)或者,扳动手动释放装置后,用塞尺测量制动圆盘与衔铁圆盘的间隙。

(4)测量点一般是通过制动器的起吊螺丝钉(有的用专用测量用螺丝孔)作为测量孔或观察孔。对于没有起吊螺丝钉或专用测量孔的小型制动器,应将风扇罩取下,在圆周上分 3~4 个点,用塞尺分别测量,再求其平均值。

2.调整制动器刹车间隙

(1)首先应测量间隙,然后按测量结果做相应调整。

(2)刹车间隙的调整是通过制动器外壳上的紧固及调节螺钉进行的。调节螺钉顺时针往里紧往左移是减小间隙,也即增大反作用弹簧预紧力,增大摩擦力(增大制动力矩);逆时针往外松往右移是增加间隙,也即减小反作用弹簧预紧力,减小摩擦力(减小摩擦力矩)。要注意的是:调节时应先松开空心螺钉,间隙调节完毕后再拧紧。

(3)当刹车打不开时可旋松制动器外壳上的紧固及调节螺钉以增加间隙来实现。要均匀调节螺钉,否则会使间隙不均匀,摩擦时出现振动、噪声大的现象。

(4)适当的间隙为 0.6~2 mm,但应以电动机起吊额定负荷时既能刹住车而制动器又不冒黑烟为准。

3.更换摩擦片

当更换新摩擦片时,刹车过紧,造成端盖温度急剧上升,这时通过紧固及调节螺钉的调节,改变反作用弹簧回程,来调节制动力矩;当更换新摩擦片后,间隙过大,制动力矩不足,应旋紧紧固及调节螺钉,若此时间隙还是太大,说明反作用弹簧工作长度增加,造成弹力不足。这时,应拆解制动器,把弹簧从弹簧孔中取出,建议全部换新,若更换部分,应按新旧间隔均匀放置。

四、电磁制动器的拆装

以图3-22所示的电动机为例,电磁制动器的拆卸按以下步骤进行:
(1)先拆风扇罩壳及风扇。
(2)用内六角扳手拧松电磁铁外壳的 3 个紧固及调节螺钉,取下电磁铁圆盘及衔铁圆盘。
(3)用开口扳手拧松手动释放装置的 2 个螺栓,取下手动释放装置。
(4)用开口扳手拧松 3 个空心螺钉。至此,拆卸完毕。
电磁制动器的安装步骤:
安装是拆卸的反过程。安装时应进行刹车间隙的调整。
(1)将 3 个空心螺钉穿过衔铁圆盘后,旋入电磁铁圆盘,空心螺钉留有余量,余量长度略小于摩擦片厚度。
(2)安装手动释放装置螺栓。
(3)将 3 个紧固及调节螺钉穿过空心螺钉后,将衔铁圆盘及电磁铁圆盘组件安装在电机后端盖上,使空心螺钉与电机后端盖留有 1~2 mm 间距。
(4)将等于正常工作间隙的塞尺插入制动器的衔铁圆盘和电磁铁圆盘之间,塞尺位置尽量靠近紧固及调节螺钉,适度旋紧紧固及调节螺钉夹住塞尺,以塞尺能自由插入抽出为宜。3个紧固及调节螺钉按同样方法调整,并保证圆周方向间隙均匀。
(5)调整完毕后,空心螺钉必须旋出左移,锁紧在电机后端盖,防止衔铁圆盘及电磁铁圆盘组件轴向窜动。
(6)安装风扇罩壳及风扇。至此,安装完毕。

第八节　电磁阀

电磁阀在船上应用十分广泛,是用来控制流体的低压电器,是电气控制部分和流体通路执行部分的接口,是各种控制系统的执行器。

一、电磁阀的结构及工作原理

图3-24(a)是电磁阀实物图。电磁阀由电磁部件、阀体组成,电磁部件被直接安装在阀体上,阀体被封闭在密封管中,构成一个简洁、紧凑的组合。电磁部件由固定铁芯、动铁芯、线圈等部件组成;阀体部分由滑阀芯、滑阀套、弹簧底座等组成。当线圈通电或断电时,阀芯的动作将导致流体通过阀体时或被连通或被切断,以达到开关或改变流体方向的目的。

图3-24(b)、(c)是常闭NC型直动式电磁阀的结构原理图及电气符号。在断电时,电磁阀呈关闭状态;当电磁阀通电时,电磁线圈通电产生电磁吸力,使动铁芯吸合,向上提起,密封件打开,直接开启阀口,介质从进口流向出口;当线圈断电后,电磁力消失,动铁芯在复位弹簧的作用下复位,直接关闭阀口,从而切断了介质的流通。

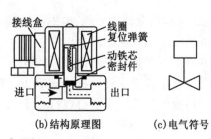

|(a)实物图|(b)结构原理图|(c)电气符号|

图 3-24　电磁阀

二、使用注意事项

电磁阀的故障将直接影响阀的动作,常见的故障为电磁阀出现流体不通的现象,遇到此类问题时,应从以下几方面排查:

(1)电磁阀接线柱松动或线头脱落,电磁阀不得电,应紧固接线柱。

(2)电磁阀线圈烧坏,可拆下电磁阀的接线,用万用表测量,如果开路,则线圈烧坏;可能因线圈受潮引起绝缘不好而造成线圈内电流过大而烧毁,因此要防止水液进入。此外,弹簧过硬、反作用力过大、线圈匝数太少、吸力不够也可使得线圈烧毁。

(3)电磁阀卡住。电磁阀的滑阀套与阀芯的配合间隙很小(小于8 μm),当有机械杂质带入或润滑油太少时,很容易卡住,可用钢丝从头部小孔插入,使其弹回。根本的解决方法是将电磁阀拆下,取出阀芯及阀芯套进行清洗,使得阀芯在阀芯套内动作灵活。

三、电磁阀驱动电路

如图3-25所示,电磁阀驱动电路由直流电源供电,为防止电磁阀线圈产生高压输出,在线圈的两端并联有续流二极管,当三极管受控导通时,电源经电磁阀到三极管集电极,然后通过三极管形成回路,电磁阀有电工作;当三极管控制信号失电时,电磁阀线圈通过二极管自身形成回路,构成放电,使得电磁阀迅速断电停止。由此可见,该电路类似简单的开关控制电路,输入信号为高电平时,电磁阀有电;反之,电磁阀失电。

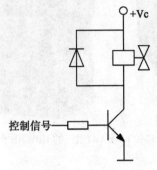

图 3-25　电磁阀驱动电路

第九节　可编程控制器

可编程逻辑控制器(Programmable Logic Controller,简称 PLC),又称可编程控制器,是专为工业生产设计的一种数字运算操作的电子装置。它采用可编程的存储器,用于其内部存储程序,执行逻辑运算、顺序控制、定时、计数与算术操作等面向用户的指令,并通过数字或模拟量输入/输出控制各种类型的机械或生产过程,是工业控制的核心部分。

一、PLC 应用的优越性

1.抗干扰能力强、稳定性好、可靠性高

在继电器接触器的控制系统中,由于恶劣的工作环境,这些电器元件很容易出现老化、脱焊、接触不良等故障,使控制系统的稳定性变差。但是采用以 PLC 为核心控制器的系统中,PLC 内部的辅助继电器(软继电器)可以取代大部分中间继电器和时间继电器,同时 PLC 能够在高电磁干扰及复杂多变的环境下稳定运行。

2.采用模块化结构,具有丰富的 I/O 接口模块

为了满足各种工业要求,大部分 PLC 采用电源、CPU、I/O、通信模块等模块化设计。这不仅提供了工程上常用的 I/O 模块,还提供了各种的通信接口模块、人机对话的接口模块等。图 3-26 是西门子 PLC(S7-200SMART 型)的 CPU SR20 模块及扩展 EM 模块。

3.系统的设计、调试周期短

PLC 利用软件编程的方式来完成对系统的控制功能,软件编程及硬件开发的工作量大大减少,同时工程人员可以在实验室条件下进行模拟运行调试,使现场的工作量大大减少。

4.安装简单、维修方便

PLC 能在各种工业环境下稳定运行,使用时只需将 PLC 相应的 I/O 接口与现场的各种设备连接起来即可。

图 3-26 西门子 PLC(S7-200SMART 型)的 CPU SR20 模块及扩展 EM 模块

二、输入、输出接口电路分析

输入、输出接口是 PLC 与被控制设备联系的接口,起着传递 PLC 与被控制设备之间的信息的作用。输入接口接收现场设备的控制信息,如按钮、行程开关、接触器触点、传感器等信息,并把这些信息转换成中央处理器 CPU 能接收和处理的数字信号;输出接口的作用与输入接口相反,它接收 CPU 处理过的输出数字信号,并把它转换为能被控制设备或显示设备接收的电压或电流信号,以驱动电磁阀、继电器、接触器、指示灯等。PLC 常见的开关量输入、输出接口电路如图 3-27 所示。

在 PLC 控制系统中,除外围输入、输出电器元件的故障概率较高外(如按钮、触点、继电器、电磁阀等),在输入、输出接口电路中也有一定的故障概率。

1.PLC 输入接口电路

在图 3-27 中,对于 I0.0 通道,如果按钮 SB_1 被按下,则 I0.0 的"通道指示灯"就会亮起,光耦器件工作,三极管导通,使中央处理单元的 A、B 两点导通。由于 B 点接电源负端,则 A 点为低电位,相当于"0",该信号被内部电路读取。也即 I0.0 通道工作时,在 A 点得到的是"0"信号。

如果按钮 SB_1 被释放,则 I0.0 通道不工作,通道指示灯不亮,光耦器件不工作,三极管截止,使中央处理单元的 A、B 两点不导通,则 A 点为高电位,相当于"1",该信号被内部电路读取。也即 I0.0 通道不工作时,在 A 点得到的是"1"信号。

因此,PLC 开关量输入通道的工作与否,可以从通道指示灯观察到。同时通过光耦电路,转换为"0""1"信号被 CPU 读取,并由此去执行相应的用户程序,达到控制要求。

2.PLC 输出接口电路

在图 3-27 中,对于 Q0.0 通道,当内部电路根据用户程序使软继电器 Q0.0 得电时,在 E 点给出高电平,即"1"信号时,光耦器件工作,三极管导通,使输出接口电路中的继电器 K_1 动作,其触点使外围继电器 KA_1 动作,同时 Q0.0 的通道指示灯亮起。也即用户程序中使输出软继电器 Q0.0 工作时,通过输出接口电路使 Q0.0 通道工作,其常开触点 K_1 闭合。

当内部电路根据用户程序使软继电器 Q0.0 失电时,在 E 点给出低电平,即"0"信号时,光耦器件不工作,三极管截止,使输出接口电路中的继电器 K_1 不动作,Q0.0 的通道指示灯不亮。

除了上面介绍的几个主要部件外,PLC 还可按实际需要装配扩展模块及其他外围设备,如:开关量 I/O 模块、模拟 A/D 和 D/A 模块、热电阻模块、热电偶模块、通信模块,以及打印设备等。

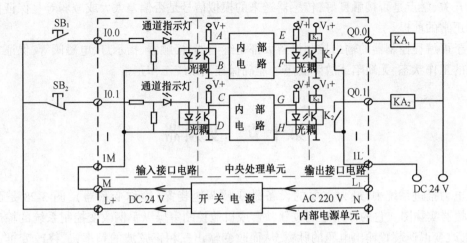

图 3-27　PLC 常见的开关量输入、输出接口电路

三、常见故障与处理

在可编程控制器运行过程中,由于外围设备故障连接线以及本身元器件的故障,均会导致系统不能正常工作,甚至失效或误动作,造成设备损坏及人身安全。可编程控制器的故障处理必须及时进行。

1.连接线故障处理

船舶振动、摇摆,很容易出现接线柱配线压紧螺钉松动、机内的固定螺钉松动等现象,导致产生故障的隐患,必须及时检查、紧固。

检查连接线是否有损坏、老化等现象,焊点是否有脱焊、虚焊、氧化等现象,若有应及时更换。船上条件恶劣,易使接线头和端子生锈,从而造成接触不良,故应及时对其进行清洁。

2.定期清洁保养

由于船上尘埃、油雾、盐雾严重,容易造成 PLC 内部的印刷电路板绝缘性能变差,甚至元件间形成短路,所以,可打开外盖,用电吹风吹去灰尘,用电气清洁剂喷洗,洗去油污和盐结晶。要注意清洁保养时必须切断外电源。

3.定期更换 PLC 内部锂电池

为了保证在短时停电时 RAM 和 ROM 不丢失信息,PLC 内部一般都装有锂电池。必须按电池生产厂家提供的数据,按期更换新电池。更换方法如下:

(1)先将 PLC 的交流电源接通 10 s(为电池两端的电容充电,在锂电池断开后,该电容短暂供电。若 PLC 在通电状态下,可直接进行下面第二步)。

(2)断开 PLC 的交流电源。

(3)打开 PLC 的塑料盖板。

(4)从电池夹中取出电池,换上新电池,注意其极性,操作时间越短越好。

(5)盖回塑胶盖板。

4.处理输入、输出外围设备故障

由于可编程控制器的输入信号都是输入外围设备的开关、触点、传感器送来的信号,这些设备的开关、触点是否接触良好,传感器送来的模拟信号是否偏差太大或减弱等是保证控制系统工作正常的前提。

由于可编程控制器的输出控制设备大都是继电器、接触器、指示灯、电磁阀等,保证它们处于良好的工作状态、无缺陷或故障隐患才能确保控制系统工作正常。

第十节　变频器

在电力推进系统中,最为重要的设备是变频调速装置(简称变频器),图 3-28 是西门子 V20 变频器实物图。它的作用是通过驾驶台或机舱控制室操纵手柄改变控制系统的输出触发信号,去改变调速装置输出电压的脉宽,从而改变输出三相正弦波的频率,最终改变推进电动机的转速,使推进器的转速在低速和高速之间进行无级调速。使用变频器的电机起动电流从零开始,逐渐增加,最大值也不超过额定电流,减轻了对电网的冲击和对供电容量的要求,从而达到节能的效果,还延长了设备的使用寿命,节省了设备的维护费用。

图 3-28　西门子 V20 变频器实物图

此外,在船舶主海水泵、焚烧炉控制等系统中均有应用变频器。

一、变频器的电路结构

变频器的主电路是给异步电动机提供调压调频电源的电力变换部分,它由三部分构成,将工频电源变换为直流功率的"整流器",将直流功率变换为交流功率的"逆变器"吸收在整流器和逆变器产生的电压脉动的"平波回路"。变频器的主电路大体上可分为两类:电压型是将电压源的直流变换为交流的变频器,直流回路的滤波是电容;电流型是将电流源的直流变换为交流的变频器,其直流回路滤波是电感。

变频器的主电路一般都采用交–直–交电路,图 3-29 是交–直–交电压型变频器主电路结构原理图,主电路主要包括整流电路、中间直流电路、逆变电路。

1.整流电路

如图 3-29 所示,$VD_1 \sim VD_6$ 组成三相不可控整流桥,采用桥式全波整流电路。

2.滤波电路

整流后的电压为脉动电压,必须加以滤波。滤波电容除滤波作用外,还在整流与逆变之间起去耦、消除干扰、提高功率因素等作用,由于该大电容储存能量,在断电的短时间内电容两端存在高压电,因而要在电容充分放电后才可进行操作。

3.限流电路

由于储能电容较大,接入电源时电容两端电压为零,因而在上电瞬间滤波电容 C 的充电电流很大,过大的电流会损坏整流桥二极管,因此上电瞬间将充电电阻 R_S 串入直流母线中以限制充电电流,当电容 C 充电到一定程度时由触点 K_S 将 R_S 短路。

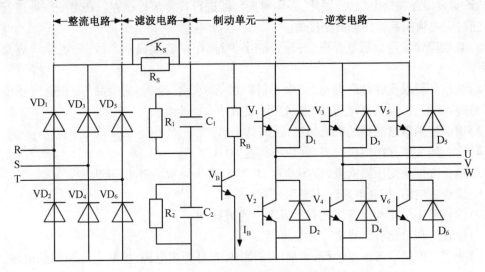

图 3-29 交–直–交电压型变频器主电路结构原理图

4.逆变电路

如图 3-29 所示,逆变管 $V_1 \sim V_6$ 组成逆变桥将直流电逆变成频率、幅值都可调的交流电,是变频器的核心部分。常用逆变模块有 GTR、BJT、GTO、IGBT、IGCT 等,一般都采用模块化结构。

5.续流二极管 $D_1 \sim D_6$

其主要作用为:

(1)电动机绕组为感性,具有无功分量,$D_1 \sim D_6$ 为无功电流返回到直流电源提供通道。

(2)当电动机处于制动状态时,再生电流通过 $D_1 \sim D_6$ 返回直流电路。

(3)逆变过程中,同一桥臂两个逆变管不停地交替导通和截止,在换相过程中也需要 $D_1 \sim D_6$ 提供通路。

6.缓冲电路

由于逆变管 $V_1 \sim V_6$ 每次由导通切换到截止状态的瞬间,C 极和 E 极间的电压将由 0 V 上升到直流母线(滤波电容两端)电压 U_D,过高的电压增长率可能会损坏逆变管,吸收电容的作用便是降低 $V_1 \sim V_6$ 关断时的电压增长率。

7.制动单元

电动机在减速时,转子的转速将可能超过此时的同步转速($n_0 = 60\ f/p$)而处于再生制动(发电)状态,拖动系统的动能将反馈到直流电路中,使直流母线(滤波电容两端)电压 U_D 不断上升(即所说的泵升电压),这样变频器将会产生过压,甚至可能损坏变频器,因而需将反馈能量消耗掉,制动电阻 R_B 就是用来消耗这部分能量的。制动单元由开关管 V_B 与驱动电路构成,其功能是用来控制流经 R_B 的放电电流 I_B。

二、变频器的维护保养

由于船舶环境的温度、湿度、盐雾、粉尘、振动等因素的影响以及电器件的老化等原因,都可能导致变频器存在故障隐患,因此,必须对变频器进行日常运行检查。在对变频器进行维护工作之前,应先确保系统已经安全接地。

(1)观察操作键盘显示是否清楚,是否缺字少符,记录各项显示参数,发现异常应及时查找原因。

(2)观察环境温度、湿度、振动、灰尘、气体、油雾、水滴、杂物、危险品等,并记录环境温度(应不超过 40 ℃)。保持环境整洁、通风照明良好。

(3)检查变频器过滤网的脏堵情况,及时清洁。

(4)检查逆变单元柜出风口温度(应不超过 80 ℃)。

(5)检查并记录变压器温度(应不超过 80 ℃),有无异常的鸣叫、异味。

(6)检查主电路、控制电路输入电压是否正常。

(7)检查整流单元和逆变单元有无异常声音或振动。

(8)检查冷却单元有无异常声音或振动。

(9)变频器停机后再恢复运行,如果环境潮湿,先打开主电源、控制电源和辅助电源,使变频器通风 30 min,以驱除变频器内部潮气,然后再起动。

三、变频器的故障检修

1.负荷过重

负荷过重分为电动机负载过重和变频过载。

可能的原因:电机直流制动量过大、电网电压不稳、负载过重、加速时间过短等。

解决的办法:延长制动时间、加速时间,检查电网电路电压等。如果是负载过重,可能是相对应的变频器和电机不能带动该负载;另外,也可能是由于机械之间缺乏润滑引起的。对于前一种故障,需要更换更大功率的变频器和电机;如是后一种,就需要对其进行全面检修维护。

2.欠压、过压故障

当电源电压过低或过高时,变频器的检测器件会自动保护变频器,变频器会停止工作。

可能的原因:外部电源不稳,个别时候也可能是电路损坏造成的。

解决的方法:先检查、检测电路是否完好,然后再对外部电源进行检查。

3.过流故障

可能的原因:变频器负载骤变、加减速时间太短、负荷分配不均、输出电缆短路。

解决的方法:可以通过减少负荷的突变、延长加减速时间、线路的全面检查等来排除故障。但是,如果切断负载,变频器电源依然存在过流故障,那应该是变频器逆变电路遭到损坏,需要更换逆变电路部分。当变频器起动电流过大时,变频器过流保护动作,变频器停止工作,此时可从变频器外部电器和变频器本身分析过流故障。

4.变频器本身故障

变频器本身的故障主要有以下几类:

①参数设定问题:变频器加速时间,PID 调节器中的比例 P、积分时间 I 参数设定不合理,超调过大,造成变频器输出振荡电流过大。

②变频器硬件问题:电流互感器损坏,变频器未起动时有电流显示且电流在变化,可判断互感器已损坏;变频器电流、电压检测通道故障,也会出现过流。

③腐蚀性物质使电路板受到腐蚀,接地不良使得电路板受干扰,连接插件不牢等故障。

5.外围电路故障

有些故障并不是变频器本身引起的,而往往是由于外围电路故障,导致变频器不能正常使用。变频器的外围电路相对比较简单,其中,继电器和交流接触器的故障占外围电路故障的大部分。

第十一节 触摸屏

触摸屏又称可编程终端(Programmable Termimal,PT),是新一代高科技图形化人机界面产品,具有强大的显示功能和操作功能, 既可以对生产现场、设备进行实时显示和监控, 同时又可以在其屏上设置触摸开关, 对设备进行操作。

无论在显示、操作、调试或是数据存储上,触摸屏都显示出比传统的显示界面如数码管、液晶屏更加突出的优势。它不但可以完全替代一般的显示仪表、信号指示灯、操作按钮、转换开关等,而且还能以实时刷新的动态图表、丰富翔实的数据记录、独树一格的三维动画、图文并茂的制作画面被广泛应用在各种控制领域。

一、西门子 SMART LINE 触摸屏

西门子 SMART LINE 触摸屏为用户提供了触摸屏的基本功能。它经济性好,功能完善,可以与多种类型的西门子 PLC 进行通信,在自动化控制系统中有着广泛的应用,为用户提供了人机交互友好的操作方法。它的硬件部分具有强大的功能,为用户提供了多种功能,使得用户可以充分利用这些控制功能完成系统的自动控制。图 3-30 是 SMART LINE 触摸屏外观图。

图 3-30 SMART LINE 触摸屏外观图

二、触摸屏的常见故障

西门子触摸屏功能强大、全面,具备超强的过载能力,以满足广泛的应用场合。但其在使用中也可能会出现一些故障。

1.通信故障

下位机通信程序设定不正确、人机界面系统地址设置不正确、通信口烧毁、通信线路接错、接触不良等都会造成通信故障。

2.液晶屏黑屏或显示不正常

液晶屏出现黑屏或显示不正常时,应首先考虑电源故障,其次是液晶屏老化,再次是液晶驱动电路故障。

3.触摸屏死机

触摸屏死机的原因有两种:软件或硬件。首先应该使用软件进行恢复出厂设置的操作,排除软件的问题;如果不能进行恢复出厂设置或者恢复出厂设置后还是一样的现象,就要考虑是硬件的问题。

4.触摸不灵故障

触摸不灵故障一般是由液晶显示和玻璃对应的按钮等位置偏移造成的,也有的是由触摸玻璃老化造成的。前者可以根据厂家提供的"校正中心点"功能重新校正,后者需要更换触摸玻璃,也有一些是因接触不良造成的,针对这种情况清洗一下触摸玻璃即可解决问题。

5.触摸玻璃故障

触摸玻璃是容易出问题的表面层,此类故障一般是由动作使用人员比较粗鲁造成的,也有的是因运输过程不小心造成,结果一般都是触摸玻璃破碎,偶尔也可能发生内部电阻等器件断裂的情况,这种故障只能更换触摸玻璃。

复习思考题

3-1 叙述塑壳式断路器 MCCB 的工作原理及功能测试方法。

3-2 叙述塑壳式断路器定期检查的要点及处理方法。

3-3 叙述接触器的工作原理及功能测试方法。

3-4 叙述接触器的维护保养及注意事项。

3-5 叙述热继电器的工作原理及功能测试方法。

3-6 叙述整定热继电器的方法。

3-7 叙述电压继电器的工作原理及功能测试方法。

3-8 简述过电流继电器(OCR)的工作原理及功能测试方法。

3-9 叙述整定时间继电器的方法和步骤。

3-10 叙述时间继电器的工作原理及功能测试方法。

3-11 叙述压力继电器(或温度继电器)设定值与幅差值的调整、测试。

3-12 叙述熔断器的工作原理及功能测试方法。

3-13 叙述接近开关检测距离的调整方法。

3-14 叙述电磁制动器的工作原理。

3-15 叙述电磁制动器间隙的测量及调整方法。

3-16 识别电磁阀及其电子控制电路,叙述其工作原理。

3-17 识别 PLC 的 CPU 模块及扩展模块,开关量输入、输出控制的简单电路及程序分析。

3-18 分析交-直-交型变频器主电路结构图的基本组成及工作原理。

3-19 叙述触摸屏的常见故障。

船用电机的管理与维护

电机是船舶中不可缺少的重要设备。现在大多数船舶上使用的发电机是同步发电机,其容量根据船舶载货吨位大小及是否采用电力推进装置等有所不同;电动机是船舶的主要电气负载,主要用于各种船舶机械的电力拖动系统。如电动甲板机械的舵机、起货机、锚机、绞缆机、舷梯绞车、电梯等;机舱中各种油泵、水泵、空压机、通风设备等。

本章主要介绍:船用电机的基本要求、船用电动机的维护与保养以及船用电动机的拆卸与装配工艺。

第一节　船用电机的基本要求

船舶上的工作环境和条件与陆地上的相比相差很大,船舶电机长期工作在高温、高湿、盐雾、霉菌的环境中,电机的绝缘易受损害;船舶工作环境温度变化大,且船舶的振动、颠簸、倾斜等直接影响到电机的运行。因此,对船用电机的绝缘结构、机械结构、电气性能提出了比陆用电机更高的要求,大体可归结为以下三个方面:

一、绝缘方面

我国国家标准规定船舶电机应按使用温度为45 ℃设计制造,要求电机在空气相对湿度为95%的情况下能正常工作。绝缘材料要耐热、耐潮、耐油,并进行"三防"实验(湿热实验、霉菌实验、盐雾实验)。在某些特殊情况下,要求绝缘材料能防止某些热带昆虫的咬食。电机绕组的冷态绝缘电阻应不低于5 MΩ,热态绝缘电阻不低于1 MΩ。

二、机械方面

船用电机结构上应具有耐冲击、耐振动、耐颠簸等特点,还须保证在长期横倾15°、横摇22.5°,或纵倾5°、纵摇7.5°,或纵倾、横倾同时出现的情况下正常工作。为此对电机结构提出了更高的要求,例如所有机械部件要有足够的强度和刚度,轴承要承受一定的轴向力,连接和紧固用的螺栓、螺母要有防松脱措施。同时,直流电机应不产生有害火花,电刷不会在刷握中卡住。另外,船用电机应有尽可能小的体积,结构紧凑,有较好的防锈、防海水的涂层。

船用电机还应进行振动实验、冲击实验、倾斜实验等。

三、电气方面

根据被拖动的船舶机械的特性和工作特点,要求电机具有相应的电气性能和工作特性。例如锚机的电动机应能满足在 30 min 内起动 25 次的要求,并允许堵转 1 min;对拖动甲板机械的电机要求有一定的过载能力和起动性能。又如,船舶电机(包括其他电气设备)在下列情况下应能可靠地工作:电压变化为额定电压的-10%~6%,频率变化为额定频率的±5%。各类发电机按船舶电网的特点也有其特殊的要求,发电机参数要考虑电网的短路电流和各种运行状态下过渡过程的要求等。

第二节　船用电动机的维护与保养

要保证船用电动机始终处于良好的工作状态,平时要对电动机实行经常性的维护和保养。维护和保养的内容要视电动机实际工作情况而定。下面介绍电动机的日常维护、保养知识以及常见的故障分析。

一、日常维护

船用电动机日常维护、保养的内容主要是对电动机进行清洁,清除外表污物,以保证电动机正常运转和散热。封闭式电动机要保持通风沟槽清洁,风扇上的孔洞透气良好;防护式电动机除了保持外表清洁外,还要注意通风孔道的畅通,在不拆卸端盖的情况下,可对防护式电动机绕组端部进行擦拭或吹拂,以免有害物质腐蚀绝缘;直流电动机有电刷磨损,用吹风机吹去绕组端部附近的电刷粉末及灰尘等。

保持电动机的工作环境符合使用规定的要求,如无水、无腐蚀性气体等。

轴承的维护工作主要是监视轴承温度和监听轴承运转声音是否正常。

二、运行中的监视

为了保证设备正常工作,管理人员应经常监视电动机的运行情况。

1.监视电源电压

电动机端电压必须保持额定值,电压过高或过低都会引起电枢电流、转矩和温升的变化,要求电源电压数值与额定值相差不超过-10%~6%,三相电压不平衡程度不得超过±5%。

2.监视电动机工作电流

电动机运行时,工作电流应在额定值以内,三相异步电动机电流应平衡,其不平衡度允许在±10%以内。船用电动机铭牌上的额定电流,是指环境温度为45 ℃、运行时温升不超过允许值时的电流,如果环境温度上升了,超过45 ℃,电动机长期运行允许的电流就要比铭牌数据小。

3.监视电动机的温升

在额定运行工况下的电动机,其温升不应超过允许值。若温升超过允许值,则表明电动机或控制设备和负载等有问题,必须查明原因,排除故障后才能继续运行。监视温升可以用温度计,也可凭经验判断。

4.监听电动机运行时的声音

正常运行的电动机,由于轴承摩擦、铁芯反复磁化和风扇转动等原因,会产生一种均匀连续不断的声音,安装合格的电动机在正常情况下不会振动。当电动机有故障或机械部件不正常时,电动机的声音异常,并发生振动。

监听轴承的声音时,将螺丝刀接触轴承盖,手柄贴在耳朵上,即可听到轴承运转的声音。若声音连续均匀,则说明轴承工作正常;若发生断续的咕噜声或其他杂音,则表明轴承异常,应检查处理。

三、电动机大修后的验收

为了检验大修后电动机的质量,通常应做如下的检查和试验:

1.外观检查

通电前必须检查电动机的装配质量。电动机各部件应安装正确,螺钉固紧;转子转动应灵活自如,可用千分表检查轴的径向偏摆及轴向游隙,其误差应符合要求或不大于修理前的数值;检查引出线及线端标志是否牢固、清楚。

直流电动机尚需检查电刷与换向器的接触面、电刷压力是否符合要求;在光亮处观察其接触面不应小于70%。

最后检查机壳表面喷涂质量是否符合要求。

2.测量绝缘电阻

用兆欧表测量电动机冷态绝缘电阻。电动机各相对地绝缘电阻和相间绝缘电阻不得低于5 MΩ。

3.耐压试验

电动机更换全部定子绕组之后,有条件的应进行耐压试验,测定绕组对地和各绕组之间绝缘强度。额定电压为380 V、额定功率在1 kW以上的电动机,试验电压有效值为1 760 V、频率为50 Hz;额定电压为380 V、额定功率小于1 kW的电动机,试验电压为1 260 V、频率为50 Hz。绕组应能承受耐压试验1 min。

4.空载试验

试验前用电桥测量三相绕组的电阻是否相等,各相相差数值应小于±5%。

在开始空载试验时,首先进行点动,以便检查转向是否与机械负载要求相符,若转向相反,对于交流电动机,可任意对调二相接线;对于直流电动机,可对调励磁绕组或电枢绕组的两根线。

定子绕组加三相额定电压起动,并空载运行 30 min。用钳形表分别测量三相电流,看是否平衡,各相相差应不超过±10%,空载电流与额定电流的比值,看是否符合大修前该电动机正常运行时的数值。通常空载电流为额定电流的 25%~40%,如果空载电流过大,电动机负载能力将减小。若仍拖动原来的负荷,电流将超过额定值,导致电动机温升过高。直流电动机的空载电流应小于额定电流的 5%。

用转速表测量电动机的转速,一般应不低于大修前的数值,对新装电动机,其转速应与铭牌标称值一样。在电动机转动时应观察有无定转子相擦,风扇与风扇罩相碰等现象。监听电动机运行时有无异常的声音等。

直流电动机还需检查空载下的换向火花。空载运行时应没有火花,否则应检查电刷位置、电刷与换向器的接触、电刷是否跳动等情况。

5.负载试验与温升的测定

空载试验一切正常之后,进行负载试验,观察电动机的运行状态。

负载试验应考虑电动机铭牌规定的定额,若不是连续工作的电动机,应按定额进行负载试验。各试验及检查的项目、内容、结果都应有详细的记录以备查阅。

大修后的电动机验收工作还必须考虑船舶检验部门的其他特殊要求。如果有噪声,把联轴器脱离,这时电动机空载运行:若这时噪声消失,说明联轴器安装不良;若噪声仍然存在、电动机振动,说明轴或轴承本身故障,需要解体检查。

四、三相异步电动机常见故障现象与原因分析

电动机经过长期运行,难免会出现各种故障。电动机管理人员应能根据电动机的故障,分析其产生原因,并采用恰当的方法排除故障。

1.三相异步电动机不能起动

可能原因:

(1)电源未接通(开关、熔断器、电机接线有断路)。

(2)定子绕组有短路或断路故障。

(3)轴承或转子被卡住(有嗡嗡声)。

(4)控制线路有故障。

2.三相异步电动机起动后转速低且显得无力

可能原因:

(1)电源电压低或负载过重。

(2)电动机单相运行,勉强起动后过载。

(3)定子绕组三角形接法误接成星形接法。

(4)鼠笼式转子导条或端环断裂或开焊。

3.三相异步电动机运行中温升过高

可能原因:

(1)负载过大,且过载保护装置失灵。

(2)电源电压过高或过低。

(3)定子绕组有短路或接地。

(4)重载下单相运行。

(5)定子三相绕组接错。

(6)散热有故障或环境温度过高。

(7)机械方面的故障,如定转子相擦、轴承损坏、风扇故障等。

4.三相异步电动机运行时噪声过大

可能原因:

(1)电机单相运行。

(2)定子三相绕组接错。

(3)定转子相擦。

(4)轴承损坏或严重缺少润滑脂。

(5)风扇碰壳。

(6)地脚螺钉松动,振动过大。

5.三相异步电动机运行时振动过大

可能原因:

(1)单相运行。

(2)三相电源电压不平衡。

(3)转轴弯曲变形。

(4)机组安装对中不良。

(5)地脚螺钉松动。

6.三相异步电动机轴承过热

可能原因:

(1)轴承磨损严重或损坏。

(2)润滑脂过多、过少或变质。

(3)转轴弯曲变形。

(4)电动机端盖或轴承安装不良。

(5)联轴器安装不良。

五、电动机受潮、绕组绝缘值降低时的处理方法

船用电动机长期处在潮湿、霉菌、盐雾的恶劣环境中,会使电动机绝缘电阻下降。当绝缘电阻低于 0.5 MΩ 时,必须进行烘干处理,提高电动机的绝缘性能。

（一）烘干方法

烘干的方法很多,常用的有以下几种:

1.红外线灯泡或白炽灯烘干法

把电动机拆开,抽出转子,将电动机清理干净,把定子竖立放在木板或其他干燥的底座上,底部要留有空隙通风。将红外线灯泡或较大功率的白炽灯从端盖孔中吊入,最好吊在电动机内腔的中部,这样可使内部均匀受热。注意灯泡不能接触线圈和铁芯,防止局部过热,加剧绝缘老化。

2.烘箱烘干法

将解体后的电动机定子放入烘箱烘干,烘干时必须通风,注意控制温度,不能超过允许值,并做好记录。

3.主机或锅炉废热热风烘干法

利用主机或锅炉的废热热风吹入电动机进行烘干。这种方法既简单又节省能源。

4.空载运行烘干法（又称铁损烘干法）

当电动机绝缘电阻有 0.5 MΩ 左右时,可使其空载运行,通过自身产生损耗驱潮烘干。

5.电流烘干法

抽出转子的电动机,在电动机的定子绕组上输入交流电流,利用绕组本身的铜耗发热进行烘烤干燥。可通过调压器调节输入的电压从而调节烘干电流的大小。一般开始时将电流调到30%的电机额定电流值,然后逐渐增大,根据所需的干燥温度,通常可将每相绕组的烘烤电流控制在其额定电流值的 60% 左右。由于各种电动机的体积、烘烤条件不尽相同,通电以 3 ~ 4 h,绕组温度达 70~80 ℃ 为宜。电流烘干法技术要求较高,一定要在搞清楚具体操作方法后方能开始烘干,防止烧毁电动机。

（二）烘干过程

将电机解体,用红外线灯或以上几种干燥法的一种对电动机进行干燥处理;干燥开始应每隔30 min 测一次温度和绝缘电阻,温度稳定后每隔 1 h 测量一次绝缘电阻。当绝缘电阻达2 MΩ 以上而不变化时(一般 2~3 h)即可停止烘干。

（三）烘干注意事项

(1)若电动机被海水浸泡而引起绝缘性能下降,应先采用淡水清洗(或煮)后烘干。将电动机放在淡水锅内煮 8~24 h,中间要多次换水,然后用烘箱、灯泡或热风干燥,不得采用电流法、空载运行法烘干。

(2)电动机烘干的温度由电动机的绝缘等级决定,一般比最高工作温度低 10 ℃。船用电动机多为 E、B 级绝缘,E 级绝缘烘干温度不得超过 120 ℃,B 级绝缘不超过 130 ℃。开始烘干后前 4 h,每小时提高 15 ℃,然后每小时提高 30 ℃直到最高允许温度。

(3)烘干时间由绝缘电阻值确定。烘干开始后应每隔 30 min 测量一次温度与绝缘电阻,当温度稳定后应每隔 1 h 测量一次绝缘电阻,当绝缘电阻达到 2 MΩ 以上,而且在最后 3 h 内不再变化时,可停止烘干。

应当指出,有的电动机是因为绝缘老化或绕组损坏而使绝缘性能降低,烘干不能使绝缘性能提高,这时必须更换绕组或采取其他措施。

第三节 船用电动机的拆卸与装配工艺

在检查、清洗、修理电动机内部或更换润滑油、拆换轴承时,都需要对电动机进行拆卸与装配。在电动机检修中,应熟练掌握拆卸与装配技术。

本节主要介绍三相异步电动机的拆卸与装配工艺,其他电动机可参照此方法。

一、拆卸与装配的基本要求

拆卸任何一种电动机之前必须了解被拆卸电动机的运行原理、性能和结构情况,熟悉相关技术资料,根据资料拟定拆卸方案。图4-1是常用的三相交流异步电动机实物图和结构图。

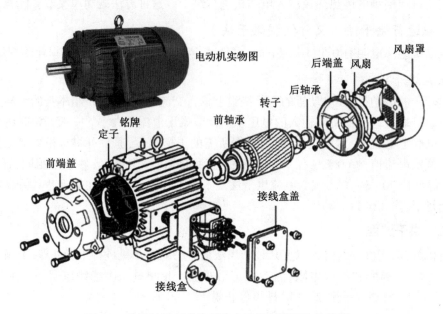

图 4-1　常用的三相交流异步电动机实物图和结构图

二、拆卸前的准备

(1)切断电源,拆开接线盒内电机与电源的连接线,并做好与电源线相对应的标记,以免恢复时搞错相序,并将电源线的线头缠上绝缘胶布,做好绝缘处理。

(2)备齐拆卸与装配工具。要准备的工具主要有拉具(也称扒子、拉马)、套筒扳手、叉口扳手、卡簧钳、绝缘钢丝钳、螺丝刀、铜棒、铁锤、铜锤、木榔头、木板、毛刷、黄油、万用表、导线等。

(3)选好拆卸电动机的场地,并事先清洁和整理好现场环境。场地要宽敞明亮、干燥且附近无杂物,以便放置拆下的零部件。

(4)拆下电动机负载并拆下地脚螺母,将电动机拆离基础并运至拆卸现场,若机座与基础之间有垫片,注意每个螺栓下的垫片数不可混淆,应做好记录并妥善保存。

(5)做好拆卸前的检查、记录、标记工作,主要是在端盖与机座合缝处做标记,以保证拆卸前后端盖的位置不变,从而保证端盖与机座的止口处封闭良好;还有在端盖、轴承、轴承盖和机座的负荷端与非负荷端做标记等。可用扁铲打上位置标记或用记号笔做标记。

三、交流电动机拆卸时的注意事项

(1)拆卸时不得损坏机械和电气部分结构部件,尤其在抽取转子时不要碰伤定转子。

（2）拆卸电动机的轴承端盖时要用记号笔打上记号，拆卸时应妥善（按先后顺序）放好拆下的零部件。

（3）对于不熟悉的结构，拆卸时应按先后次序做好标记。

（4）使用适当大小尺寸的工具，用力不可太猛。

（5）不得使用铁锤等硬金属敲打轴承、端盖等部件。若不得不敲打，也应用软金属棒或木板垫着按对称位置均匀敲打。

四、拆卸步骤

异步电动机的常规拆卸顺序如图 4-2 所示，详细步骤说明如下：

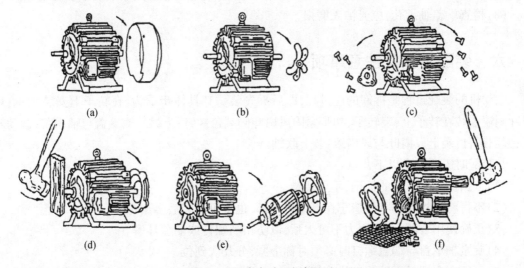

图 4-2　异步电动机拆卸顺序

（1）拆卸电动机联轴器。先松开联轴器（一般都是刚性或柔性联轴器）上的定位螺钉或取下止动销子，用专用工具两爪或三爪拉具拉下电动机轴上的联轴器。

（2）拆卸风扇罩壳及风扇。注意风扇轴上装有止动螺钉或卡簧和销子，取下止动螺钉或卡簧和销子后，用专用工具两爪拉具取下风扇，如图中（a）、（b）所示。

（3）拆下前轴承外盖（左端）和前后端盖的紧固螺钉，如图中（c）所示。

（4）抽出转子。用木板（或铅板、铜板）垫在电动机转轴前端（左端），用手锤将转子和后端盖（右端）从机座中敲出，从定子中取出或吊出转子，如图中（d）、（e）所示。

（5）拆卸前端盖。从右侧用木棒伸进定子铁芯，顶住前端盖内侧，用手锤将前端盖敲出机座，如图中（f）所示。

（6）从转子上卸下后轴承外盖和后端盖。前、后端盖在外形上一般很相似，做标记时要有所区别，以免装反，影响转子同心度，造成气隙不均甚至定子、转子相摩擦。

（7）最后拆卸前、后轴承及轴承内盖。

五、清洁电动机、检查零部件、添加或更换轴承润滑脂

将电动机拆卸后，可以进行清洁电动机、检查零部件以及添加或更换润滑脂的工作，主要

包括:

(1)清洁电动机外壳。

(2)定子绕组若有污物,应采用电器清洗液,用刷子刷洗。

(3)检查轴承,采用正确方法更换轴承。

(4)正确添加轴承润滑脂:将润滑脂用手指从一边向轴承挤压,将油脂挤进轴承并从另一面挤出一部分,将挤出部分抹去,润滑脂填入轴承室空间容积 1/2~2/3 即可;更换轴承内的润滑脂时,必须将轴承内的旧油脂全部清洗干净,不可新、旧润滑脂混用。

(5)检查定子绕组,看绝缘是否损伤与老化。

(6)检查转子绕组(或鼠笼条)是否断裂。

(7)检查转子两端轴颈,轴颈必须光洁无磨损;轴颈一般是轴上用来安装轴承的地方。

(8)检查端盖轴承孔,应光洁无磨损。

六、装配步骤及注意事项

电动机的装配过程是拆卸的逆过程,即后拆先装。其具体步骤为:在转子上安装轴承;风扇叶侧端盖装在转子上;装转子,初步紧固风扇叶侧端盖螺钉;上另一侧端盖与轴承盖;盘动转子;紧固螺钉;装上风扇叶与风扇罩;装上联轴器。

在装配时需要注意以下几点:

(1)依据拆卸时所做的标记,不可装错。

(2)不得将异物或小零件遗忘在电动机内部,也不可装完后多出零件。

(3)正确使用装配工具,用力不可太猛,以防扭断螺钉或端盖耳攀。

(4)旋紧轴承盖与端盖螺钉时必须对称上紧,分几次到位。

(5)不得舍弃螺母下的弹簧垫,以防松动。

(6)组装时尤其要注意不能碰伤绕组端部。

(7)不得使用铁锤等硬金属敲打轴承、端盖等物,若需敲打要用软金属棒垫着。

七、装配完工后的检查与测量

1.检查机械部分的装配质量

检查的主要内容是:所有紧固螺钉是否拧紧,转子转动是否灵活,有无转子扫膛、有无松脱现象,轴承内有无杂声,机座在基础上是否复位准确、安装牢固等。

2.测量绕组绝缘电阻

用便携式兆欧表测量绕组的绝缘电阻。船用额定电压为 500 V 以下的电动机每相绕组对地电阻和相间绝缘电阻要求不低于 5 MΩ。

3.测量空载电流及转速

按铭牌要求接好电源线,在机壳上接好保护接地线,接通额定电压,用钳形电流表检测三相电动机的三相空载电流,检查是否符合允许值。通常异步电动机的空载电流是额定电流的20%~50%。用转速表测量电动机转速。

4.检查电动机运行中有无异常响声，监听轴承的声音

若声音连续均匀,则轴承运转正常;若发出断续的咕噜声或其他杂声,表明轴承不正常,应检查处理。

5.电动机温度升高情况

检查温度升高情况必须让电动机连续带载运行 4 h 以上,温度升高值不得超过其绝缘等级允许的最高值。

复习思考题

4-1 叙述运行中的三相异步电动机需要监测的内容。

4-2 叙述三相异步电动机不能起动的可能原因。

4-3 叙述三相异步电动机起动后转速低且显得无力的可能原因。

4-4 叙述三相异步电动机温升过高的可能原因。

4-5 叙述三相异步电动机运行时噪声大的可能原因。

4-6 叙述三相异步电动机运行时振动过大的可能原因。

4-7 叙述三相异步电动机轴承过热的可能原因。

4-8 叙述电动机受潮、绕组绝缘值降低时的处理方法。

4-9 叙述解体三相交流异步电动机的步骤。

4-10 叙述清洁电动机、检查零部件、添加或更换轴承润滑脂的方法。

4-11 叙述装配交流电动机的步骤。

4-12 叙述三相交流异步电动机装配完工后的检查与测量内容。

船舶辅机电气控制装置的管理与维护

第五章

本章主要介绍:电气控制线路图的识图训练,船用电气控制箱的装配工艺和调试,船用电气控制箱的日常管理与维护,电气控制线路故障分析及排除,船舶起货机电气系统的维护与检修,船舶锚绞机电气系统的维护与检修,船舶舵机电气系统的维护与检修。

第一节　电气控制线路图的识图训练

电气控制线路图是用导线将电动机、电器、传感器、仪表等元器件按一定的要求连接起来,并实现某种特定控制要求的电路图。

电气控制线路图是工程技术的通用语言,为了便于交流与沟通,在电气控制线路中,各种电器元件的图形、文字符号必须符合国家标准。电气线路图通常分为电气控制原理图、电器元件布置图和电气安装接线图三种。其中电气控制原理图及识图方法的相关内容已经在吴浩峻2021年主编的《船舶电气设备及系统》教材中详细分析。本书主要介绍电器元件布置图和电气安装接线图。

一、电器元件布置图和电气安装接线图

（一）电器元件布置图

电器元件布置图主要用来表明各种电气设备在机械设备上和电气控制柜中的实际安装位置,是电气控制设备制造、安装和维修必不可少的技术图纸。

图 5-1 是燃油泵电动机控制系统的电器元件布置图,布置图的设计应遵循以下原则:

(1)必须遵循相关国家标准设计和绘制电器元件布置图。

(2)在图中,电器元件用实线框表示,而不必按其外形画出。

(3)布置相同类型的电器元件时,应把体积较大和较重的安装在控制柜或面板的下方。

(4)发热的元器件应该安装在控制柜或面板的上方,但热继电器一般安装在接触器的下面,以方便与电动机和接触器连接。

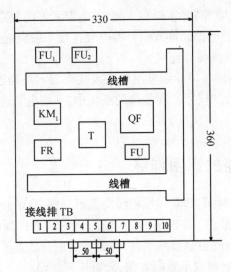

图 5-1 电器元件布置图(燃油泵电动机控制系统)

(5)需要经常维护、整定和检修的电器元件、操作开关、监视仪器仪表,其安装位置应高低适宜,以便工作人员操作。

(6)强电、弱电应该分开走线,注意屏蔽层的连接,防止干扰的窜入。

(7)在图中往往还留有 10% 以上的备用面积及导线管(槽)的位置,以供走线和改进设计时用。

(8)在图中还需要标注出必要的尺寸(mm)。

(二)电气安装接线图

图 5-2 是燃油泵电动机控制系统的电气安装接线图。电气安装接线图用来表明电气控制系统中各元件之间的接线关系。在安装和检修电气设备时用电气安装接线图更为方便。

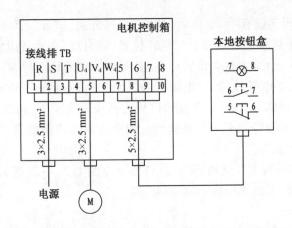

图 5-2 电气安装接线图(燃油泵电动机控制系统)

一般情况下,电气安装接线图和原理图需配合起来使用。

绘制电气安装接线图应遵循的主要原则如下:

(1)必须遵循相关国家标准绘制电气安装接线图。

(2)各电器元件的位置、文字符号必须和电气原理图中的标注一致,同一个电器的各元件

(如同一个接触器的触点、线圈等)必须画在一起,各电器元件的位置应与实际安装位置一致。

(3)不在同一控制箱内的电器元件或信号的电气连接一般应通过接线排(或称端子排)连接,并按照电气原理图中的导线线号连接。

(4)走向相同、功能相同的多根导线可用单线或线束表示。画连接线时,应标明导线的规格、型号、颜色、根数和穿线管的尺寸。在复杂的系统中,某些电气连接可以用去向号来代替线条,这样表示更清晰。

二、电气控制线路的识图训练

各种机械设备因其功能不同,其电气控制线路也不一样,有的较为简单,有的却相当复杂。但任何一种复杂的电气控制线路,都是由一些比较简单的基本控制线路根据实际需要组合而成的,所以分析这些复杂的电气控制线路图时,可先将其划分成若干个基本线路进行识读。下面以图 5-3 的泵自动切换控制原理示意图为例,分析控制线路。

为主机服务的主海水泵、燃油泵、滑油泵、冷却水泵等重要电动辅机,为了控制方便和工作可靠,均设置有备用泵。备用泵不仅能在泵旁控制,也能在集中控制室进行遥控;而且在运行的泵单元出现故障时能实现泵的自动切换,使备用泵立即起动投入工作,以保证主机处于正常工作状态。

泵单元的故障包括电气故障和机械故障。电气故障主要表现为控制箱电源失电、电动机过载等;机械故障主要是运行参数越限,例如压力过低。备用泵自动起动投入运行,然后停止原来的运行泵。

图 5-3 是泵自动切换控制原理示意图,图中两台为主机冷却系统供水的水泵,主机运行只需一台水泵工作。水泵工作是否正常由一个压力开关监视:如果工作正常,压力开关触点闭合;如果压力低或压力消失,触点断开。压力开关信号输出给泵起动单元的故障监测电路,然后控制备用泵的起动。

起动控制箱的面板上设有手动/自动(备用)选择开关,该开关在正常使用时应置于“自动”位置,在应急情况下或检修时置于“手动”位置。“自动”表示备用泵的起动是自动的,一台泵手动起动运行,另一台泵则自动设置成备用,例如手动起动 1 号泵运行,2 号泵则自动处于备用状态。1 号泵发生电气故障,如电源开关跳闸失电或过载引起接触器断开,电动机停止;或电动机运转但机械部分有故障,水泵出口压力低或压力消失,向处于备用状态的 2 号泵发出起动信号,同时发出报警,2 号泵接替运行。值班人员接到报警后,处理 1 号泵故障,1 号泵在正常后又处于备用状态。

图 5-4 是泵自动切换控制线路原理图,原理图下方的 1、2、…22 等数字是图区的编号,它的作用是便于检索线路,下面分析图中的控制线路:

第一步:主电路分析

通过分析主电路,大致清楚该线路是通过接触器 KM_1、KM_2 分别实现对两台泵的连续控制的。

第二步:元器件的功能分析

查读主电路:

断路器 QF_1、QF_2:电源开关,起过载、短路保护作用。其各有 1 个常开辅助触点(QF_2 在位置 7、QF_1 在位置 18)。

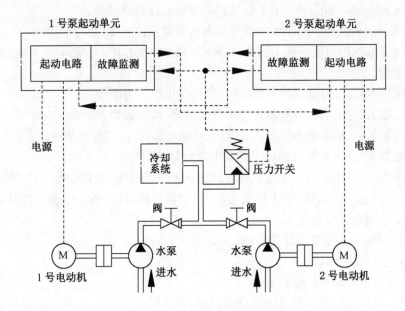

图 5-3　泵自动切换控制原理示意图

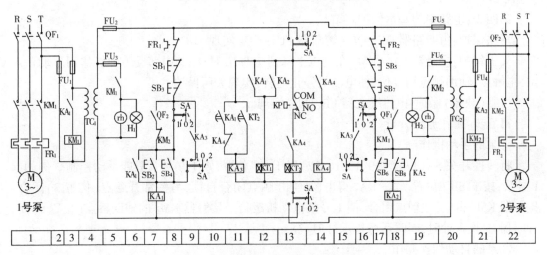

图 5-4　泵自动切换控制线路原理图

接触器 KM_1、KM_2：控制 1、2 号泵运行的接触器。

热继电器 FR_1、FR_2：起过载保护作用，其发热元件串联于主电路。当电动机过载时，其常闭触点（串联在控制电路中）动作，断开控制电路，使接触器线圈失电；接触器主触点复位，切断电动机的电源，电动机停止运行。

电动机 M：按铭牌将定子三相绕组接成星形或三角形。

控制电路中：

熔断器 FU_1～FU_6：短路时起保护作用。

变压器 TC_1、TC_2：起降压及隔离作用，通过变压器把主电路与控制电路隔离。

转换开关 SA：手动、自动切换控制开关，打在"0"位置，为手动操作模式，不能自动切换；打在"1"位置，1 号泵为运行泵，2 号泵为备用泵；打在"2"位置，2 号泵为运行泵，1 号泵为备用泵。

起动按钮 SB_2、SB_4、SB_6、SB_8：1、2 号泵的本地和遥控起动按钮。

停止按钮 SB_1、SB_3、SB_5、SB_7：1、2 号泵的本地和遥控停止按钮。

压力继电器 KP：压力低或压力消失时，KP 常闭触点 NC 闭合、常开触点 NO 断开，控制备用泵的自动起动。

时间继电器 KT_1：压力监视投入的延时，等待泵出口压力的建立。

时间继电器 KT_2：用于压力波动时延时自动切换，防止频繁误切换。

中间继电器 KA_1、KA_2：控制 1、2 号泵运行的继电器，其触点控制接触器。

中间继电器 KA_3：向备用泵起动线路发出自动起动信号。

中间继电器 KA_4：在压力正常建立后，KP 的 NO 触点闭合，使 KA_4 有电，其常闭触点（位置 10）断开 KT_1 常开触点的通路，防止自动切换；另一常开触点（位置 13）闭合，为压力波动降低时 KP 复位、KT_2 得电做好准备。

指示灯 H_1、H_2：1、2 号泵工作指示灯。

计时器 rh：为泵运行计时。

第三步：电路中的基本控制环节

自锁环节：该电路中有三处自锁触点，分别是常开触点 KA_1（位置 6）、KA_2（位置 19）和 KA_4（位置 14）。

第四步：电路中的基本保护环节

短路保护：由断路器 QF_1、QF_2，熔断器 FU_1 ~ FU_6 实现。

欠压保护：接触器 KM_1、KM_2 在电压下降到 $70\% U_N$ 时，在其内部反力弹簧作用下动铁芯复位，主触点、辅助触点均复位，使电动机停止运转，实现欠压保护。

过载（缺相）保护：由热继电器 FR_1、FR_2 实现。

第五步：工作原理分析

①泵的手动操作

将转换开关 SA（位置 8、9、13、16、17）置于"0"位置，则 1、2 号泵只能手动控制。例如起动 1 号泵，按下 SB_2（位置 7）使 KA_1 得电，其常开触点闭合自锁，另一常开触点（位置 3）闭合，使接触器 KM_1 得电，主触点闭合，使 1 号泵电动机运行。接触器 KM_1 的辅助触点（位置 5）闭合，计时器 rh 投入计时，同时运行指示灯 H_1 亮。

②泵的自动切换操作

将 1、2 号泵控制箱电源开关 QF_1、QF_2 合闸（其常开触点闭合），转换开关 SA 置于"1"位置，即选择 1 号泵为运行泵，2 号泵为备用泵，当 1 号泵发生故障时，能自动切换到 2 号泵起动投入工作。

按下起动按钮 SB_2（位置 7），则电路通过 QF_2 常开触点（位置 7）→KM_2 常闭触点→SB_2，使 KA_1 得电，其常开触点闭合自锁，另一常开触点（位置 3）闭合，使接触器 KM_1 得电，主触点闭合，1 号泵电动机运行。

常开触点 KA_1（位置 12）闭合，使得时间继电器 KT1 有电，开始延时。如果在延时时间内，1 号泵运行正常，泵输出端正常建立压力，压力继电器 KP（位置 13）动作（触点 NC 断开，NO 闭合），使中间继电器 KA_4 有电动作，常开触点闭合自锁，在 KA_3（位置 11）回路中的常闭触点打开，防止 KT_1 延时时间到后引起误切换。当起动延时时间到时，KT_1 的常开触点（位置 11）闭合，此时常闭触点已打开，不会使 KA_3 得电。如果在延时时间内，没有建立起压力，则压力继电器 KP 不动作，无法使中间继电器 KA_4 得电，它的常闭触点保持闭合状态；只要起动延时时间到后,KT₁ 常开触点闭合(说明 1 号泵起动过程中有故障,未能正常建立压力),就会使 KA₃ 有电,自动切换到 2 号泵,即 KA₃ 有电,它的常开触点(位置 15)闭合,使得 KA₂(位置 18)有电,接通接触器 KM₂(位置 21),其主触点闭合,使 2 号泵投入运行。同时,KM₂ 的常闭辅助触点(位置 7)打开,使得 KA₁ 失电,KA₁ 的常开触点打开,使得 KM₁ 失电,KM₁ 的常闭辅助触点(位置 18)闭合,提供 KA₂ 的自锁回路。

如果 1 号泵起动正常,运行一段时间后发生故障,则泵出口压力降低,压力继电器 KP(位置 13)回到初始状态(触点 NO 断开,NC 闭合),使时间继电器 KT₂ 得电;如果在 KT₂ 延时时间内,压力恢复,则压力继电器动作,使 KT₂ 不再有电,使中间继电器 KA₃(位置 11)不能动作;如果在 KT₂ 延时时间内,压力不能恢复,则延时时间一到,KT₂ 的常开触点(位置 11)闭合,使 KA₃ 有电,进行备用泵的自动切换。

如果把转换开关 SA 置于"2"位置,即选择 2 号泵为运行泵,1 号泵为备用泵,则当 2 号泵发生故障时,能自动切换到 1 号泵起动投入工作。其自动切换原理同上,这里不再赘述。

根据上述分析可见,查线读图法比较直观。但是,对于复杂的线路,容易出错或遗漏,所以,在读图时,某一个接触器或继电器有电工作后,应把所有触点带动下一级元器件的作用状态都找出并分析清楚。

第二节　船用电气控制箱的装配工艺和调试

目前在船舶电动机的起动控制箱中,通常采用传统的继电接触器控制,比较典型的电动机起动控制主要有单向自锁连续控制、正反转起动控制、星−三角降压起动控制等。图 5-5 是电动机单向自锁连续控制电路图,图 5-6 是电动机正反转起动控制电路图,图 5-7 是电动机星−三角降压起动控制电路图。

随着船舶电气技术的发展和应用,PLC、变频器、触摸屏控制的船用电气控制箱在船舶中的应用也愈加广泛。下面分别以继电接触器控制、PLC 控制、变频器控制和触摸屏控制完成电动机的起动控制为例进行分析。这四种控制方式,装配工艺基本相同,重点在继电接触器控制的电动机自锁连续控制箱的装配中详细介绍。

一、继电接触器控制的电动机自锁连续控制箱的装配和调试

（一）控制箱底板电器、线槽、端子排的安装

(1)目前大多数电器、端子排采用导轨安装,只需先在底板固定好导轨,然后将电器安装在导轨上即可。其他不能使用导轨安装的电器及线槽,可以钻孔及攻丝后用螺钉安装固定。

(2)根据图纸在每个电器下方粘贴文字符号。

（二）控制箱面板电器、标牌及铭牌的安装

(1)将仪表、指示灯、按钮、转换开关等电器安装到相应的位置孔。

(2)根据图纸在面板里侧每个电器下方粘贴文字符号。

(3)在面板外侧安装标牌和铭牌。

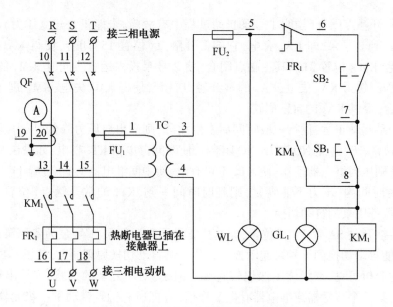

图 5-5 电动机单向自锁连续控制电路图

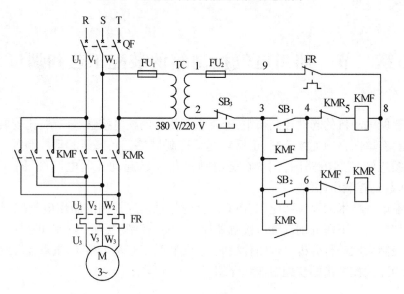

图 5-6 电动机正反转起动控制电路图

（三）线路连接

1.控制箱接线规则及注意事项

(1)接线时,按电路图一般先接主电路,后接控制电路。

(2)一般从电路的一端开始接线,顺电路依次连接。要注意,每根连接导线两端均需套线号及压好接线鼻子。

(3)每个电器元件的接线柱端最多允许接 2 根导线端头。

(4)连续控制的自锁触点回路一般最后接线。

(5)线路连接完毕后,整理走线,盖上线槽盖板。

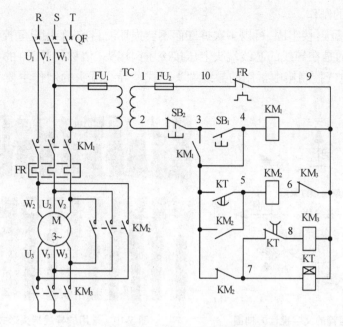

图 5-7　电动机星–三角降压起动控制电路图

2.导线的标记、导线端头的制作和导线芯线的接入

（1）导线的标记

每根导线的两个端头处应有与图纸相对应的标记（线号），以便于控制箱的故障检查与维修。线号应清晰、整齐、耐久而不褪色，通常选用与导线绝缘层外径相符的白色塑料套管（或PVC套管、热缩管）切割而成，上面的字符可用线号管打印机打印或用特种墨水手写，图5-8是某型号线号管打印机实物图。控制箱内每根导线的线号管应紧靠接线端子一侧排列整齐。

图 5-8　线号管打印机实物图

线号管的套取是有一定方向的，图5-9是线号管的文字视读方向图。线号管在不同角度方向时，文字方向视所在相位角而定：

①当线号管置于垂直方向或置于接线端子的上下方向时，从下至上读字；

②当线号管置于水平方向或置于接线端子的左右两侧时，从左至右读字；

③当线号管方向在第1、3象限时，从下至上读字；

④当线号管方向在第2、4象限时，从上至下读字。

（2）导线端头的制作

端头制作要保证连接牢固,可以多次拆卸而不会损坏。目前,船用电气控制箱内导线端头的处理,广泛采用的是在导线的芯线端头上压接冷压铜接头(俗称线鼻子)的工艺方法。图5-10所示是在船用电气控制箱中常用的导线端头形式。导线端头的制作主要分为剥线与压线做头两个步骤。

图5-9　线号管的文字视读方向图

图5-10　常用的导线端头形式

①剥线

根据导线线径的不同,通常使用剥线钳、斜口钳、钢丝钳或电工刀进行操作,对于不同的操作工具,具体的剥线方法也有所不同。船用电气控制箱中的控制导线一般使用剥线钳进行剥线,图5-11是剥线钳的使用示范图。

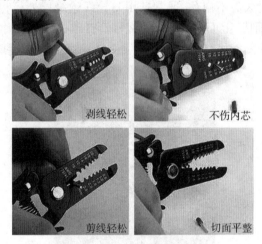

图5-11　剥线钳的使用示范图

导线绝缘层的切割长度应大于冷压接线端子(线鼻子)的深度2~3 mm。如剥线太短,会使绝缘层锁在接线端子上,造成接触不良;如剥线太长,铜芯会裸露,影响美观且容易造成碰撞短路。导线绝缘层的切割不得损伤芯线,且切口应平整,将准备好的导线放置在剥线工具的刀刃中间,选择好被剥线线径的数值,握住剥线钳手柄,将导线夹住,缓缓用力使导线绝缘层慢慢剥落,最后松开工具手柄,取出导线,这时芯线整齐露在外面,其余绝缘层完好无损。

应注意的是:剥线前要先套好线号管。

②压线做头

选择合适的冷压接头(线鼻子),所有冷压接头必须用专用工具或模具进行压接,且应保证压接质量。

图5-12是管型端子压线钳实物图,下面以芯线端头采用管型端子为例说明其详细压接步骤,如图5-13所示。

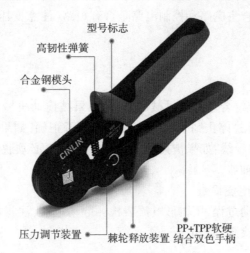

型号标志

高韧性弹簧

合金钢模头

压力调节装置　棘轮释放装置　PP+TPP软硬结合双色手柄

图5-12　管型端子压线钳实物图

步骤1:将剥好的导线插入冷压端头。

步骤2:左手将导线放入卡钳,右手紧握压线钳,左手向压线钳一侧推,右手握压线钳用力压紧。

步骤3:压紧压线钳至自动弹开。

步骤4:取出导线,完成压接。铜接头压紧后应用手拉一下来检查其松紧情况。

图5-13　压接步骤

(3)导线芯线的接入

①在导线端头制作好后,即可按图纸将之正确地接至控制箱内的接线柱或端子排上。

②接线应保证准确无误、接触良好、连接牢固,应有防止松脱的弹簧垫圈或锁紧螺母,接头的两侧均应有平垫圈。

(四)通电调试

船用电气控制箱,在新安装正式使用前,应对其进行试车前的验收检查。

1.正式通电前要做的检查

检查起动箱是否符合要求,起动箱的型号、容量与配套的电动机应一致;起动箱内外应完好无损,无油垢等污物。

控制箱内部接线应与图纸相符,检查控制箱外接的各种电器接线是否正确,检查控制箱和电动机接地线是否正常。

重点检查断路器、热继电器、熔断器、接触器主触点的电流容量是否符合要求;仔细检查接触器动作是否灵活,若接触器衔铁受阻不能很好吸合,会造成线圈电流过大而烧坏线圈;用500 V 兆欧表测量起动箱导电部分的绝缘电阻,其阻值不得低于 1 MΩ。

机械部分、联轴器应转动灵活,无卡住、过紧或时松时紧的现象。此外还要根据拖动机械的要求,确定管路中各阀门的开启与关闭,以使电动机尽可能在空载或轻载下起动。

通电前,用万用表检查主电路和控制电路是否有短路(注意变压器、电动机定子绕组的电阻因素)。

2.调试步骤

(1)电动机转向检查

电动机的转动方向应符合被拖动机械的要求,如果被拖动机械允许反转,可按"起动"按钮起动电动机,然后立即按"停止"按钮,观察其转向是否正确,如果转向不正确,应任意调换电动机三相输入端的两根导线;如果被拖动机械不允许反转,必须脱开联轴器,起动电动机,确认转向正确后,再装好联轴器。

(2)起动电流及工作电流检查

起动电动机,观察起动过程,用钳形电流表检测起动电流,注意其量程应在额定电流的 6 倍以上。电动机起动后,检测三相电流是否平衡。

(3)负载试验

使电动机带上额定负载进行起动,观察起动过程,测量额定负载下电动机的电流,以及运行情况。在必要时,进行热继电器整定值的调整,并做好记录。

(4)绝缘电阻测量

在电动机未起动前,测量冷态绝缘电阻值,电动机正常额定运行 2 h 后,断电测量热态绝缘电阻,记录各数据。

(5)控制箱内部电器检查

起动时应检查接触器有无噪声,若噪声很大,应检查铁芯贴合面是否清洁、短路环是否断裂或脱落。检查起动箱内各电器线圈发热情况、触点闭合情况等。

二、PLC 控制的电动机自锁连续控制箱的装配和调试

1.按电路图正确接线

图 5-14 是电动机自锁连续 PLC 控制系统的电路接线图,按图正确接线即可。

2.程序设计、下载及调试

编制好的程序(梯形图)下载后,点击图 5-15 中的"1 程序状态",进入程序状态监控,然后实际改变输入信号,即可开始系统程序调试。

系统调试中出现故障及排查注意事项:

(1)确认 PLC 的外围输入信号是否能控制各输入通道的工作,也即外围输入触点闭合时,通道指示灯是否亮。如果确认是当前输入通道故障,可以将外围输入换接到其他通道,同时应相应改变程序中的通道地址。

(2)检查编制的程序是否能实现控制逻辑,相应的输出状态是否正常。

(3)在输出通道指示灯正常工作的基础上,检查输出控制的外围继电器、接触器动作是否

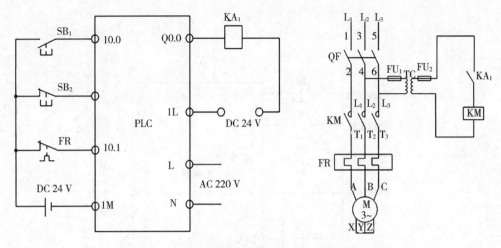

图 5-14　电动机自锁连续 PLC 控制系统的电路接线图

正常。

（4）在确保按电路图正确接线的基础上，如果不能完成控制逻辑，可以在通电的情况下，采用电压测量法进行故障分析和排查。

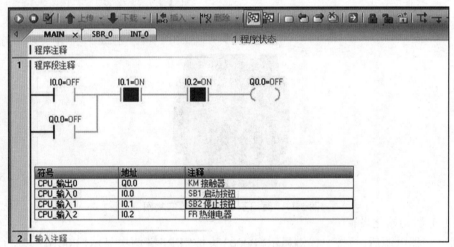

图 5-15　"程序状态监控"的界面

三、变频器控制的电动机自锁连续控制箱的装配和调试

实现变频器控制电动机的方式主要有 4 种：通过外部信号接入；通过触摸屏的 BOP 内置控制面板；通过 PLC；通过触摸屏。由变频器控制的电动机自锁连续控制箱称为电动机变频起动控制箱。下面以第一种控制方式为例进行电动机变频起动控制箱的装配和调试。

1.按电路图正确接线

图 5-16 是电动机变频起动控制箱的线路图，按图正确接线即可。

2.变频器参数设置

图 5-17 是西门子 V20 变频器实物图，变频器的参数设置在 BOP 内置控制面板中进行，主要分四个步骤：

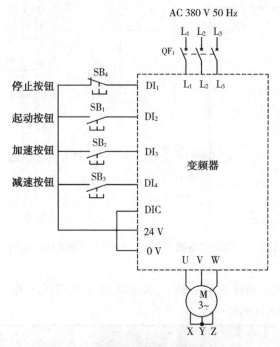

图 5-16　电动机变频起动控制箱的线路图

图 5-17　西门子 V20 变频器实物图

（1）上电后初始化设置

接通变频器电源后，短按"M"键显示"P0003"；按"UP"键两次显示"P0010"，按"OK"键，按"UP"键两次显示"30"，设置 P0010 = 30（代表恢复出厂设置），按"OK"键确认，显示回到"P0010"；按"UP"键一次显示"P0970"，按"OK"键确认，按"UP"键两次显示"21"，设置 P0970 = 21（代表用户默认参数复位），按"OK"键确认；设置完 P0970 后，出现"88.."，然后显示"50?"，可以按"上下"键选择 60 Hz，此处选 50 Hz，按下"OK"键；完成初始化设置。此时显示"P0304"。

（2）电机参数设置

初始化设置后，显示"P0304"（这是额定电压参数），开始设置电机参数。按"OK"键，按"UP"或"DOWN"键设置电压为 400 V，按"OK"键确认，显示回到"P0304"；按"UP"键，出现"P0305"（这是额定电流参数），按"OK"键，设置电流为 0.13A，按"OK"键确认；按"UP"键，出现"P0307"（这是额定功率参数），按"OK"键，设置额定功率为 0.07 kW，按"OK"键确认；按"UP"键，出现"P0308"（这是额定功率因数参数），按"OK"键，设置额定功率因数为 0.8，按"OK"键确认；按"UP"键，出现"P0310"（这是额定频率参数），按"OK"键，设置额定频率为 50 Hz，按"OK"键确认；按"UP"键，出现"P0311"（这是额定转速参数），按"OK"键，设置额定转速为 1 400 r/min,按"OK"键确认;按"UP"键,出现"P1900"(这是禁止电动机数据识别设定),按"OK"键,设置为0,按"OK"键确认;电动机参数设置完成,长按"M"键,退回显示页面。

(3)连接宏设置(控制方式)

在显示界面,长按"M"键显示"P0100",再短按"M",显示"-Cn000"。按"UP"或"DOWN"键选择不同的控制方式。这里选择外部按钮控制,选中"Cn006",按"OK"键确认。长按"M"键退出设置界面。

(4)应用宏设置(典型负载应用)

应用宏默认选择普通水泵应用。这里不需要设置。

3.变频起动控制调试

在变频器完成电动机参数设置后,即可进行起动控制调试,主要调试步骤如下:

(1)按起动按钮"SB₁",变频器控制电机起动,起动至初始频率或前次停车时的频率。

(2)按加速按钮"SB₂",减速按钮"SB₃",可以进行变频调速。

(3)按停止按钮"SB₄",变频器频率减至0,电动机停转。

四、触摸屏控制的电动机自锁连续控制箱的装配和调试

由触摸屏控制的电动机自锁连续控制箱称为电动机触摸屏起动控制箱。在触摸屏与PLC组成的控制系统中,触摸屏完成对设备的操作、显示、报警,PLC则根据系统控制的要求编制程序,直接对设备进行控制。触摸屏替代原控制中的显示仪表、操作面板,PLC替代原控制中的控制盘,这种方式摒弃了传统电气控制中的继电器、指示仪表、操作开关,变硬件设备为软件设备,具有占地少、控制精度高、功能强、可编程、智能化等诸多特点。当前在一些控制要求较高、参数变数多、硬件接线有变化的场所,触摸屏与PLC控制形式已占主导地位。

下面以SMART LINE触摸屏与可编程控制器S7-200SMART连接为例,实现电动机触摸屏的起动控制。

1.按电路图正确接线

图5-18是电动机触摸屏起动控制箱的线路原理图。触摸屏与PLC之间采用以太网通信。

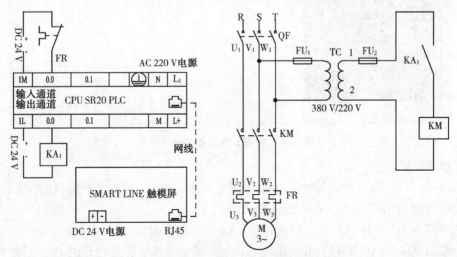

图 5-18　电动机触摸屏起动控制箱的线路原理图

2.PLC 编程实现对电动机的控制

由于不需要通过按钮进行电动机的起停控制,因此 PLC 编程时,起停的控制是通过内部变量实现的,图 5-19 是通过触摸屏的变量完成电动机控制的梯形图。

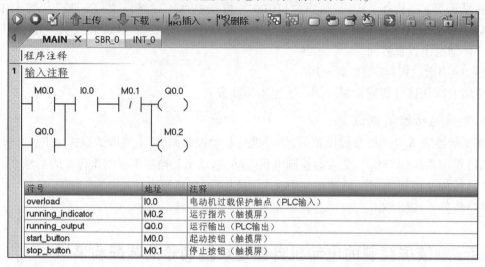

符号	地址	注释
overload	I0.0	电动机过载保护触点（PLC输入）
running_indicator	M0.2	运行指示（触摸屏）
running_output	Q0.0	运行输出（PLC输出）
start_button	M0.0	起动按钮（触摸屏）
stop_button	M0.1	停止按钮（触摸屏）

图 5-19 通过触摸屏的变量完成电动机控制的梯形图

3.触摸屏参数设置及通信连接

（1）新建项目

打开触摸屏编程用 WinCC flexible 软件,点击"项目"的"新建",选择相应的触摸屏型号（Smart 700 IE V3）,点击"确定",如图 5-20 所示。

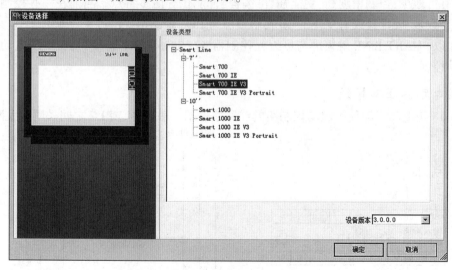

图 5-20 触摸屏的设备选择界面

（2）新建连接

如图 5-21 所示,双击窗口左侧项目树"通讯"下的"连接",在右上侧窗口的"通讯驱动程序"下选择"SIMATIC S7 200 Smart"通讯驱动程序。

在右下侧窗口"参数"中:"接口"选择"以太网"。在左侧"HMI 设备"中:"地址"填入触摸屏的 IP 地址（如:192.168.1.11）;在右侧"PLC 设备"中:"地址"填入 PLC 的 CPU 模块的 IP 地址(如:192.168.1.41)。其他设置默认。

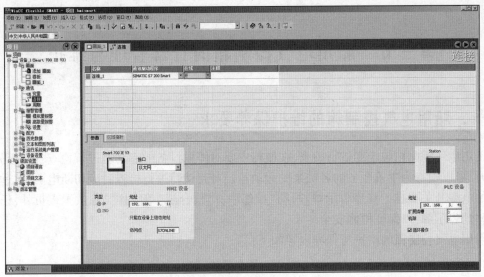

图 5-21 触摸屏与 PLC 的通讯设置界面

(3)变量连接

在"通讯"下的"变量"界面,设置触摸屏与 PLC 的变量连接关系,PLC 和西门子 SMART触摸屏地址对应关系如图 5-22 所示。

名称	地址	连接	数据类型	数组计数	采集周期
起动按钮(触摸屏)	M 0.0	连接_1	Bool	1	1 s
停止按钮(触摸屏)	M 0.1	连接_1	Bool	1	1 s
运行指示(触摸屏)	M 0.2	连接_1	Bool	1	1 s

图 5-22 PLC 和西门子 SMART 触摸屏地址对应关系

(4)画面组态

在变量建立完成后,即可"添加 画面"进行画面组态,在画面中制作按钮、指示灯等控件,完成各控件的常规设置和动画设置等。如图 5-23 所示是制作完成的画面组态界面。

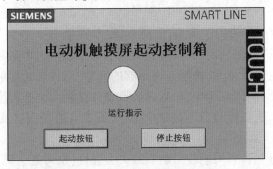

图 5-23 制作完成的画面组态界面

4.系统调试

在完成系统接线、PLC 编程、触摸屏设置后,即可进行通电测试。

在触摸屏上按下"起动"按钮,电动机应立即起动,同时触摸屏的运行指示灯亮起;在触摸屏上按下"停止"按钮,电动机停止运行。

第三节　船用电气控制箱的日常管理与维护

一、船用电气控制箱的维护保养要求

船用电气控制箱应定期进行检查,在航行中要对停用设备的起动箱进行检查;停靠码头或锚泊时,可以检查为主机服务的各类泵的起动箱。对起动箱进行检查时应切断电源,对远离起动箱的电源开关要挂上修理告示牌,写明"检修中,严禁合闸"等字样。除放置人员外,任何人不得移动告示牌,以保证检修安全。

船用电气控制箱的维护与保养内容如下:

1.除锈

船用电气控制箱内电器等装置的零件有腐蚀生锈的地方,必须用砂布或刮刀等除锈。刮磨时应尽量除去氧化物,而少磨去金属;对不导电和不受摩擦的零件表面,刮磨之后可涂以凡士林或润滑脂;涂漆零件的防锈层剥落时,可在除锈后涂以防锈漆,禁止在接线柱、摩擦接触的平滑面、螺纹、弹簧等上面涂漆。

2.应保持接触器触点接触面贴合良好

所有触点接触面必须洁净光滑,露出金属光泽,以便于接触导电。触点的初压力、终压力和超行程都应符合规定。

触点接触面上的氧化物或烧灼的熔化物可用细挫或玻璃砂布摩擦,摩擦时禁止使用金刚砂布;银制触点可用干布或蘸少量清洁剂的拭布抹去灰尘和污物,不宜用砂布等;摩擦时应尽量少磨去金属,磨后应用干布将摩擦面擦拭干净;禁止用任何滑油或其他油涂抹触点,以防接触不良;摩擦触点时应保持触点原来形状,不可用力过猛使触点等部件变形。

三相触点中,如果有一相的主触点与另外两相的主触点相比有较大的磨损,可将该相主触点的动触点桥臂弯曲,以调整触点间隙,修整后应保持三个触点同时接触。当触点磨损烧灼严重而无法修整时,应及时更换同类型的备用触点。

3.检查接触器的电磁机构、灭弧系统和反力弹簧

检查电磁机构在吸合和释放时,其行程是否符合要求;吸合时应使触点的接触压力、贴合情况等达到要求;释放时应保证动、静触点有足够的间隙;衔铁芯的接触面应贴合良好;若接触面上有灰尘、油污或铁锈,应清除干净;电器的各铁磁性接触面上不得涂抹任何防锈油脂。

灭弧罩应安装牢固,灭弧栅片数不得缺少,当灭弧罩有振裂损坏或灭弧栅烧损严重时,应及时更换。

反力弹簧在长期使用后,有可能疲劳断裂或失去弹性,也可能会随着船舶的振动或由于弹簧本身的弹力而脱落。在维护保养控制箱时,应细心检查,根据情况修理或换新。

4.检查各部分机械连接情况

仔细检查有无零件脱落掉入控制箱内,有无螺钉松动;如果发现破损和脱落的零件,应及时配好;检查控制箱内导线连接情况,如有松脱,应按照接线图正确接好并紧固;控制箱内可动

部分零件的动作应保持灵活自如。

5.定期测量接触器线圈和线路的绝缘电阻

电器线圈的绝缘电阻在冷态下不得小于 1 MΩ,否则应进行烘潮处理。

6.保持控制箱的水密性

经常检查出线孔的填料函和箱盖的密封垫,有损坏或变质时应及时更换。

7.保持控制箱内清洁

定期用吸尘器或吹风机清除箱内灰尘,如有油污,应用干净抹布擦干净,不得使用棉纱。

二、船用电气控制箱的故障检修

图 5-24 是船舶常用的磁力起动器电气控制箱电气原理图。船用电气控制箱的常见故障可分为电动机本身故障和控制系统故障两大类,在此仅讨论控制系统故障。控制系统常见的故障有:电动机不能起动;起动按钮复位后电动机停转;电动机在运行中突然停转;起动后电气控制箱内噪声大;按下停止按钮不能停车。

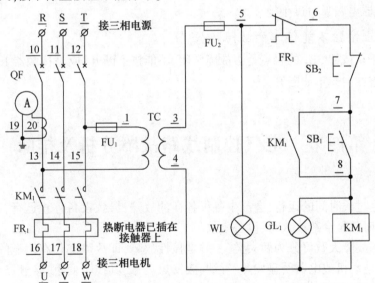

图 5-24 船舶常用的磁力起动器电气控制箱电气原理图

1.电动机不能起动的故障检修

电动机不能起动的原因有:电动机本身故障;电动机不得电;机械卡死。对电动机本身故障和机械卡死在此不做分析。

分析电路图可知,由主电路故障引起电动机不得电的可能原因有:

线路停电、断路器 QF 合闸后触点未接通、主触点 KM_1 未闭合(KM_1 线圈未得电或 KM_1 衔铁卡死无法闭合)、热继电器 FR_1 热元件断路、接线柱松脱、接线导线断路等。

由控制电路故障引起的可能原因有:

熔断器 FU_1 或 FU_2 断开、变压器 TC 故障(原边或副边开路)、停止按钮 SB_2 开路、起动按钮 SB_1 故障合不上(按下后不能接通)、接触器 KM_1 线圈已发热烧坏(多由于衔铁卡住吸合不上,气隙不能减小,造成电流过大)、过载保护热继电器 FR_1 常闭触点开路(或热继电器过载动作使常闭触点断开动作后未复位)、接线柱松脱、接线导线断路等。

2.起动按钮（SB₁）复位后电动机停转的故障检修

从原理图可以看出,造成该故障的唯一原因是并联在起动按钮 SB₁ 两端的自锁触点 KM₁所在的支路故障。这种故障出现时应检查自锁触点 KM₁ 是否故障、接线柱是否松脱、导线是否断线等。

3.电动机在运行中突然停转的故障检修

处理这个故障的重点是检查是否由于热继电器 FR₁ 动作,而导致电动机在运行中突然停转。

在电动机过载情况下,FR₁ 动作是正常的,此时应检查电动机负载(或机械有卡死、轴承损坏等),及时排除故障;若电动机没有过载迹象,而 FR₁ 动作,需检查 FR₁ 的电流整定值(或 FR₁ 本身已损坏,需更换);如果 FR₁ 没有动作,而电动机在运行中突停,须按"电动机不能起动"的故障进行检修。

4.起动后,电气控制箱内噪声大的故障检修

电气控制箱有噪声,主要原因是接触器短路环损坏产生震颤;机械连接部分有松动;电源电压低,使接触器电磁吸力过小等。

5.按下停止按钮不能停车的故障检修

重点检查停车按钮 SB₂ 的触点是否故障常闭,不能按下断开;或是接触器 KM₁ 已经失电,但是主触点烧熔在一起不能断开。

第四节　电气控制线路故障分析及排除

电气设备经过长时间的运行,会产生各种各样的故障,导致设备停止运行,进而影响船舶正常航行,严重时甚至会造成人身、设备事故。

电气设备的故障大致可分为两大类:一类是显性故障,即故障部位有明显的外表特征,容易发现。例如,电动机或电器明显发热、冒烟、散发焦臭味,其线圈变色、接触点产生火花或异常、熔断器断开、断路器跳闸等。这类故障往往是电动机及电器过载、线圈绝缘下降或击穿损坏、机械阻力过大或机械卡死、短路或接地所致。另一类是隐性故障,没有外表特征,不易发现。这类故障是查测的难点,也是主要故障,其主要问题在电气线路或电器元件本身。例如,电压不正常,电气元件机械部分动作失灵,触点及压接线头接触不良或松脱,导线绝缘层破损,元件参数设置不当或元件选择不当等。

当电路出现故障时,故障点的查找比较困难,故切忌盲目乱动。要查测故障,应在初步感官诊断的基础上,熟悉故障设备的电路原理,结合自身技术水平和经验,经过周密思考,再确定科学、行之有效的查测故障原因和部位的方法。

一、故障查测方法

电气故障查测,一般可按照以下方法进行:

1.查测前的调查研究

调查研究是故障查测的前奏,是故障分析的第一手资料,调查研究正确、全面,对检修工作往往可起到事半功倍的效果。

调查研究的主要方法是问、闻、看、听、摸、拽。

(1)问:询问设备使用者故障发生前的情形、异常现象、以往故障情况;故障前是否操作失当,或某操作杆、按钮失灵,或者误动作等。如果是初次检修该设备,还应向使用者了解各操作机构的功能、控制关系、操作顺序等,为分析电气故障,迅速查找故障点提供依据。

(2)闻:是否有绝缘漆、塑料、橡胶等过热、烧焦的刺鼻气味。

(3)看:察看熔断器的熔体或熔丝是否熔断,触点是否烧熔或烧灼。如果能通电再现故障(注意不能扩大故障),看接点间有无火花。

(4)听:电动机、继电器、接触器、电磁阀等电器的机械动作机构在运行或工作中是否有异常声音。为确保人员和设备的安全,在听电气设备运行声音是否正常而需要通电时,应以不损坏设备和扩大故障范围为前提。

(5)摸:切断电源,用手背(如果温度过高烫手,人会本能地迅速将手缩回,避免烫伤)触摸电动机外壳、电器线圈等,判断其是否有明显的温升与局部过热现象。

(6)拽:切断电源,轻拽电线是否松动。

通过调查研究,一般来说,可找出具有明显外表特征的显性故障,对较熟悉的电气控制电路还可大致确定故障范围。

2.通电试验再现故障,逐块排除故障以确定故障范围

经过外表特征直观检查未找到故障点时,可采用通电试验控制电路的动作关系逐块排除故障,查找故障点。例如:按设备操作要求操作某按钮、开关时,线路中相应的接触器、继电器应按规定的动作关系工作,否则,与不动作的电器或动作关系有问题的电器相关联的电路有故障或该电器本身有故障。

首先,应检查不动作的电器是否有问题,如线圈损坏、触点磨损等;其次,再对相关联的电路进行逐项分析与检查,故障即可查出。这种方法一般适用于维修人员比较熟悉待修电气设备及电气控制关系的情况。通电试验时应断开电动机等运动电器的电源线,以免发生故障。

根据电路图的分析结果,结合故障发生时的现象,可以初步判断故障的性质和故障可能存在的环节,下面以三相异步电动机采用继电接触器控制的起动控制箱为例,分析以下常见故障。

(1)手动操作只能点动。

故障分析:

电动机自锁连续运行控制电路发生故障,变为点动不能自锁,故障点往往是与起动按钮并联的接触器常开触点,通电闭合时接触不良或接线松动等。

(2)电源供电正常(电源指示灯亮),按下起动按钮,接触器不工作,电动机不能运行。

故障分析:

此故障的可能原因比较多,需使用万用表循电路进行测量后分析故障。

(3)电动机不能起动,且有嗡嗡声响。

故障分析:

故障点往往是三相电源缺相;或是三相电源正常,三相定子绕组电源接入时缺相。

（4）对于正反转控制电路，只有正转控制，按下反转按钮，接触器不工作。

故障分析：

故障点在反转控制线路上，需使用万用表循电路进行测量后分析故障。特别要注意互锁触点故障。

（5）对于星-三角起动控制电路，按下起动按钮，电动机星形起动，不能切换至三角形运行。

故障分析：

故障点在时间继电器控制线路上，需查看时间继电器的电源指示灯及动作指示灯，必要时使用万用表循电路进行测量后分析故障。

（6）对于星-三角起动控制电路，按下起动按钮，电动机无星形起动，直接三角形运行。

故障分析：

故障点可能是人为将时间继电器的常闭延时触点与常开延时触点接错。

3.分析电路原理图，按逻辑关系进行故障分析，缩小故障范围

逻辑分析法是根据电气控制线路工作原理、控制环节的动作程序以及它们之间的联系，结合故障现象做具体的分析，迅速地缩小检查范围，然后判断故障所在。

采用逻辑分析法检查时，应根据原理图，对故障现象做具体分析，在划出可疑范围后，再借鉴通电试验法及使用万用表进行信号检测（主要检测电压信号），可以使貌似复杂的问题变得条理清晰，从而提高维修的针对性，收到准而快的效果。

4.使用仪表仪器测量

使用万用表、示波器等仪表仪器对线路进行带电或断电测量，是找出故障点的有效方法。

在电气故障查测中，使用最多的是万用表。对于较复杂的控制系统，采用万用表测量相应部位的电压，结合电路原理图的分析，可以很快找到故障点。在采用可控整流的控制线路中，利用示波器来观察触发电路的脉冲波形和可控整流的输出波形，能很快地判断线路的故障所在。

使用仪表仪器进行故障查测，最常用的有下面几种测量方法：

（1）电压测量法

以电路某一点为基准点（一般选择起点或终点）放置万用表一表笔，另一表笔在回路中依次测量电压，通过电压测量，判别电路是否正常的方法，即为电压测量法。

电压测量时是带电操作，要特别注意两点：一是不能使用万用表的电阻挡而应使用交流电压挡，而且电压表的量程必须大于所测电路的实际电压；二是要防止在测量过程中发生短路和人体触电。

（2）电阻测量法

以电路某一点为基准点（一般选择起点或终点）放置万用表一表笔，另一表笔在回路中依次测量电阻，通过电阻测量，判别电路是否正常的方法，即为电阻测量法。

测量检查时，首先切断电源，然后把万用表的转换开关置于适当的电阻挡，测量故障电路的线路电阻或触点电阻，判断故障点。如果测试端点间的电阻为无穷大，说明线路断开或触点开路；如果测试端点间包含线圈元件，电阻应为线圈的阻值；如果电阻增大许多，说明测试端点间的触点或接线接触不良；如果测试端点间仅为触点与导线的连接通路，则电阻应为零。

（3）短接法

电气设备的常见故障为断路故障，如导线断路、虚线、虚焊、触点接触不良、熔断器熔断等。对这类故障，除用电压法和电阻法检查外，还有一种方法，就是短接法。

检查时，在电路带电的情况下，用一根绝缘良好的导线，将所怀疑的断路或接触不良的部位短接，如短接到某处，电路接通，说明该处或该段断路。一般采用长短结合短接法，即一次短接一个或多个触点来检查故障电路的方法，可以把故障点缩小到一个较小的范围。

综上所述，电压测量法测量判断较准确，检修较快，但是带电检修有一定的危险性；电阻测量法必须停电检修，其安全性好，但有时阻值测量不准确，易造成判断错误，尤其是并联电路较多而忘记断开的情况，因此对较复杂电路不宜采用。通常，在采用电压测量法缩小故障范围后，可以采用电阻测量法确定故障元件；短接法使用器材少（只用绝缘导线），没有万用表也能进行故障检修且判断速度也较快，但对电阻、线圈、绕组不可采用短接法，因是带电检修，也有一定的危险性，应注意安全。上述方法互相配合，互相佐证，可使检修快速、准确。

另外，对于电气设备故障与检修，不可忽视机械设备对电气控制的影响。许多电气设备的电器元件的动作是由机械、流体压力来推动的，因此，在电气故障检修之前，应注意检查、调整和排除机械、气压、液压部分的故障，这对电气检修是很有帮助的。

二、常见故障的查测及排除

在电气线路中，不论是主电路还是控制电路所发生的故障，一般都可归结为短路、断路和接地三种情况，其中，断路故障最为多见。

排除故障时，首先应根据故障现象确定故障是在主电路还是在控制电路，是断路故障还是短路故障；然后确定故障的具体位置，并根据实际情况按先易后难的顺序逐步排除故障。

下面结合具体电路，分析常见故障的查测及排除。分析过程以控制电路为主，但分析方法也适用于主电路的故障排查。

1.线路短路故障的检测及排除

发生短路故障的原因主要有：

（1）由维护管理不善、操作不当等造成短路。如电气线路的绝缘浸水或严重受潮；电缆经过金属孔或锐利金属边缘时，由于衬垫破损而未及时更换，使绝缘破损；操作时碰坏绝缘保护层；线路中接线柱间过脏，通电时接线柱间放电；在运行中或维修时金属零件掉落到导线接线端头或导线裸露导体部件上等。

（2）由设备本身缺陷造成短路，如设备在出厂前就存在绝缘不良、局部绝缘损坏等隐患，经长期运行之后发生短路；电机或电器线圈由于绕制不符合要求，绝缘薄弱，设备或线路绝缘老化，材料变质等。

短路故障的现象比较明显，常常表现为短路点流过电流很大，熔断器烧断或保护电器动作，有关监视仪表指示失常，系统报警。严重的短路故障会发生线路绝缘烧灼冒烟等现象。

检测线路的短路故障时，常采用电阻测量法。

检测前，应首先切断电源，查出烧断的熔断器。检测时，使用万用表的电阻挡测量电路两端点间的电阻，若阻值为零，即为短路，如图 5-25 所示。若被测电路为单回路，可沿着线路对所有接线柱、串联的电器线圈或其他元件逐个检查。

检测时应注意：

（1）为了使测量准确,应把万用表置于 $R \times 1 \ \Omega$ 挡进行测量。检测前要分析了解被测线路的正常阻值,以做参考。

（2）被测线路中若有较大容量的电容,应在检查前将其断开,以免将电容充电误认为是短路。

（3）若电路似通非通,可根据情况用兆欧表测量。若有短路,兆欧表指示为零。为进一步确认,可再使用万用表检查。但对于含有各种电子设备的线路不得使用兆欧表检查,以免损坏元件。要使用兆欧表检查时,应把电子设备脱离被测线路。

（4）若线路为多路并联,如图 5-26 所示,必须检查短路发生在哪条并联线路中,相对会麻烦一些,这时可用 "逐个接通法" 找出短路的支路。首先,断开线路的电源开关,把各支路的分断开关或接线柱 K_1、K_2、K_3、K_4 全部断开,用万用表的 $R \times 1 \ \Omega$ 电阻挡测量 A、B 两端间的电阻,万用表指示电阻应为无穷大;然后把各支路的分断开关或接线柱 K_1、K_2、K_3、K_4 一个个依次接通。当接通某线路时,万用表指示电阻值为零,说明刚才接通的线路中有短路故障。用这样的方法可以逐个地把全部短路支路找出来。最后再单独检测已经查测出短路的支路,查出故障点。

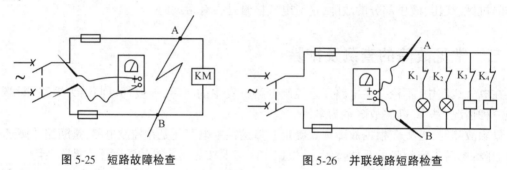

图 5-25　短路故障检查　　　　图 5-26　并联线路短路检查

有时会发现线路的自动开关跳闸或熔断器烧断,但是检查时未发现该线路有短路故障,重新通电后,线路仍正常运行。出现这种情况的原因可能有两种:其一,线路中的短路是非连续短路故障,即短路处是由于油垢或污物堆积而形成放电。当通过大电流时,污物被烧掉,或者有导电物体掉落在用电设备裸露的部分上而引起短路,然后自行脱落,使故障不能持续。所以合上开关或更换熔断件后,线路又正常运行。其二,熔断器的熔件使用时间较长后,由于电源的浪涌电流作用而烧断。因此,在熔断器烧断时,若对设备进行表面检查,没有发现烧焦、异味的情况,可以换上一个同型号、同容量的熔件,看看是否仍然烧断。如果线路正常,说明并无持续短路故障,否则,再仔细检查线路短路故障的部位。

2.线路断路故障的查测及排除

当电源电压正常,断路器通、断正常时,合闸(或按下通电按钮)后,发生不能接通电源、系统中的电器(或电机等)不动作、各种灯具不亮的现象,则线路可能发生了断路故障。

发生断路故障的原因如下:

（1）线路熔断器的熔体熔断。

（2）导线接头处螺钉松动或螺母脱落。

（3）线路接触器的触点接触不良。

（4）导线中导体断开。

（5）某些转换开关损坏或接触不良。

（6）线路被外来物砸断。

（7）有些线路中的保护电器的触点接触不良或该电器动作前未复位，使电路断路。

（8）设备本身有断路故障，如电机绕组、电器线圈的导线有断路，某些灯具的灯丝烧断或镇流器线圈短路等。

检查电路的断路故障，可以采用电压测量法、电阻测量法和短接法：

（1）采用电压测量法，带电检修线路断路故障

检查前应确认电源电压正常，断路器没有断路或接触不良的现象，把断路器闭合，测量电压正常后，即可进行检查。

图 5-27 是电动机自锁连续控制电路图，假设出现的故障是按下起动按钮 SB_1 后，接触器 KM 不能得电吸合。采用电压测量法查测故障的过程分析如下：

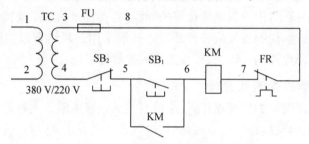

图 5-27　电动机自锁连续控制电路图

①首先使用万用表测量变压器输出接线柱 3、4 端的电压，应为 220 V。

②以变压器 TC 的接线柱 4 端为基准点，放置万用表红表笔不动，将黑表笔循电路移动到熔断器 FU 的接线柱 3 端，电压应为 220 V，否则故障就是连接变压器与熔断器 FU 的导线开路或松脱。

③将黑表笔移动到熔断器 FU 的接线柱 8 端，电压应为 220 V，否则故障就是熔体熔断。

④依此方法，将黑表笔依次移动到接线柱 FR（8）、FR（7）、KM（7）端，测量电压进行故障分析。

⑤如果测得 TC（4）与 KM（7）端的电压仍是 220 V，由于接触器线圈是压降元件，此时将黑表笔置于 KM（7）端不动（作为基准点），将红表笔依次移至 SB_2（4）、SB_2（5）、SB_1（5）、SB_1（6）、KM（6）端，测量电压进行故障分析。

⑥如果测得 KM（7）与 KM（6）端的电压仍是 220 V，但接触器不动作，则故障为接触器线圈短路或内部卡住。

需要注意的是：

万用表的表笔经过起动按钮 SB_1 时，应按下按钮使回路接通；对接点较多的线路，往往不需要逐点去测量，而是将表笔跳跃性向右移、向左移相结合来测量端点之间的电压，提高故障查找效率。

（2）采用电阻测量法，断电检修线路断路故障

在图 5-27 中，假设变压器 TC 输出电压正常，出现的故障是按下起动按钮 SB_1 后，接触器 KM 不能得电吸合。采用电阻测量法查测故障的过程分析如下：

①断开电源，拆开变压器 TC 接线柱 4 端导线。

②以变压器 TC 的接线柱 3 端为基准点，放置万用表红表笔不动，将黑表笔循电路移动到熔断器 FU 的接线柱 3 端，电阻应为 0 Ω，否则故障就是连接变压器与熔断器 FU 的导线开路或

松脱。

③将黑表笔移动到熔断器 FU 的接线柱 8 端,电阻应为 0 Ω,否则故障就是熔体熔断。

④依此方法,将黑表笔依次移动到接线柱 FR(8)、FR(7)、KM(7)、KM(6)、SB$_1$(6)、SB$_1$(5)、SB$_2$(5)、SB$_2$(4),测量电阻进行故障分析。

需要注意的是:

万用表的表笔经过起动按钮 SB$_1$ 时,应按下按钮使回路接通;要注意线圈的电阻为几十至几百欧姆;对接点较多的线路,往往不需要逐点去测量,而是将表笔跳跃性向右移、向左移相结合来测量端点之间的电阻,提高故障查找效率。

(3)采用短接法,带电检修线路断路故障

对线路断路故障,除用电压测量法和电阻测量法检查外,还有一种方法,就是短接法。检查时,在电路带电的情况下,用一根绝缘良好的导线,将所怀疑的断路或接触不良的部位短接,如短接到某处,电路接通,说明该处或该段断路。一般采用长短结合短接法,即一次短接一个或多个触点来检查故障电路的方法,长短接法可以把故障点缩小到一个较小的范围。

3.线路接地故障的查测及排除

接地故障就是电路对地的绝缘损坏,使电路对地的绝缘电阻大大降低,甚至为零。在三相三线制的船舶电网中,电气线路中一点接地时,电气设备尚可正常运行,若再有另一相接地,就形成多点接地间接短路故障。所以发生一点接地后,应及时排除故障,以提高线路运行的可靠性。

查找线路接地故障,只要测量线路对地的绝缘电阻即可,可以使用绝缘电阻表(兆欧表)进行测量,也可以使用万用表的电阻挡进行测量。

通过配电板上的绝缘指示灯和配电板式兆欧表,采用各线路中的空气断路器分区送电、断电的方法,可以很容易找到发生接地的线路,然后使该线路脱离电源,再用"逐段缩小法"找出接地点。

4.电气线路故障检修时的注意事项

(1)故障检修使用的万用表、测电笔等要确保正常好用。带电检修时,必须有人现场监护。

(2)应注意不能把找出故障点作为故障检修的结束,还必须进一步查明产生故障的根本原因。例如:在处理某台电动机因过热而烧毁的事故时,绝不能认为将烧毁的电动机重新修复或换上一台同型号的新电动机就算完事,而是要进一步查明电动机过载的原因,到底是负载过重,还是电动机选择不当、功率过小所致,因为两者都会导致电动机过载。所以在处理故障时,应在找出故障原因后进行故障排除。

(3)找到故障后,一定要针对不同故障情况和部位相应采取正确的修复方法,不要轻易采用更换电器元件和补线等方法,更不允许轻易改动线路或更换规格不同的电器元件,防止产生人为故障。

(4)在故障点的修理工作中,不能随意更改线路。但是,有时为了尽快使设备正常运行,根据实际情况也允许采取一些适当的应急措施。

(5)电气故障修复完毕,需要通电试行时,应和操作者配合,避免出现新的故障。

(6)每次排除故障后,应及时总结经验,并做好维修记录。

总之,在实际维修工作中,由于电气控制线路种类很多,故障也不是千篇一律的,就是同一种故障现象,发生故障的部位也不一定相同。因此,采用以上故障检修方法时,不要生搬硬套,而应按不同的故障情况灵活运用,力求快速、准确地找出故障点,查明原因,及时正确地排除故障。

第五节　船舶起货机电气系统的维护与检修

船用起货机俗称克令吊,在 20 世纪 40 年代已开始在一些船上被采用,到 20 世纪 60 年代初期,随着船舶的大型化和高速化,更迫切地要求缩短船舶停港时间和加快装卸速度,从而出现了结构紧凑、操作简便可靠和起重能力大的起重设备。

现在的大型船舶(散货船和集装箱船)上一般都不配备起货设备,通常多用途船、杂货船、特殊货物运输船上的起重设备比较多。下面分析船舶中常用的液压起货机的电气控制系统。

一、电气控制系统的主要组成和功能

图 5-28 是目前船舶中普遍使用的液压起货机实物图。液压起货机包括液压控制系统和电气控制系统两大部分。

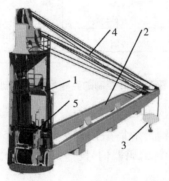

图 5-28　液压起货机实物图

1—塔身;2—吊臂;3—吊钩;4—钢丝绳;5—钢丝绳卷筒

液压控制系统完成起货机的吊钩起升、塔身回转、吊臂变幅三个动作,有的采用手动液压控制阀控制,有的采用电磁阀控制。在起货机塔身内的电动机-液压泵组是采用一台电动机带动三台液压泵,分别驱动起升、回转、变幅机构的液压马达或液压缸。高压型液压驱动起货机通常采用轴向柱塞式液压泵和液压马达。绞车的传动机构为行星齿轮传动,并与液压马达一起装在绞车卷筒内部,结构紧凑。变幅机构有液压缸变幅和绞车变幅两种形式。中压型液压驱动起货机常采用叶片泵和液压马达或大扭矩低速液压马达。

电气控制系统比较简单,主要完成油泵机组的起停、安全保护及限位控制。

图 5-29 是采用 PLC 控制的克令吊电气控制系统框图,该系统主要包括泵电动机起动控制箱、PLC 主控单元、操作单元、电磁阀单元、速度检测单元、限位开关单元等。

1.泵电动机起动控制箱

拖动液压泵组的电动机为三相异步鼠笼式电动机,其起动方式为星-三角降压起动,电动机内装有空间加热器(或称烘潮电阻),以防止克令吊在不工作期间电动机受潮。设置绕组过

热保护装置。电动机的起动有的具有重载询问功能。此外,设有按钮盒,可以遥控起停;也可以通过操作单元经 PLC 对电动机进行遥控起停控制。

2.PLC 主控单元

PLC 主控单元是整个电气控制系统的核心。PLC 主控单元连接其他各部分,根据起货机系统的控制要求实现总体控制功能。

3.操作单元

操作单元设在起货机的司机室,吊钩起升、塔身回转、吊臂变幅三个动作是通过司机室内的操纵手柄来实现的。吊钩起升操纵手柄的位置为右手型;塔身回转和吊臂变幅共用一个操纵手柄,其位置为左手型。操纵手柄联动的是电位器,三个动作的驱动速度与操纵手柄的操纵角度成正比。电位器信号送给 PLC 的模拟量输入模块。遥控起停的信号送给 PLC 的开关量输入模块。

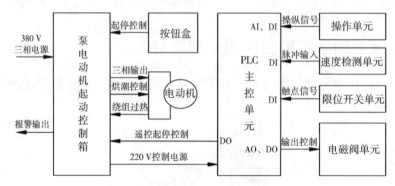

图 5-29 采用 PLC 控制的克令吊电气控制系统框图

4.速度检测单元

设置回转编码器和吊钩编码器,采集吊钩和吊臂的动作速度,其脉冲输出信号送给 PLC 的开关量输入通道。PLC 采集旋转编码器信号,经过 PLC 内部的高速计数模块检测吊钩和吊臂的速度,实现速度的精确调节。

5.限位开关单元

克令吊的限位开关包括:起升上限位、起升下限位、俯仰上限位、俯仰下限位、吊臂搁置限位、吊臂紧急限位、起升钢丝绳松弛限位等。限位开关信号送给 PLC 的开关量输入通道。

6.电磁阀单元

电磁阀单元包括比例电磁阀和开关电磁阀。比例电磁阀控制速度的变化,受 PLC 模拟量输出通道控制。比例电磁阀的控制环节包括左回转、右回转、吊臂上升、吊臂下降、吊钩上升、吊钩下降。开关电磁阀受 PLC 开关量输出通道控制,其控制环节包括吊钩上升停止、吊钩下降停止、左回转停止、右回转停止、吊臂下降停止。电磁阀的动作可最终实现起货机的三个动作和速度的调节。

二、液压起货机的电气管理与维护

液压起货机与电动起货机相比,电动机驱动的是液压油泵,因此一般选用功率相对较大,且可连续运转的单速电动机。由于电动机与油泵、油箱均放置在室内,只要求保持设备设计时的环境条件。由于驱动油泵的电动机为单速且不带制动器,所以管理和维护比较简单,电动机的维修周期也可以适当延长。在日常管理中,要注意检查液位、温度报警设备的整定值。冬天,要经常检查油的加热设备,保持其有效。

1.电气控制箱的管理和维护

大多数液压驱动方式的电气控制系统都采用星–三角降压起动,与电动驱动式的控制系统相比,在管理和维护方面比较简单。

控制箱的检修分为常规检修和大检修两类,常规检修每季度一次,大检修每年一次。常规检修和大检修的具体周期可按船舶航行区域及航线的长短做适当的调整。检修前要注意:必须切断供电电源,严禁带电检修。

常规检修的内容主要包括:清除箱内的尘埃和脏物;检查各电器元件的紧固件是否有松动现象;检查零部件是否有锈蚀现象;检查控制箱的绝缘电阻是否符合技术条件中的规定数据;检查接地装置是否完好,接地螺钉是否有松动;检查接触器、继电器的线路是否有损坏现象;检查接触器是否有异响,如声音太大,应检查可动部分加以矫正等。

大检修除了要完成常规检修项目外,还要完成下列检修项目:清洁各接触器的主触头,更换损坏的动、静主触头;检查和整定热继电器的动作电流值;检查和整定时间继电器的动作时间;检查主令控制机构是否灵活,有无卡阻等。

除了上述的常规检修和大检修以外,日常维护也是很重要的,要检查控制箱外是否有妨碍其正常冷却的其他物体;箱外的温度是否过高;检查传感器、限位开关、编码器等;在工作过程中,如发现异常现象,应立即停车检查,消除事故诱因。

2.油泵、油箱的管理和维护

对液压驱动方式而言,油泵、油箱的管理和养护很重要。日常的管理、养护内容包括:检查吸排压力是否正常;检查运转有无异响;检查各部件有无不正常发热现象;检查液压系统有无泄漏;要保持系统的清洁,做到无油泥、无水分、无锈、无金属屑。换油时必须彻底清洗系统,所加的新油必须经过过滤。此外,还要做好外部及周围环境的清洁工作。

每3个月要对油箱滤器进行清洗。每年的检查内容,除了包括每3个月的检查内容外,还应该根据年检的要求,进行总体检查;要检查安全阀、溢流阀,并进行压力校核。每2年的检查内容,除了包括年度检查维护的内容外,必要时,要对油柜进行清洗;对液压油进行定期取样化验,并根据情况决定是否换新。每5年的特检期,检查维护的内容除了包括每2年检查维护的内容外,还要进行油泵拆检,测量记录,对轴承及轴封、O形圈等进行换新;要清洗油路,对液压油进行换新。

第六节　船舶锚绞机电气系统的维护与检修

锚绞机是船舶甲板机械的重要组成部分,它起到使船舶安全地系泊在码头或停泊在海上的作用,是所有船舶必备的设备之一。

一般来说,锚绞机由锚机和绞缆机两部分组成,通常由两台锚机和若干台绞缆机组成。大多数船舶在船首将锚机和绞缆机置于一起,实现一机两用,而在船尾则设置单独的绞缆机。锚绞机工作情况复杂,要求能够迅速起动、调速、正反转、准确停车等。

一、锚绞机的驱动方式

锚绞机的驱动方式主要分为液压驱动和电动驱动。目前,多数船舶使用液压驱动方式,其控制原理与液压起货机类似。液压驱动系统主要由液压泵站、液压马达、液压操作阀、控制箱、减速箱等组成。因液压系统器件多,不可避免地会存在液压油泄漏,对环境有一定的污染。

电动驱动的锚绞机分为变极调速与变频调速,其不同速度模式应用于不同场合:低速重载应用于破土起锚工况;额定速度、额定载荷应用于收锚工况;高速轻载则应用于快速收缆工况。以前的船舶中多使用主令控制的三速电动机变级调速,它只有三挡速度,不能实现无级调速。

随着变频技术在船舶中的逐步应用,在船舶中已经出现变频控制的锚绞机,它以可编程控制器(PLC)为核心控制器,采用变频器驱动变频电动机。变频电动机驱动锚绞机的原理是改变电动机定子绕组电压的频率,从而实现对锚绞机的变频调速驱动。这种控制方式不仅能实现对交流异步电动机的软起动,减小起动电流对电网的冲击,而且还有人性化的操作界面,能够显示实时参数。

二、变频控制系统的主要组成和功能

1.主要组成

图5-30是变频驱动锚绞机控制系统图,该系统主要包括操作单元、PLC控制单元、变频器、旋转编码器、张力传感器等。

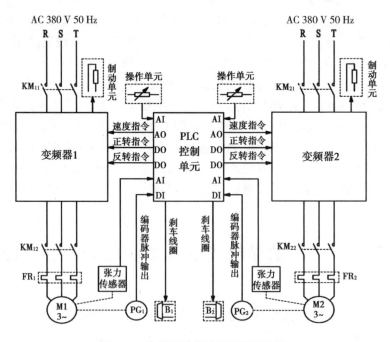

图 5-30　变频驱动锚绞机控制系统图

（1）操作单元：在甲板锚绞机旁设置有操作台，操作手柄及按钮分别用于正反转、速度设定及张力设定，由它发出各种控制命令，实现各种控制功能。

（2）PLC控制单元：整个系统的控制核心，对速度及张力偏差信号进行运算处理，输出送给变频器实施控制。

（3）变频器：用于交流异步电动机变频调速的控制器。通用变频器一般采用保持电压与频率的比值（U/f）恒定来进行变频调速。为了既调速又调压，通用变频器采用脉宽调制方式（简称为PWM），即通过控制变频器内部的逆变器功率开关的通断来获得一组等幅而不等宽的矩形脉冲，改变矩形脉冲的宽度即可改变输出电源的幅值，从而实现调速。正弦波PWM控制变频器可以实现3倍额定转速内的无级变速，变速范围明显加大，减速时的逆功率由变频器配套的电阻器消耗掉，避免电动机过热。加速和减速时，扭矩限制在150%范围内。为减轻机械振动，停机时，电机转速降低直到低频1Hz运行，并且可以轻易实现自动系缆功能。加速和减速时间及最高转速都是可调的，从停机到额定转速均可得到全额定扭矩。从额定转速到最高转速，扭矩减小，电功机运行在恒负荷（松绳）状态，扭矩的减小与转速的平方成正比。

（4）旋转编码器：用来检测电动机的转速脉冲，将此信号送给PLC的输入通道，通过PLC的高速计数器得到电动机的实际转速。

（5）张力传感器：用来检测实时缆绳张力信息，送给PLC的模拟量输入通道。张力传感器常用应变式传感器，应变式传感器是利用电阻应变效应制成的传感器。

（6）变频电动机以及锚绞机驱动主轴：用来驱动锚绞机，在变频电动机中必须设置电磁刹车装置，以保证操作安全。

2.变频调速原理

操作单元的操纵手柄联动速度指令发送电位器，送给PLC的模拟量输入通道。编码器检测变频电动机的实际速度。PLC单元处理速度指令与实际转速后，给出正反转和速度信号，再传给变频器。变频器根据速度指令改变变频电动机的输入频率，从而调节变频电动机的输出转速，对锚绞机驱动主轴进行无级调速。

3.恒张力控制

锚绞机恒张力的本质是绞车由于突然受到外力（风、浪、流）作用的影响，缆绳上的张力变化，造成缆绳在张力过大时会被扯断，或者张力太小时影响船舶移位。恒张力控制的作用就是使绞车根据缆绳的张力自动地进行收缆和放缆操作，减小人为收放缆的不可靠性，同时也减轻了值班人员的工作量。

要实现恒张力控制，必须在变频电动机轴上安装张力传感器，实时检测缆绳张力，张力信号送给PLC，PLC将检测到的张力与预设值进行比较，当差值超过许可范围时调整缆绳松紧，维持缆绳张力在设定范围内。

在锚绞机旁的操作台有启动恒张力控制的按钮和张力预设值的选择开关。根据工况需要，张力预设值被分为若干挡位。在缆绳已有一定张力后，切换自张紧挡位开关，选择预设张力，即启动自张紧模式。

当实际张力高于预设张力并达到一定差值时，绞车起动放缆，通过释放缆绳来减小张力，当张力减小预设值时，绞车停止；同样，当实际张力相比于预设值过小时，绞车收缆，增大张力，在达到预设值后停止。绞车处于自张紧模式下，实际张力会在预设值上下的一定合理范围内变化，既保持了张力的平稳，又保证电动机不用频繁起动，从而提高能效。

三、锚机、绞缆机电气控制系统常见故障

系统在运行过程中,除了在电气方面可能发生故障外,在机械方面也可能出现故障,在此以图 5-31 所示的国产交流三速电动锚机电气控制线路为例,简述在电气方面可能发生的故障。

1.电动锚机温升过高

电动锚机温升过高的主要原因有以下几点:

(1)工作条件恶劣;

(2)操作频繁;

(3)起动电流大;

(4)高速制动。

在电动机发热严重时,热继电器 1RJ、2RJ 动作,保护电动机,但有时需要应急起锚,所以系统设置了紧急开关 AN,按下 AN 可以强制起锚。

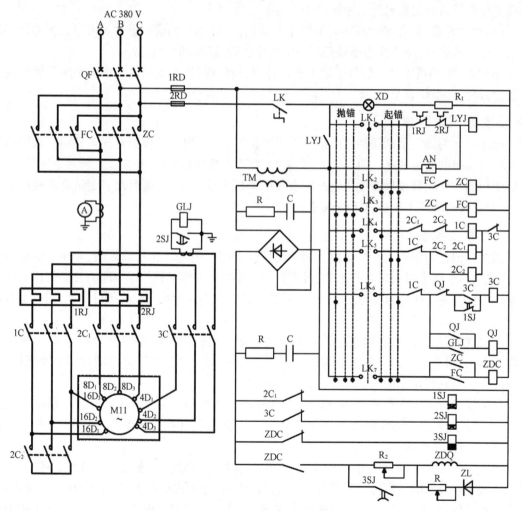

图 5-31　国产交流三速电动锚机电气控制线路图

2.系统高速上不去

出现这种故障常常是因为过电流继电器 GLJ 误动作或主令控制器的触点及继电接触器的触点接触不良。另外,如果时间继电器 2SJ 延时时间整定得过短,过流保护太早接入,在起动时也不能上高速。

3.电磁制动器失灵

如果起动后又立即抱闸,说明电磁制动器线圈回路发生断路,应检查经济电阻是否烧断,接触器的触点是否接触不良。如果接触器 ZDC 吸合,刹车还打不开,应检查时间继电器 3SJ 是否正常动作。手柄在零位时,3SJ 应该吸合,若 3SJ 正常动作,就应检查机械传动装置是否损坏。

第七节　船舶舵机电气系统的维护与检修

舵机是用于控制和操纵舵叶偏转的重要机械设备。船舶能安全顺利地航行,并且迅速地到达目的地或预定的泊位,除依靠主机的推进外,其自身还必须具有良好的操纵性能,即按驾驶人员的意图保持或改变航向的能力。

一、舵机驱动方式

舵机驱动方式主要分为电动机械传动和电动液压传动两类。电动机械舵机的舵叶偏转方向(左舵、右舵)和调速是由电动机控制的,因此对电动机及其控制系统有一定的要求;而对于电动液压舵机,舵叶偏转方向(左舵、右舵)和调速是由油泵或油路控制的,对拖动油泵的电动机没有特殊要求。在使用交流电的船舶中,一般使用鼠笼式异步电动机,在整个航行期间,电动机连续工作。目前在船上已经基本不使用电动机械舵机。

二、舵机控制系统的基本技术要求

舵机是保持或改变船舶航向,保证安全航行的重要设备,一旦失灵,船即会失去控制,甚至发生事故。因此,根据我国《钢质海船入级规范》和《国际海上人命安全公约》(简称 SOLAS 公约)的规定,对从事国际航行的 500 总吨以上的货船或仅从事非国际沿海航行的 1 600 总吨以上的货船的舵机提出了明确的要求,要求舵机必须具有足够的转舵扭矩和转舵速度,并且在某一部分发生故障时,应能迅速采取替代措施,以确保操舵能力。舵机控制系统的基本技术要求如下:

1.在供电方面

舵机控制系统一般均设置两套转舵动力机械,系统供电应由配电板从左、右两舷分两路独立馈电,馈电线尽可能远离,分开敷设。其中一路需经应急配电板供电。驾驶室内的操舵装置应与舵机舱内的操舵装置使用同一电源。

2.在拖动方面

拖动系统的起动装置与电动机共有两套。每套起动控制箱分别起动一台电动机。电动机的起停应能分别在驾驶室和舵机舱两地控制。

对于电动机械舵机,电动机应具有软的机械特性,具备足够大的过载能力,并能在要求的转矩下堵转1 min,应选用重复短时工作制的电动机;对于电动液压舵机,电动机使用普通的鼠笼式异步电动机。为保证电动液压舵机系统可靠工作,油泵电动机组应采用双机系统。各机组可各自单独运行,也可双机同时运行。一机组发生故障时,另一机组应能投入运行。

3.在操舵方面

要求船舶在最大航海吃水和最大航速前进时,不仅能将舵转至最大角度(35°),并且有足够的转动速度。对海船而言,要求自一舷的35°转至另一舷的30°所需时间不超过28 s。

4.在控制、监测和报警方面

图5-32是操舵仪实物图,舵机控制一般在驾驶台设置有应急操舵、随动操舵和自动操舵三种控制方式,通过转换开关进行手动切换。应急操舵控制可在舵机舱完成。应设置舵叶偏转极限位置(左、右35°)开关、电源失压报警、电源缺相报警、液压油低位报警、电动机过载声光报警等。采用自动操舵方式时,应设有航向超过允许偏差的自动报警装置。

图 5-32　操舵仪实物图

三、舵机控制系统的维护

1.开航备车时对舵

对舵时应注意以下各项:

(1)检查操舵台上的控制开关、按钮、指示灯及失压过载报警、声光信号等装置,是否完整有效。

(2)观察两舷供电转换使用情况,并用应急电源在驾驶室和舵机舱分别试操。

(3)用各种操舵方式在各操作台进行操试,检查应急舵操纵是否有效;观察两套机组工作是否正常,切换是否可靠,控制系统工作是否正常,舵机的机械传动部分是否灵活可靠。

(4)自动舵系统不应有跑舵、冲舵、不回舵及振荡等现象。

（5）检查操舵仪、舵角指示器的指示舵角与舵叶实际偏转角度的偏差，在正航时，偏差应为0°；在大舵角下，偏差应不大于2°。

（6）复查舵从一舷35°转至另一舷30°所需时间是否符合规定。同时，检查舵叶偏转速度是否均匀，转舵时有无异常声音、异常现象等。

2.航行期间的巡视检查

巡视检查应包括下列内容：

（1）查看机组的运行情况，电动机运转的声音、温升。

（2）检查电磁阀、伺服电机、限位开关等动作是否可靠。

（3）观察各仪表、机组运行指示器、舵角指示器等装置的工作是否正常。

（4）有两套舵机拖动控制系统的船舶，应定期轮换使用。

3.舵机日常维护的主要内容

舵机日常维护应包括下列内容：

（1）对油泵电动机的维护与一般电动机相同。

（2）两台机组和起动箱应轮流使用，其运行时间应基本相同。

（3）经常检查各连接件有无松动或脱落等现象。

（4）具有互为备用的双通道系统的印刷电路板应经常互换使用，以保证其工作性能不变。备用印刷电路板和元件应密封或干燥保存。

四、电动液压舵机电气系统调试

调试分为应急操舵、随动操舵和自动操舵三个阶段。在做应急操舵调试前，应先检查油泵电动机控制箱。在转换开关"手动"位置上起动电动机，一切运行正常后，再开始调试应急操舵。

1.应急操舵调试

应急操舵调试时，把操舵选择开关置于"手动"操舵位置，起动油泵机组，观察到油泵和控制箱工作正常时，方能进行应急操舵调试。

在舵机舱操作舵机，检查舵叶偏转方向是否与操作指令一致，机械传动装置动作是否灵活，舵角指示器是否能准确反映实际舵角；检查限位开关动作是否准确，限位开关位置应能使舵叶停在左、右35°处，若误差过大，应予调整。

进行满舵操作试验：从0°向左和从0°向右均至满舵，再从右满舵到左满舵及左满舵到右满舵，这时舵叶的偏转应符合技术规范的要求，从一舷满舵到另一舷30°所用的时间不大于28 s。

在舵机舱调试完成后，即可进行驾驶室应急操舵调试。合好相应开关，核对舵角指示器工作正常无误后，按上述相同步骤进行应急操舵调试。

2.随动操舵调试

把转换开关扳向"随动"操舵位置，转动随动操舵手轮，先做小角度随动操舵。检查偏舵方向是否与手轮转动方向一致，舵角指示器指示舵角与实际舵叶偏转角度是否相等，反馈信号是否正确等。然后做大角度操舵。偏舵情况的检查与应急操舵一样。

如果发现系统不工作或跟踪角度不对等现象，可以把反馈装置（自整角机或电位器等）从舵机上拆下,在驾驶室内与操舵仪直接相连,可控硅或继电器输出处可接指示灯作负载。当手轮转某角度时指示灯亮,再用手拨自整角机转子或电位器到相应角度,直到指示灯灭,说明故障不在操舵仪,而在系统中其他元件或电路中。若指示灯亮灭混乱,说明操舵仪有故障。

操舵仪有故障时,可通过更换印刷电路板来判断故障部位。若其他部分有故障,可按控制线路故障检查法进行检查。正常后再继续调试随动操舵。

随动操舵调试中尚需检查系统有无振荡,实际舵角与舵角指示器指示舵角的误差等。

3. 自动操舵调试

系泊预调:用随动操舵使舵叶置于零位,使舵叶处于艏艉线上,将压舵旋钮置于零位,灵敏度调节(即天气调节)选择"一般"位置(灵敏度不可过高),选择开关扳向"自动"位置。转动压舵旋钮或航向改变旋钮,舵叶应偏转至给定角度。调节舵角比例调整旋钮,对应一定偏航角,偏舵角应按比例变化。

航行调试:预调结束后尚需进行航行调试,航行调试中要进行航向改变、航向稳定性、反舵角、压舵等试验,其指标可按技术要求检查。

复习思考题

5-1 叙述泵自动切换控制系统的基本功能。

5-2 如图 5-5、图 5-6、图 5-7 所示线路图(电动机单向自锁连续控制、正反转起动控制或星–三角降压起动控制),指出各元器件在控制箱内的实际位置。

5-3 叙述磁力起动自锁连续控制线路的装配、调试方法。

5-4 叙述三相异步电动机直接起动控制电路中每个电器的功能,熟练连接线路并调试。

5-5 叙述三相异步电动机星–三角降压起动控制电路中每个电器的功能,熟练连接线路并调试。

5-6 叙述使用 PLC 控制电动机起停的控制原理,熟练连接线路、编程并调试。

5-7 叙述三相异步电动机变频起动控制电路中每个电器的功能,熟练连接线路并调试。

5-8 叙述三相异步电动机触摸屏起动控制电路中每个电器的功能,熟练连接线路并调试。

5-9 叙述船用电气控制箱的维护与保养内容。

5-10 叙述电动机起动控制箱中出现电气元件故障(如断路器、电动机、继电器、接触器等)的故障诊断方法。

5-11 在异步电动机起动控制箱中,根据故障现象判断故障性质和故障可能存在的环节。

5-12 叙述电压测量法的正确操作方法,运用电压测量法寻找故障点,并排除故障。

5-13 叙述电阻测量法的正确操作方法,运用断电查线法寻找故障点,并排除故障。

5-14 叙述电动机起动控制箱中出现断线、短路或接地故障的故障诊断方法。

5-15 叙述甲板机械电气控制的常见故障及处理方法(以交流三速锚绞机为例)。

5-16 叙述舵机系统的自动控制、监控和报警方面的要求。

船舶低压电站的管理与维护

船舶电力系统在电站容量、连接方式、电压等级、送变电装置等方面都与陆地电力系统有很大的差别。船舶电站(包括电源装置和配电装置)是船舶电力系统的核心,其运行状态的好坏直接关系到船舶的安全。随着船舶自动化的程度越来越高,船舶电站的重要性尤为突出。

本章主要介绍:船舶电站概述及分类,船舶电源的维护管理,船舶配电装置的维护管理,自动电压调整器的维护管理,船舶发电机并联运行及其故障分析,发电机的保护及动作判别,主汇流排失电的故障分析及处理方法,船舶电站自动化操作及常见故障分析。

第一节　船舶电站概述及分类

船舶电站是供给辅助机械及全船所需电能的设备,它由发电机组(包括原动机、发电机和附属设备)或蓄电池组、配电板组成,是船舶电力系统的核心部分。

发电机组是把机械能等其他形式的能量转化为电能的装置,通过配电板来进行控制及分配。船上常用的发电机组是柴油发电机组,主发电机不能供电时由应急发电机组或蓄电池组向船舶重要航行设备和应急照明系统供电。

配电板是对电源和负荷进行分配、监视、测量、保护、转换、控制的装置,可分为主配电板、分配电板(动力、照明分配电板)、应急配电板、蓄电池充放电板及岸电箱。

第二节　船舶电源的维护管理

船舶电源有主电源和应急电源之分。主电源由主发电机组组成,而应急电源又分为大应急电源和小应急(临时应急)电源。大应急电源一般也由发电机组组成,小应急(临时应急)电源则由蓄电池组组成。

一、船舶发电机组的技术要求

中华人民共和国《钢质海船入级规范》对船舶发电机组的技术要求如下：

（1）发电机组的台数与容量必须满足各种工况对电站容量的要求，而且要使每台机组的功率得到充分利用。

（2）主电源至少由两台发电机组组成，以便交替使用、维护和检修。另外，还需备有应急电源。

（3）发电机组的台数和容量，应能满足在任一发电机组停止工作时，仍能继续对正常航行、船舶安全以及所必需的设备供电。同时，最低居住条件也应得到保证，至少应包括适当的炊事、取暖、食品冷冻、机械通风、卫生和淡水等设备的供电。

（4）如船舶推进和操纵必须依靠主电源，则船舶推进、操舵和保证船舶安全所必需设备的供电连续性，应符合下列要求：

①在正常发电机供电的情况下，应设有包括可将非重要设备自动卸去，必要时也可将保证居住条件的设备和次重要设备自动卸去等保护措施，保持对推进、操舵、保证船舶安全所必需设备的供电。

②在正常由一台发电机供电的情况下，应提供措施，以能在失电后自动起动备用发电机，并自动连接至主配电板。该备用发电机应具有足够的容量，以保证重要辅助设备的自动起动或自动顺序起动。备用发电机应尽快自动起动并连接至主配电板，最好在失电后 30 s 内完成，最长不超过 45 s。

（5）发电机组应配置相应的调压及调速装置，使电网电压、频率稳定在一定范围之内。

（6）应具有各种保护环节，以便及时切除各种故障，保护发电机组，使整个电网能持续稳定运行。

（7）设置各种检测仪表和信号指示装置，以便及时反映发电机组运行情况。

二、船舶主发电机组的日常维护与保养

船舶主发电机组按原动机的类型可分为柴油发电机组、轴带发电机组、汽轮发电机组、核发电机组，远洋船舶主要采用前两种发电机组。

1.一般维护项目

（1）为保证发电机正常工作，在它附近不应有水、油及污物堆积，不能有腐蚀性气体，以免损坏发电机绕组绝缘。

（2）在防潮、防尘的同时，要注意不能影响发电机的正常通风冷却。要经常清洁通风孔道内的灰尘污物，保持畅通无阻。冷却空气的温度不得过低，以免绕组及其他导电器件上凝结水珠。

2.发电机轴承的维护与保养项目

（1）在油环润滑的滑动轴承中，轴承的油量应一定。一般不在运行时注油，油面应在规定液面下。轴承不应甩油，以免溅到绕组上。

（2）润滑油需定期取出样品检查，若油色变暗、混浊、有水或污物时，应予更换。轴承发热时,应更换新油,一般每隔 250~400 工作小时应换油一次,至少每半年更换一次。换油时,应先用轻柴油洗净轴承后,才可注入新润滑油。

(3)采用滚珠或滚柱轴承的发电机,在运行约 2 000 h 后,即需更换润滑脂一次。轴承用于灰尘多而又潮湿的环境中时,应根据情况经常更换润滑脂。

(4)在起动长期停用的发电机组前,如装有滚动轴承,必须先检查其润滑状态。若原有润滑脂已脏或已经硬化变质,必须先将轴承冲洗干净,再用汽油清洗,最后填入清洁的润滑脂。填入量为轴承室空间的 2/3,不可填入过多。

(5)正式运转前应进行试车,使发电机空转,达到额定转速后再停机检查转向、振动情况、轴承温度等是否符合要求。

三、船舶应急电源

当主电源因故不能继续正常供电时,可以由应急电源立即向船上一部分用以保证船舶安全的用电设备继续供电。

应急电源可采用发电机组和蓄电池组。当应急电源为发电机组时,可设置作为临时应急电源用的蓄电池组。这是考虑到应急发电机组因故不能供电或在起动过程,即应急发电机还来不及供电时,用来保证最必需的用电设备(如通信和照明)而设置的。前者称为大应急电源,后者称为小应急电源。

应急电源和主电源之间应有一定的电气联锁环节。其工作流程如下:

(1)当主发电机正常供电时,应急发电机不工作,主汇流排与应急汇流排之间的联络开关(联络开关大多采用配上电动合闸操作机构的塑壳式空气断路器)自动闭合,应急汇流排由主汇流排供电。

(2)当主汇流排失电时,失电监测继电器失电,如果有小应急电源,其常闭触点控制蓄电池立即投入工作,供应急照明及通信使用(供电时间不少于 30 min);同时,自动断开主汇流排与应急汇流排之间的联络开关,并发出应急发电机起动信号。

(3)在主汇流排失电后经延时确认,应急发电机组自动起动,建立电压后应急发电机供电开关自动合闸向应急汇流排供电(最长不超过 45 s)。

(4)主汇流排恢复供电后,自动断开应急发电机供电开关,使应急汇流排失电;同时,联络开关自动闭合,恢复正常供电,应急发电机可自动停车。

四、蓄电池

船用蓄电池有酸性(铅)蓄电池和碱性(铁镍、铬镍)蓄电池两种,船舶采用酸性蓄电池的较多。

1.酸性蓄电池的结构和工作原理

酸性蓄电池主要由容器、极板、隔板三部分构成,图 6-1 是开口式酸性蓄电池结构图。容器的作用是盛贮电解液和支撑极板,极板有正极板和负极板两种,正极板是二氧化铅(PbO_2),负极板是海绵状铅(Pb)。隔板使正、负两块极板互相绝缘,其上有小孔,以利于电解液流通。

酸性蓄电池是利用铅、二氧化铅和硫酸的化学反应来储存和释放电能的装置。

蓄电池放电时会产生水,电解液相对密度减小;充电时生成硫酸,电解液相对密度增大。

113

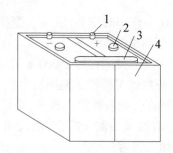

图 6-1　开口式酸性蓄电池结构图
1—电极桩头;2—透气塞;3—连接条;4—容器

根据这个原理,可以用密度计来测量电解液的相对密度,以此判断蓄电池的充、放电情况,也可以估计酸性蓄电池电动势的大小。蓄电池的电动势与电解液相对密度有关,相对密度大,电动势也高。

一个充足了电的酸性蓄电池,连续向外输出恒定的电流,从放电开始一直到放电终了,电流与放电时间的乘积称为酸性蓄电池的容量,单位是安培小时(Ah),简称安时。例如 6-Q-182 酸性蓄电池,表示它的额定容量是 182 Ah,即以 18.2 A 的电流放电,可连续使用 10 h。

目前在船舶中已越来越多地采用免维护酸性蓄电池(全称为阀控式铅酸蓄电池)。阀控是指酸性蓄电池盖子上设有单向排气阀(也叫安全阀),其作用是当酸性蓄电池内部气体压力达到一定值时,排气阀自动打开排出气体,然后自动关闭,防止空气进入电池内部。相比于开口式酸性蓄电池,免维护酸性蓄电池的基本特点是使用期间不用加酸、加水维护,电池为密封结构,不会漏酸,也不会排酸雾,减少了频繁维护的工作,既减小了工作量,又大大降低了危险系数。

免维护酸性蓄电池,并非可以完全放任不管,还是要定期地进行维护保养,保证酸性蓄电池处于最佳的工作状态。

在性能上,免维护酸性蓄电池与开口式酸性蓄电池相比没有太大的差别,前者性能要好一些。但免维护酸性蓄电池对温度比较敏感,一般不建议在超过 25 ℃ 的环境下使用,否则电池的使用寿命会大大缩短;而开口式酸性蓄电池对温度不是很敏感。

2.酸性蓄电池充、放电状态的检查方法

酸性蓄电池充、放电是否终了可根据电解液的相对密度或酸性蓄电池的电压进行判断:

(1)电解液的相对密度变化

当酸性蓄电池充电到电解液的相对密度为 1.275~1.31 时,酸性蓄电池已被"充足"。

放电时,酸性蓄电池放电到电解液的相对密度为 1.13~1.18 时,酸性蓄电池的电能已经"放完"。

(2)酸性蓄电池电压的变化

当酸性蓄电池充电电压升高到 2.6 V 左右,并一直维持不变时,酸性蓄电池已经"充足"。

放电时,酸性蓄电池电压降低到 1.8 V 后,这时酸性蓄电池已经"放完",不可继续放电。

3.酸性蓄电池电解液的配制

酸性蓄电池的电解液是用蒸馏水稀释浓硫酸配制而成的。由于硫酸的吸水能力很强,氧化非常剧烈,人体、衣服以及铜、锌等金属和它接触,都会被腐蚀。因此,操作时,必须戴防护眼镜和胶皮手套,以免硫酸溅到皮肤或眼睛上。

浓硫酸的相对密度为 1.835~1.84,而酸性蓄电池电解液的相对密度为 1.285 左右。在将浓硫酸和蒸馏水混合,配制成所需的稀硫酸时,只可将硫酸缓慢倒入水中搅拌,绝对不能将水倒入浓硫酸中,否则将会引起硫酸液面发生爆溅,甚至使容器炸碎,产生严重后果。硫酸在稀释过程中会放出热量,使电解液温度升高,为防止损坏酸性蓄电池极板和隔板,必须将配制好的电解液冷却到 30 ℃以下才允许注入酸性蓄电池内。

测量液体相对密度的工具叫作密度计。在配制电解液和检查酸性蓄电池充放电状态时,均要用到它,它的结构如图 6-2 所示。

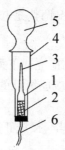

图 6-2 密度计

1、4—玻璃管;2—小铅粒或水银;3—刻度;5—橡皮球;6—橡皮管

一般酸性蓄电池中的电解液只高出极板顶部 10~15 mm,不能使密度计浮起,因此需将密度计放在玻璃管中,用时先捏紧橡皮球,把玻璃管中的空气挤掉。然后把橡皮管伸入酸性蓄电池盖的圆孔中,放松橡皮球,将电解液吸入吸管中,于是玻璃管中的密度计就按电解液的相对密度浮起。测量好后,将吸管中的电解液重新注入酸性蓄电池中。

4.酸性蓄电池的维护保养

(1)酸性蓄电池维护的周期、内容与要求

①每 10 天要检查一次电压、电解液的相对密度及高度,并做好记录。如果低于规定值,应及时补充蒸馏水后进行充电,然后清洁表面。

②不经常使用的酸性蓄电池,每月至少要检查一次,并进行补充电。

③酸性蓄电池表面,每 3 个月进行一次彻底清洁。清洁时先用温水擦除接头处的氧化物,然后再涂上牛油或凡士林,防止氧化。

(2)酸性蓄电池维护、保养的注意事项

①注意保持酸性蓄电池表面及整体清洁。

②注意盖好注液孔的上盖,必须保持通气孔的畅通。

③应及时进行充电。

④酸性蓄电池室内严禁烟火。

(3)酸性蓄电池的过充电

酸性蓄电池在使用过程中往往因长期充电不足、过放电或外部短路等而使极板硫化,从而使充电电压和电解液相对密度都不容易上升。为了使酸性蓄电池良好运行,在下列情况下必须进行过充电:

①酸性蓄电池放电到极限电压以下。

②酸性蓄电池放电后,停放 1~2 天没有及时充电。

③酸性蓄电池极板抽出过。

④以最大电流放电超过限度。

⑤电解液内混有杂质。

⑥个别电池极板硫化,充电时相对密度不易上升。

五、充放电板与蓄电池试验

充放电板和酸性蓄电池在船上作为一个系统一起进行试验。在充放电板上,可以观察到充电电压和电流,并随时可以根据实际情况调整充电的电压和电流。

1.试验前应具备的条件

在对充放电板和酸性蓄电池检验以前应完成下列工作:

(1)充放电板和酸性蓄电池应具有相应船级社的产品质量证书。酸性蓄电池必须有充电记录。

(2)充放电板和酸性蓄电池组安装完毕、接线正确、接地良好,充放电板上的各类指示仪表均经校准有效。

(3)与充放电板联锁的设备均能正常工作,以保证试验正常进行。

(4)准备好试验所需的检测工具:兆欧表、密度计、万用表。

2.试验方法和要求

(1)测量充放电板的绝缘电阻值。用500 V兆欧表测量,其绝缘电阻值应不小于1 $M\Omega$。

(2)检查充放电板的安全保护装置。检查保护装置动作的正确性和声光报警、延伸报警的可靠性。检查的内容包括:过载保护及报警、短路保护及报警、逆流报警、断相报警、失电报警及充放电板绝缘低报警,报警一般要求延伸到集控室。上述报警也可以用综合报警点的形式反映出来。

(3)检查充电情况。充电是使酸性蓄电池保持可用状态的唯一措施,充电电压和充电电流的大小与酸性蓄电池的工作情况有直接关系,所以要求充电电压和充电电流均应能手动调节。

(4)检查放电情况。在开始放电的时候,检查和记录放电电压、酸性蓄电池相对密度和放电电流。放电半小时后,重新测量酸性蓄电池电压、酸性蓄电池相对密度和放电电流。

(5)检查酸性蓄电池的自动放电装置是否能在充电或不充电的任一状态下,均能随时自动向应急电路供电。

(6)试验结束时,测量充放电板的热态绝缘电阻值,应不小于1 $M\Omega$。

第三节 船舶配电装置的维护管理

船舶配电装置是对电能进行集中控制和分配的一种装置,按其用途的不同可分为:主配电板、应急配电板、充放电板、岸电箱、分配电板。图6-3是主配电板实物图。

图 6-3　主配电板实物图

一、船舶配电装置的组成及基本功能

（一）主配电板的组成

主配电板是电站电能集中和分配的控制中心，它的主要功能如下：

（1）接通或断开电路。

（2）保护装置按要求动作并报警。

（3）检测和显示各电气参数。

（4）能对电站的电压、频率及并联运行的发电机组的有功功率、无功功率进行调节。

（5）对电路的工作状态进行信号显示。

（二）配电装置中的常用电器及测量仪表

为了控制、分配、保护、测量和调整发电机及负载的需要，配电装置上装有不同用途的控制、保护和测量用的电气设备，常用的电器有框架式空气断路器、塑壳式空气断路器、万能式转换开关、励磁变阻器、地气灯、岸电装置等，常用的测量仪表有电压表、电流表、频率表、功率表、功率因数表、配电板式兆欧表等。

1.框架式空气断路器（ACB）

框架式空气断路器又称为万能式空气断路器，在船舶中一般用作主发电机的供电开关（简称主开关），在电站中是一个重要电器。发电机与主汇流排的接通与断开以及发电机保护主要由主开关来完成。

船舶电站中主开关的型号有国产的 DW914、DW95、DW98 型，日本 TERASAKI（寺崎电气）公司生产的 AME、AT、AR 型，以及施耐德、西门子、现代、三菱等公司的产品。

（1）框架式空气断路器的结构和工作原理

框架式空气断路器主要由储能机构、操作机构、自由脱扣机构、传动机构、触头系统、灭弧装置、合闸装置、分合闸按钮及状态指示、脱扣器（过电流脱扣器、欠压脱扣器、分励脱扣器等）等组成。图 6-4 是框架式空气断路器的脱扣器原理示意图。

框架式空气断路器既是开关电器，也是保护电器。其储能机构的作用是将合闸弹簧进行

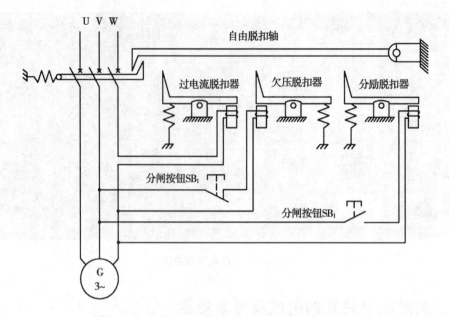

图6-4　框架式空气断路器的脱扣器原理示意图

拉升,把能量储存在弹簧中,为合闸做好准备。触头系统由传动机构带动,正常时由操作机构控制自由脱扣机构的状态,并经过锁扣机构的保持,然后由传动机构改变触头系统的通断状态。不正常运行或遥控分闸时由过电流脱扣器、欠压脱扣器和分励脱扣器等改变自由脱扣机构的状态,同时解除锁扣机构的保持作用,通过传动机构断开主触头并使辅助触头状态相应改变。主触头断开时会产生电弧,灭弧装置的作用是保护主触头,减小电弧灼伤。

框架式空气断路器可分为固定式和抽屉式两种,在远洋船舶中大多数使用抽屉式空气断路器。图6-5是施耐德MT型抽屉式空气断路器的结构图。

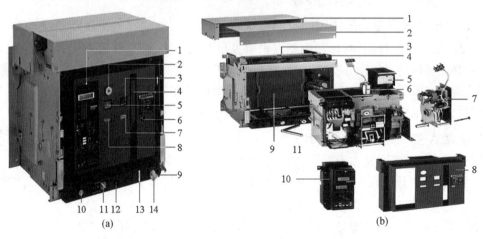

图6-5　施耐德MT型抽屉式空气断路器的结构图

图(a)中:1—故障跳闸指示器/断路器复位按钮;2—"分断"位置锁定;3—合闸按钮;4—手动储能手柄;5—分闸按钮;6—操作计数器;7—储能状态指示;8—主触头状态指示;9—柜门联锁;10—摇把存放孔;11—运行、试验、推出位置指示;12—摇把插入孔;13—运行、试验、推出位置的挂锁装置;14—运行、试验、推出位置的锁定装置

图(b)中:1—灭弧罩盖;2—辅助端子盖;3—辅助端子排;4—固定框架;5—灭弧栅;6—欠压线圈、合闸线圈、分励线圈;7—电动储能机构;8—前面板;9—安全挡板;10—智能过电流脱扣器(电子式);11—摇把

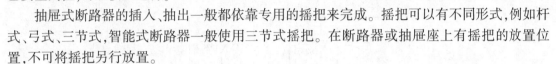

（2）抽屉式空气断路器的插入和抽出

使用抽屉式空气断路器的原因是日常检查、维护与更换方便。断路器有三个位置,分别是"运行"、"试验"和"推出"。在"运行"位置时,断路器与主电路和控制电路均可靠接通;在"试验"位置时,断路器与主电路断开,与控制电路仍接通,可以很方便地进行分合闸等操作功能试验;在"推出"位置时,断路器与主电路和控制电路均断开,此时可以将断路器本体取下。断路器达到每个位置时都有明确的指示,特别是当断路器摇入达到"运行"位置时,除有明确指示外,还有明确的信息,例如"咔嚓"声响,以提示操作人员,断路器已安全到位,可以投入运行。

抽屉式断路器的插入、抽出一般都依靠专用的摇把来完成。摇把可以有不同形式,例如杆式、弓式、三节式,智能式断路器一般使用三节式摇把。在断路器或抽屉座上有摇把的放置位置,不可将摇把另行放置。

①断路器本体插入操作步骤

第一步:将抽出导轨拉出。

第二步:将断路器本体放置在导轨上,注意断路器两凸出支架座应卡入导轨凹入处。

第三步:将断路器本体向内推入,直至不能推动为止。

第四步:从摇把存放孔抽出摇把,将其插入摇把插入孔内,解除联锁。

第五步:顺时针转动摇把,直至位置指示器转至"运行"位置,并能听见抽屉座两侧有"咔嚓"声,拉出摇把并放入原位。

②断路器本体抽出操作步骤

第一步:从摇把存放孔抽出摇把,将其插入摇把插入孔内,解除联锁,向逆时针方向摇动摇把,将断路器本体从"运行"位置移动至"试验"位置直至"推出"位置。

第二步:拉出摇把并放入原位。

第三步:将抽出导轨拉出。

第四步:将断路器本体拉出,拉出断路器本体时,由于重心前移,要注意防止断路器倾倒及跌落。

第五步:将断路器本体从抽屉内取出,然后将抽出导轨推回原处。

（3）框架式空气断路器的操作及功能测试

框架式空气断路器在合闸前,必须储能,将合闸弹簧进行拉升,把能量储存在弹簧中,为合闸做好准备。

①储能操作

手动储能:

手动储能时将储能手柄上下反复扳动适当次数(6~7次),当手感觉不到反力时储能完成,"储能、释能"指示器在"储能"位置。

电动储能:

控制电路通电后,如未储能,则储能电机自动得电完成储能。

②分合闸操作

手动分合闸操作:

当断路器处于储能、断开状态时,按下断路器本体上的"合闸"按钮,断路器合闸,"分闸、合闸"指示器转换到合闸指示,"储能、释能"指示器由"储能"状态转换到"释能"状态。如控制电路有电,则自动再次储能;当断路器处于闭合状态时,按下断路器本体上的"分闸"按钮,断路器即分闸,"分闸、合闸"指示器转换到分闸指示。

电动分合闸操作:

当断路器处于储能、断开状态时,按下控制屏上的"合闸"按钮,合闸线圈得电使断路器合闸;当断路器处于闭合状态时,按下控制屏上的"分闸"按钮,分励线圈得电使断路器分闸。

(4)MN 欠压线圈、XF 合闸线圈、MX 分励线圈的控制电路和安装

图 6-6 是某船舶发电机主开关控制电路图(部分),其中:MN 是欠压线圈;MX 是分励线圈;XF 是合闸线圈;M 是储能电机;触点 S52X 由岸电供电开关控制;触点 152TX、152TY 控制分闸;触点 152CX 控制合闸;ACB₁ 是主开关内部辅助常闭触点;触点 CH 在储能完毕后自动断开。

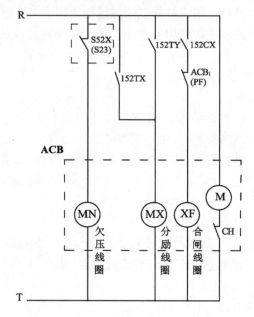

图 6-6　发电机主开关控制电路图(部分)

①岸电供电开关合闸时,其岸电互锁功能实现:S52X 由岸电供电开关控制,该处实现岸电互锁功能,岸电供电开关闭合时,使船电主开关欠压线圈 MN 失电,主开关无法合闸。

②发电机运行时,MN、MX、XF、M 动作情况分析:发电机运行起压后,欠压线圈 MN 得电,为合闸做好准备;MX、XF 不得电;如主开关未储能,则触点 CH 闭合,M 得电储能,储能完毕后使触点 CH 断开,M 失电。

③主开关合闸后,合闸线圈状态分析:合闸成功后,由于主开关辅助触点 ACB₁ 断开,所以合闸线圈失电。

安装 MN、XF、MX 线圈时,先将抽屉式断路器摇到"推出"位置,使断路器与主电路和辅助电路均脱开。按下断路器本体的合闸按钮,断路器储能释放合闸但合不上,此时断路器处于分闸且未储能的状态。取下断路器前面盖,找到位于合闸按钮上侧的金属三脚架,架上标有 XF、MN、MX,将线圈固定上去,接好二次线,安装完成。

要注意的是:如果将欠压脱扣线圈 MN 取下,则在断路器未通电情况下也能手动储能合闸。

(5)框架式空气断路器的维护内容

框架式空气断路器的维护内容主要包括:

检查各连接部位的紧固件、软连接;清洁电磁铁机构工作面;操作、传动机构部分定期进行

功能性检查、清洁、加润滑油(如需要);定期清除断路器内和灭弧室内的灰尘与异物;开关触头定期清理或更换;断路器主接线检查、上导电脂;定期检查脱扣器的过载长延时、短延时、瞬时动作电流整定值、延时时间等。

(6)框架式空气断路器主要故障的判断及排除方法

框架式空气断路器的主要故障有不能合闸、误跳闸、分闸时无法脱扣。

①故障现象1:不能合闸

a.故障原因1:欠压脱扣器不能正常吸合

故障排查方法:检查断路器内是否装配有欠压线圈,若有,检测欠压线圈两端电压是否正常。若电压正常,检查线圈是否开路,接线柱是否松脱,脱扣器反力弹簧拉力是否正常,机械机构是否卡死;若电压不正常,则应检测欠压线圈电路,检查所串电阻(若有)。检查熔断器是否烧断,接线柱是否松脱等。检查分闸按钮、岸电互锁触点等是否故障。

b.故障原因2:储能装置故障

故障排查方法:试验能否手柄储能,若能,则故障在控制电路,应检查内部限位开关是否位置不当或已损坏。检查熔断器是否烧断,接线柱是否松脱等。检查储能电机是否损坏等。若手柄也不能储能,检查机械储能机构。

c.故障原因3:合闸装置故障

故障排查方法:试验能否在断路器上手动合闸,若能,则故障在控制电路,应检查合闸控制电路;若不能,检查机械合闸机构。

d.故障原因4:过电流脱扣器失调,动作值太小

故障排查方法:复位,并将过电流动作设定值或延时时间设定值调整到合适的数值。

e.故障原因5:脱扣机构磨损严重,钩不住

故障排查方法:检查脱扣机构,调整相应螺栓或换新。

②故障现象2:误跳闸

a.故障原因1:欠压线圈电路故障

故障排查方法:检查欠压线圈控制电路。

b.故障原因2:欠压脱扣器的非正常脱扣

故障排查方法:检查欠压脱扣器的衔铁是否钩不住脱扣轴;检查是否欠压脱扣器反力弹簧作用过大,若是,调小弹簧拉力;检查是否负载突然加大,使欠压脱扣器动作。

c.故障原因3:断路器本体机械故障

故障排查方法:可能是脱扣机构磨损严重,钩不住,检查脱扣机械,调整相应螺栓或换新。

③故障现象3:分闸时无法脱扣

a.故障原因1:控制电路故障(欠压线圈不失电)

故障排查方法:检查控制电路。

b.故障原因2:欠压脱扣器的脱扣机构卡死

故障排查方法:检查脱扣机构。

c.故障原因3:欠压脱扣器的衔铁卡死

故障排查方法:检查欠压脱扣器的衔铁。

d.故障原因4:欠压脱扣器反力弹簧作用力过小

故障排查方法:调大弹簧拉力。

e.故障原因5:主触点烧蚀,动、静触点脱不开

故障排查方法:检查、修理或更换主触点。

2.地气灯和配电板式兆欧表

船舶低压电网通常都采用三相三线绝缘系统,电网中任何一点单相接地均属于不正常状态。虽然这种状态在短时间内不致出现问题,但是未接地的两线对地已是线电压,若再有一相接地,则形成短路,这是一种潜在的事故状态,必须及时发现并予以消除。

船舶电站中动力及照明电网一般均装设有电网绝缘检测装置。常见的电网绝缘检测装置有地气灯、配电板式兆欧表等。船舶电网绝缘测量是在电网有电情况下进行的,不能使用便携式兆欧表。

如图6-7所示,根据地气灯或配电板式兆欧表判断电网对地绝缘状况。

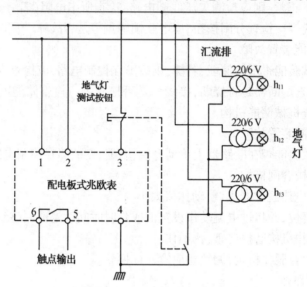

图6-7 电网绝缘检测装置

(1)通过配电板式兆欧表判断

①配电板式兆欧表的指示值就是电网对地的绝缘电阻值。

②当指示值小于设定值时,说明电网对地绝缘不良,由触点5、6输出闭合信号给机舱监测报警系统。

③当指示值为0时,说明电网已接地,即发生单相接地故障。

(2)通过地气灯判断

①未按下测试按钮前,不管绝缘状态是否良好,三个灯均一样亮。

②检测电网绝缘时按下测试按钮:

若三个灯一样亮,说明电网三相线路对地绝缘良好;若其中一个灯不亮,另两个灯比原来亮,说明不亮的一相已发生单相接地故障;若三个指示灯亮度不一致,说明电网对地绝缘不太好;若其中一个指示灯比其他两个灯暗,说明较暗的指示灯那一相对地绝缘比其他两相对地绝缘低。注意,若三相绝缘均不好,则三个灯亮度也相同,易使值班人员误判断。

船舶电网绝缘性能降低或单相接地故障的查找步骤如下:

①通过地气灯或配电板式兆欧表确定存在绝缘故障。

②在负载屏上,按照设备的重要程度,依次逐路分断负载配电开关,查看兆欧表指示或地气灯是否恢复正常值。拉掉开关后,若绝缘恢复正常,则故障点在该开关下面的配电线路中。

③找到低绝缘分路的配电开关后,切断该路供电,悬挂警告牌。

④使用便携式绝缘表对分支电路做进一步检查直至找出故障点。

⑤故障排除后,合上分路供电开关,恢复供电。

3.岸电装置

船舶进厂及靠港检修时,或某些船舶靠港停泊时,可以用陆地的电源来供电,称之为岸电。接岸电时,陆上电源通过电缆通常接到位于主甲板层的岸电箱,岸电箱一般都有岸电电源及通断指示灯、断路器、岸电接线柱、相序指示灯(或逆序继电器)、电能表等。

船舶换接岸电的操作是在主配电板上进行的。在主配电板上除岸电供电开关外,还设有岸电指示灯,用以指示岸电箱已合闸送电。

(1)接岸电注意事项

①岸电与船电的电力系统参数,即电流种类、额定频率、额定电压应一致。

②岸电与船电的相序应一致。如果相序不一致,将会使船上电动机反转。一般船上的岸电箱内均有相序指示灯或逆序继电器,当显示相序正确时才能接岸电。

③船电与岸电供电开关之间存在互锁环节,大多数是通过各自主开关的欠压脱扣器实现的。船舶接岸电时严禁船舶发电机合闸供电,只有在岸电切除后发电机才可合闸供电,两者不可能同时合闸。

④当岸电为三相四线制系统时,需将岸电的中性线接在岸电箱内接船体的接线柱上。只有在船体与岸电中性线连接后,才可接通岸电。

⑤经船级社(如 DNVGL)认可,某些船舶设有船电与陆上电源并联设施,这只是为了转移负载,仅允许船上供电系统和岸上电网做短暂的并联运行。

如果确实条件不允许,440 V、60 Hz 的船电系统可接 380 V、50 Hz 的岸电临时使用。

要注意:对于三相三线制系统,如果接入三相四线制系统的岸电,此时船舶动力电网已经不是一个绝缘系统,若测量动力电网对地绝缘,绝缘电阻值指示为零。

(2)相序测定装置

相序指示灯是判断相序的一种最简单、最实用的测量电路,其原理线路如图 6-8 所示。其电路的三相负载是不对称的,当接电容 C 的一相设定为 R 相时,灯较亮的一相为 S 相,灯较暗的一相为 T 相。

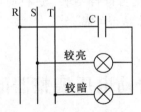

图 6-8　相序测定装置原理图

岸电箱上相序指示灯在电容支路中串接一个常开按钮,当岸电送至岸电箱但按钮未按下时,两个指示灯亮且亮度相同;按钮按下后,一个灯亮,一个灯暗,若两个灯的亮暗关系与标记的亮暗一致,说明相序一致。

有一些船舶也采用逆序继电器或其他相序测定装置。

(3)换接岸电操作

①岸电接入岸电箱前,应确保岸电电力系统参数(电制、电压和频率)与船舶电力系统参

数一致。

②在岸电箱上,将岸上电力电缆接在岸电接线柱上,合上岸上供电开关,岸电电源指示灯亮。

③在岸电箱上,相序测定装置指示岸电与船电间的相序,当指示相序一致时,合上岸电开关;若不一致,应任意调换两根火线。若为负序继电器,则当相序不一致或缺相时,岸电开关合不上闸。

④确认应急发电机控制开关、主发电机控制开关均选择在"手动"位,主电网卸负载到合适范围。

⑤在主配电板前,当岸电指示灯表明岸电已接入时,分断发电机主开关,电网失电后立即合上岸电开关,此时船舶电网已换接成岸电供电。

二、配电板安全运行管理要求

1.主配电板安全运行管理要求

(1)检查测量仪表、开关、指示灯是否完好且工作正常。

(2)检查地气灯、兆欧表等是否完好,各种报警装置是否能可靠报警。

(3)根据工况进行发电机组的并联运行或解列操作,检查并联运行发电机组间的功率分配是否合理。

(4)检查框架式空气断路器合闸操作机构。

(5)校验短路、过载、逆功率、欠压保护设定值。

(6)主配电板前、后、左、右至少1 m范围内及其上方不准堆放或悬挂任何杂物。

(7)对检修的设备,断开电源后应在相应的开关上悬挂告示牌。

2.应急配电板安全运行管理要求

(1)检查测量仪表、开关、指示灯是否完好且工作正常。

(2)检查应急供电开关合闸操作机构并清洁,检查过载、短路、欠压保护装置及延时装置是否正常。

(3)检查应急发电机组的起动是否符合要求。进行应急发电机组手动/自动效用试验操作,检查与主配电板的联锁装置动作是否可靠。

第四节　自动电压调整器的维护管理

当船舶电网中负载变化(主要是电动机的频繁起停)时,电枢反应的去磁效应的变化会直接影响船舶电源(发电机)的电压、电流等参数,而电源的参数变化又会直接影响用电设备的运行状态。当实际电压偏离额定值时,用电设备的效率会降低,偏离值过大时,运行工况会恶化,甚至会导致设备的损坏。如果电网电压下降过多,将会发生某些电器的误动作、发电机跳闸甚至全船停电等严重事故。

发电机组并联运行时,为保证发电机组并联运行的稳定性,各发电机间无功功率必须合理分配。

自动电压调整器的作用是保证发电机电压维持在一定的允许范围之内,且能在发电机组并联运行时对发电机间的无功功率进行合理分配。

一、对调压器的基本要求

对自动电压调整器的基本要求是:简单可靠、灵敏度高、调整迅速且能很快稳定,具有强行励磁能力,发电机并联运行时能合理分配无功功率。

1.对静态和动态指标的要求

根据《钢质海船入级规范》的规定,对静态指标的要求是:对于交流发电机连同其调整装置,在考虑原动机速度特性的情况下,在发电机自空载至额定负载的范围内,若其功率因数保持额定值,发电机的稳态电压变化率应不超过±2.5%;对于应急发电机,可允许在±3.5%。对动态指标的要求是:交流发电机在负载为空载、转速为额定转速、电压接近额定值的状态下,突加或突卸60%额定电流及功率因数不超过0.4(滞后)的对称负载时,电压跌落的瞬态电压值应不低于额定电压的85%;当电压上升时,其瞬态电压应不超过额定电压的120%,而电压恢复到与最后稳定值相差3%以内所需的时间,则不超过1.5 s。

2.对强行励磁的要求

在船舶电站运行过程中,当负载突然急剧增大或发生外部突然短路时,电压便会突然下降,甚至可能使电力系统丧失稳定,因此,要求励磁系统具有强行励磁能力。当出现上述情况时,励磁系统能将励磁电流在短时间内升高到超过额定状态的最大值,使励磁磁场迅速增强,发电机电压迅速恢复。这样,就可以维持并联运行发电机工作稳定和电动机运行稳定以及继电保护装置动作准确,从而保证整个电网的稳定运行。

3.对无功功率分配的要求

交流发电机并联运行时,要求各发电机合理地分配无功功率,以保证电站运行的经济性和稳定性。《钢质海船入级规范》要求,并联运行的交流发电机,当负载在总额定功率的20%~100%范围内变化时,应能稳定运行。各发电机实际承担的无功功率与按发电机额定功率分配比例的计算值之差,当发电机额定功率相同时,应不超过额定无功功率的±10%;当额定功率不相同时,应不超过最大发电机的±10%或最小发电机的±25%,如果后者计算值小于前者计算值,则取后者值。

二、自动电压调整装置的维护

维护周期:每半年进行一次。

维护内容与要求如下:

(1)检查调压器的各接线柱连线是否良好,并检查线性电抗器的间隙大小及有无异常声响。如果发现接线头松动,必须拧紧;如果间隙大小不合适,应调至要求值;如果有异常声响,应查明原因进行排除。

(2)检查调压器相与相之间、相与地之间的绝缘是否良好,一般要求绝缘电阻值不得小于1 MΩ。

（3）对调压器中的电子器件，应按维护电子设备的统一要求进行，应检查插接式印刷电路板接触是否良好。对分立元件，应检查其外观、引出线、焊点、电路导电铜膜是否有腐蚀。

（4）对于无刷同步发电机，应对励磁机进行维护，维护要求与同步发电机相同。对旋转整流器应特别注意，由于离心力作用，导线易松脱开路。

第五节　船舶发电机并联运行及其故障分析

船舶电站一般都有两台以上的发电机，根据需要它们可以单机运行，也可以两台以上并联运行，同时向电网供电。发电机并联运行时必须满足一定的条件，而且要按照一定的操作程序进行。

一、同步发电机并联运行的条件及操作方法

1.同步发电机并联运行的条件

（1）相序一致：待并发电机必须与电网相序一致（检查相序可用相序表）。新造船出厂时，各台发电机的相序都已检查、校对一致，因此实际并车操作时，不必再检查相序。

（2）频率相等：待并发电机的频率应与电网频率相等。实际操作时，允许误差在额定频率的1%（额定频率50 Hz时为0.5 Hz）以内。

（3）相位相等：待并发电机电压相位应与电网电压相位相同。实际并车操作时，允许待并发电机相位与电网相位相差为10°～15°。

（4）电压有效值相等：待并发电机电压有效值与电网电压有效值相等。实际操作时，待并发电机电压有效值与电网电压有效值之差允许在额定电压的10%以内。

2.同步发电机并联运行的操作方法

（1）手动准同步法

手动准同步法是一种最基本的并车方法。通过手动调节发电机的电压有效值、频率（相位），在满足并联运行的条件下，由手动合闸进行并车。采用这种方法时，对并车条件要求严格，而且全部过程由手工操作，要求操作者的技术比较熟练。

手动准同步法并车操作步骤如下：

①检查并调整电网运行发电机及待并发电机的电压有效值及频率，使之在额定状态（调节励磁电流实现调压，调节油门实现调频）。

②打开整步表（同步表）开关，调节待并发电机调速手柄，使其频率略高于电网频率（要求频差在0.5 Hz之内，即整步表指针顺时针转一圈或同步指示灯明暗一次的时间在2 s以上，一般取3～5 s），等待捕捉合闸时刻。

③当整步表指针即将接近同相位点（即11点）时合闸。

④待并发电机主开关合闸后，断开整步表开关。

⑤增大刚并上的发电机组的油门，同时减小原电网运行发电机组的油门，进行负载转移，直至功率均匀分配，在转移负载过程中注意保持电网频率在额定值。

（2）半自动准同步法

电压及频率由手动初步调节，然后按下"半自动"并车按钮，由自动同步装置自动调节频率和相位，完成并车合闸操作。

（3）自动准同步法

自动准同步法是依靠自动并车装置来检测、调节待并发电机的频率、相位（电压有效值可由调压器来保证），使之满足并联条件时自动合闸的一种方法。自动准同步并车是自动化电站的一个重要功能，在电网失电、电网需要增加机组等情况下，备用发电机组自动起动后，由自动并车装置自动完成并车合闸，不需要人工干预。

二、并联运行发电机组功率的调节与分配

1.有功功率的调节与分配

并联运行发电机组之间有功功率的调节与分配，是通过主配电板发电机控制屏上的手动调速开关调节柴油机的调速器伺服电机，从而改变柴油机油门的大小来实现的。

在电网负荷不变的情况下，两台发电机组并联运行，如果增大一台发电机组的油门，则承担的有功功率增大，为维持电网频率在额定值，必须相应地减小另一台发电机组的油门，使其承担的有功功率的减小量等于有功功率的增大量，反之亦然，此即称为有功功率的调节和分配。

例如，两台同容量、同型号的发电机组并联运行，假设 1 号发电机组已带负载运行，2 号发电机组刚并入电网，还处于空载状态，这就需要进行有功功率的调节和分配，将电网有功功率的一半转移给 2 号发电机组。其操作方法是：操作人员通过调速开关调节 2 号机组调速器上的伺服电动机，并观察功率表和频率表，增大其油门，增大其输出功率；同时，通过调速开关反方向调节 1 号机组调速器上的伺服电动机，减小其油门，直到有功功率的分配均匀而频率又保持在额定值，调节结束。

当电网负荷减小时，一台机组的容量已满足需要，这时需要将另一台机组从电网上脱离出来，称之为解列。解列时同样需要进行有功功率的调节，即将解列机组的有功功率转移到电网运行机组上。解列时（假设解列 1 号发电机组），应确保电网频率保持在额定值，操作人员应同时反方向通过调速开关调节两台机组油门的大小，并观察功率表和频率表；应使 2 号发电机组的油门加大，1 号发电机组的油门减小，当调节到 1 号发电机组剩余功率为 5%～10%的额定功率时，调节完毕，断开 1 号发电机组主开关，使之与电网脱离，解列结束。

对于装有自动调频调载装置的自动化船舶，只要电站处于自动状态，其有功功率的调节和分配会自动进行。但是要注意，当电网负载动态变化时，应由原动机调速器完成一次调节，自动调频调载装置应延时投入工作，完成二次调节，它是对原动机调速器动态调整的一种补充。

2.无功功率的调节与分配

为了使发电机组保持稳定的并联运行，发电机组之间也必须均匀或合理地分配无功功率。

并联运行的发电机组之间无功功率的分配是通过调节发电机的励磁电流实现的。两台同型号、同容量的发电机组并联运行后，若无功功率的分配情况是 $Q_1 > Q_2$，这时就需要调节两台发电机组的励磁电流，使无功功率均匀分配。方法是适当增大 2 号发电机组的励磁电流，同时

相应减小 1 号发电机组的励磁电流,直至两台发电机组之间的无功功率平均分担为止。

（1）判断两发电机组之间的无功功率分配是否均匀的方法

判断两发电机组之间的无功功率分配是否均匀,可以采用以下两种方法：

①机组并联运行,两台发电机组功率表（有功）指示基本相同而电流表指示相差太大时,说明无功分配不均。

②机组并联运行,两台发电机组功率表（有功）指示基本相同而功率因数表（cosφ 表）指示相差较大时, 说明无功分配不均。

（2）实现无功功率均匀分配的措施

欲使发电机组之间无功功率分配均匀,要求两发电机的调压特性曲线斜率相同。在船舶中一般采用均压线或电流稳定装置两种方法来实现无功功率的均匀分配。均压线连接方式有直流均压连接和交流均压连接两种。不可控相复励自励恒压同步发电机并联运行时,一般采用均压线连接方式。目前船舶中基本都采用无刷同步发电机,它一般采用电流稳定装置来实现无功功率的均匀分配。

图 6-9 是电流稳定装置原理图。在按电压偏差进行调压的励磁系统中,调差系数 K_C 一般是很小的,甚至接近是无差的,这样,在发电机并联运行时,就会使无功功率的分配不稳定。为了使调压特性曲线改变为具有足够倾斜度的有差调压特性,且 K_C 相同,稳定、平均地分配并联发电机之间的无功功率,在调压器上加装了可以改变调差系数 K_C 的装置,因其作用就是利用电流信号,通过调压器的作用,使无功电流的分配稳定,故称作电流稳定装置。

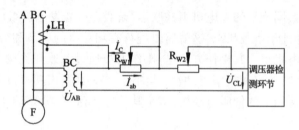

图 6-9　电流稳定装置原理图

三、并车时应注意的问题

并车时,只要按正确的操作要求及步骤进行,一般都能顺利并上车。但有时也会发生并车失败,甚至引起主开关跳闸,其原因主要有以下几方面：

1.应当避免在负载剧烈变化时并车，或者在并车时断开剧烈变化的负载

（1）并车时,若负载剧烈变化（例如,多台起货机正在工作、起锚等）,引起电网功率（电流）、频率、电压有效值大幅度波动,就难以使待并发电机的电压有效值、频率、相位与电网的电压有效值、频率、相位一致。因此,并车合闸时,会产生极大的冲击电流而使主开关跳闸。

（2）有时由于负载变化太大,各台发电机无法及时合理分配负载,而使逆功率继电器动作,造成并车失败。

2.并车合闸时刻的选择

并车操作时,应将待并发电机与电网的频差限制在 0.5 Hz 以内,相位差限制在 15°以内。实际操作时,应使待并发电机的频率稍高于电网频率,使待并发电机一合闸即带上负载,避免

待并发电机出现逆功率,使主开关跳闸。

3.不能空载或轻载并车

电网上原有发电机处于空载或轻载状态时,若再并上一台发电机,则它们难以稳定工作,电网负载变化时,容易使其中一台发电机因逆功率运行而跳闸。另外,从节能角度,也应避免两台发电机空载或轻载并联运行,一般来说,电网上运行的发电机应带 50% 以上额定负载方可并联另一台发电机。

4.并车后须及时转移负载

对于无自动调频调载装置的船舶电站,发电机并入电网之后,应及时手动转移负载,否则会因电网负载变化而出现逆功率跳闸。

第六节　发电机的保护及动作判别

根据我国船级社《钢质海船入级规范》的规定,对 500 V 以下的同步发电机,针对其不正常运行情况和可能出现的故障,主要设置如下保护:过载保护及分级卸载、外部短路保护、欠压保护、逆功率保护和发电机保护动作判别(主开关跳闸)。

一、过载保护及分级卸载

运行的发电机输出功率或电流超过其额定值即为过载。发电机过载保护的原则是:一方面要保护发电机不受损坏;另一方面要尽量保证不中断供电。因此,发电机过载保护,广泛采用了自动分级卸载保护,即发电机出现过载后,自动分级卸载装置将部分次要负荷卸掉,以消除发电机的过载现象,并发出报警信号。若在一定时间内仍不能解除过载,为了保护发电机不被损坏,过载保护装置应发出发电机过载自动跳闸信号,将发电机从汇流排上切除。对于发电机短时过载,例如由大功率电动机、多台电动机同时起动和电网远端发生短路等引起的过载,保护装置应避开这种短暂的过载,即过载保护应具有一定的延时特性。

对于发电机过载保护,我国船级社《钢质海船入级规范》规定:

对无自动分级卸载装置的发电机,当过载达 125% ~ 135% 额定电流时,保护装置延时 15 ~ 30 s 动作,使发电机自动跳闸。

对有自动分级卸载装置的发电机,当过载达 150% 额定电流时,保护装置延时 10 ~ 20 s 动作,使发电机自动跳闸。

船舶发电机的过载保护一般是由船舶主开关中的过电流脱扣器来实现的。

分级卸载过电流继电器动作电流的整定是以发电机过载保护的长延时整定电流为基础的。例如,某船发电机的额定电流为 770 A,其分级卸载过电流继电器整定为 0.9 倍的长延时脱扣器整定电流,则:

长延时整定电流 = 770 A×1.1 = 847 A;

分级卸载整定电流 = 847 A×0.9 = 762 A。

故分级卸载整定电流为发电机额定电流的99%。

而分级卸载延时时间的整定,不仅要求该过电流继电器的动作电流整定值与发电机过载保护的长延时整定电流相互协调,而且延时时间的整定也应很好协调。在实际设计中,长延时脱扣器的延时通常整定为 15~30 s,所以,对于分级卸载的过电流继电器的延时,通常整定值应小于 15 s。

根据船舶电站发电机的容量和台数,考虑非重要负载的性能和大小,采用分级脱扣卸载,以求最大限度地给负载供电,各级脱扣是利用延时的时间差来实现的。例如,当长延时脱扣器的延时为 20 s 时,若分 2 级脱扣,建议将延时整定为:

——第 1 级脱扣延时 5 s;

——第 2 级脱扣延时 10 s。

对于优先切断的非重要负载,在规范中没有明确规定,通常根据负载的性质,再根据功率的大小进行调整。如某集装箱船的分级卸载切断负载分为 2 级,第 1 级切断的负载为:机修工具、厨房设备、造水机、绞缆机、起货机、空调、货舱风机、住舱风机、日用淡水泵、舱底水分离泵、舱底压载扫舱泵;第 2 级切断的负载为冷藏集装箱电源。

二、外部短路保护

发电机的外部短路故障对发电机和电气设备影响极大,因此发生短路故障时,保护装置应迅速动作。但为了实现保护的选择性,亦给予一定的延时。对于发电机外部短路保护,我国船级社《钢质海船入级规范》做了如下规定:

对于船舶发电机外部短路保护,一般应设有短路短延时保护和短路瞬时动作保护。当短路电流达 2~2.5 倍的额定电流时,保护装置延时 0.2~0.6 s 动作,使发电机自动跳闸。当短路电流达 5~10 倍的额定电流时,保护装置应瞬时动作,使发电机自动跳闸。

短路保护和过载保护(含分级卸载)的试验:

以 AH 开关为例,将 AH 主开关的过电流电子脱扣器接点 K_a、N 上的连接线取下,试验电路如图 6-10 所示接线。电流表 A 中的电流值是施加给电子脱扣器的模拟电流(模拟电流互感器的二次侧电流),应与 AH 主开关保护动作值相对应。保护动作的延时时间,可用电子脱扣器上的相应电位器调节,动作值由电子脱扣器内部电位器调节。

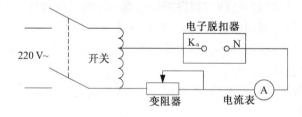

图 6-10　短路及过载保护(含分级卸载)试验电路

试验时先将调压器调回零位,主开关合闸后逐渐增加输出电压,观察电流表读数,同时观察电子脱扣器上的相应指示灯,利用秒表计时动作延时。

发电机外部短路保护也是由自动空气断路器中的过电流脱扣器实现的。

三、欠压保护

对于船舶发电机的欠压保护,我国船级社《钢质海船入级规范》规定:对带有延时的发电机欠压保护,当发电机电压低于额定电压的 70%~80% 时,延时 1~3 s 动作;对不带延时的发电机欠压保护,当发电机电压低于额定电压的 35%~70% 时,瞬时动作。

船舶发电机的欠压保护是由自动空气断路器中的欠压脱扣器来实现的。

欠压保护的试验:

欠压保护试验电路如图 6-11 所示。先将调压器调回零位,开关合闸后逐渐增加输出电压至脱扣器电源额定值,待欠压线圈有电吸合后合上发电机主开关,再逐渐调节调压器使输出电压下降,调至欠压动作值时,主开关应跳闸。

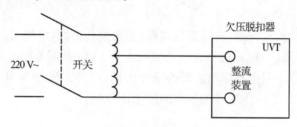

图 6-11　欠压保护试验电路

四、逆功率保护

逆功率保护仅适用于并联运行的发电机组,船舶应急发电机组不设置逆功率保护。

交流发电机的逆功率保护是由逆功率继电器或逆功率单元来实现的,船舶上逆功率保护装置的整定值一般为 8%~15% 额定功率(原动机为柴油机),延时 3~10 s 动作。对逆功率保护整定值和动作正确性,可在发电机单机运行的情况下,用正功率进行校验,为此应把继电器上的电压或电流连接对换,这样继电器把正功率作为逆功率测量,功率表指示的正功率数值就是"逆功率"数值。当然,也可以在发电机并联运行的时候,实际让发电机逆功率运行,来试验逆功率保护的动作值和延时。

电子型的逆功继电器比较容易校验,达到逆功动作数值时,有动作指示灯显示;开始计时,延时动作输出也有指示灯显示;输出跳闸停止计时,秒表所指示的时间即是延时。

感应型的逆功继电器如 GG-21,动触点始动的逆功率数值与动、静触点相接触时的逆功率数值并不是同一个数值,动、静触点接触时的逆功率数值才是实际的逆功率数值。这是调试的要点,考核动作值时要把动触点调节到尽量靠近静触点的位置。调试时必须分两步做,先整定动作值,然后再校验延时。一般,调节功率到逆功数值时开始计时,跳闸时停止计时。

五、发电机保护动作判别（主开关跳闸）

(1)发电机过载保护的判别依据

对于常规电站,发电机过载保护的判别主要依据:

①发电机过载导致主开关跳闸,一般发生在发电机单机运行在较大负荷下,在不查看发电

机实际功率的情况下起动其他大负荷时,如起动压载水泵等。

②在并联运行时,其中一台机组因机电故障保护立即跳闸,而分级卸载装置失灵或卸载后仍过载。

③在并联运行时,其中一台机组实际已经逆功率,但是逆功率继电器不能正确动作,导致电网其他发电机过载。

④在并联运行时,无功功率分配装置故障。

对于自动化电站,由于具有备用发电机组自动起动并车、自动调频调载、重载询问、分级卸载等功能,且这些功能均正常工作,故基本上不会发生过载保护跳闸。

（2）发电机外部短路故障的判别依据

这里指的是按规范的要求,对发电机外部短路保护,即发电机电流大于等于 $2I_N$ 时主开关跳闸这一故障的判别。

①常规电站

当发电机主开关跳闸时,根据故障现象判断,主要判断依据:跳闸时,未同时起动几个大功率负载、未发生转速下降（听原动机声音）、未发生电压下降（照明变暗）,这时一般可断定发生了发电机外部短路故障。但也不排除人员的操作失误,如并车操作不当使发电机电流达到短路保护整定值,也有可能是由于主开关本身故障引起跳闸。

②自动化电站

当发电机主开关跳闸时,主电网失电,出现短路报警,电站自动功能阻塞,说明发生发电机外部短路故障。

（3）发电机欠压保护的判别依据

发电机欠压保护跳闸的主要原因有两个:调速器及燃油系统故障、调压器故障。

①调速器及燃油系统故障:先出现转速下降（这可从柴油机声音听出）,后发生跳闸。

②调压器故障:先出现电压下降（这可从照明灯的亮度变化看出）,后发生跳闸。

（4）发电机逆功率保护的判别依据

发电机逆功率保护主要发生在并车操作时,合闸时刻掌握不当导致待并机组主开关合上后跳闸,或并联运行时负荷分配操作调节方向错误,或并联时发生其中一台柴油机调速器损坏或燃油中断等故障。

第七节　主汇流排失电的故障分析及处理方法

主汇流排失电是由主开关跳闸引起的。船舶电站的主开关采用的是一种带有保护装置的开关电器。

一、主汇流排失电原因分析

发电机正常运行时,由主开关来接通和断开主电路,在故障发生时它又作为保护装置对主电路的短路、过载及欠压等故障进行保护,自动断开主电路;另外,当两台以上发电机并联运行时,有可能因某种原因而造成同步发电机不但不发出有功功率,而且还从电网吸收有功功率

（即出现逆功率），使电网上其他未处于逆功率状态工作的发电机输出的有功功率增加，可能造成发电机因过载运行而跳闸，故还应设置逆功率继电保护装置，通过主开关的脱扣装置将处于逆功率状态的发电机从电网上切除。

造成主汇流排失电的主要原因如下：

（1）主开关故障造成误跳闸，分为开关内部机械故障和电路故障。

（2）主开关保护动作造成跳闸，分为原动机机械故障保护和发电机电气故障保护。

①原动机机械故障主要通过滑油压力低、冷却水高温和超速三种参数来检测润滑系统、冷却水系统、调速器及燃油系统故障。

②发电机电气故障保护主要包括过载、短路、欠压和逆功率四种。

二、主汇流排失电后的处理方法

船舶管理人员在发生全船失电后应能正确地处理，以减少由此可能引发的严重恶性事故（如船舶处在进出港、狭窄水道、特大风浪等场合时，极易引发重大事故）。

1.自动化电站电网失电后的应急处理

（1）除由短路保护导致主开关跳闸外，对于其他各种机、电故障导致主开关跳闸，自动化电站均能自动处理，自动起动备用发电机组，并自动合闸供电，根据实际负载情况进行相应的控制。值班人员仅需按照报警及电压指示进行相应检查、排除处理即可。

（2）若短路保护动作使电网失电，除报警信号外所有设备均停止运行，此时切忌在未排除故障的情况下就立即起动机组合闸供电。查看报警指示为发电机短路，控制系统自动切换至非自动状态；报警应答后至主配电板后面仔细检查汇流排是否发生短路，找到短路点排除后或确定主配电板没有发生短路（而是船舶电网短路保护的选择性整定不当）才可按复位按钮，解除阻塞，系统即恢复至自动状态，将发电机投入电网运行。

2.常规电站电网失电后的应急处理

（1）运行机组因机械故障发生电网失电

应答报警、消音消闪；确认应急发电机向应急电网自动供电；查看报警装置，报警指示是否为滑油低压、冷却水高温、超速等；起动备用发电机组，待转速、滑油压力、电压正常后合闸供电；之后按功率大小及重要性逐级起动各类负荷；检修故障机组。

（2）并车操作时发生电网失电

应答警报、消音消闪；确认应急发电机向应急电网自动供电；检查电网运行机组与待并机组的机、电状况；并车操作不当导致主开关跳闸时，不是过流保护动作就是逆功率保护动作，可复位过流保护装置或逆功率继电器（视具体情况而定，有些不需要）；合上其中任一台机组的主开关，按功率大小及重要性逐级起动各类负载，待发电机组带上相当负荷时再将另一台机组按并车条件进行并车操作。

（3）单机运行时过载发生电网失电

应答报警、消音消闪；确认应急发电机向应急电网自动供电；复位过流保护装置（视具体情况而定，有些不需要）；检查跳闸机组的机、电状况，若正常，可将其立即合闸恢复供电；再按功率大小及重要性逐级起动各类负荷投入运行；视需要起动备用发电机组，进行并车和均功操作，将大负荷投入运行。

（4）运行机组因发电机内部短路或欠压保护动作而发生电网失电

此种情况下，常规电站大多无报警指示。

应答警报、消音消闪；确认应急发电机向应急电网自动供电；检查运行机组的机、电状况；分析跳闸原因，复位主开关；若机组仍在运行但电压很低或没有电压，说明是欠压保护跳闸，则应停这一台机组，然后起动备用发电机组投入电网运行，最后再检查故障机组的发电机调压器；若机组仍在运行且电压正常，说明可能是短路保护跳闸，则应检查主配电板汇流排是否短路，排除故障后即可合闸供电。

第八节　船舶电站自动化操作及常见故障分析

近年来，随着计算机技术、控制技术、通信技术以及网络技术等的发展，船舶电站自动化系统的结构发生了很大变化，逐步形成以网络集成自动化系统为基础的船舶电站自动化控制、管理信息系统。目前，船舶上已出现集监、控、管于一体的网络型船舶电站综合自动化系统，即船舶自动电站管理系统（Power Management System，PMS），也称为船舶电站自动控制系统。

所谓"船舶自动电站管理系统"是将船舶发电、配电、船舶设备用电统一调度和集中控制的系统。船舶电站管理系统主要由发电系统管理模块、配电系统管理模块、用电设备管理模块、系统监测报警管理模块、电力优化分配和管理模块等若干模块组成。

作为电站自动控制的重要内容之一的励磁控制系统，现在一般均未包含在船舶电站管理系统（自动化电站）中。这是因为励磁控制系统是由发电机制造厂家配套生产的，属于发电机的一部分，通常安装在发电机上。发电机制造厂家在船舶制造调试中，已能保证发电机电压调整及并联运行时无功分配能满足船级社规范的要求，在船舶营运中通常无须再做进一步的调整。

在常规电站中，调压、调速、并车、调频调载等功能多采用模拟控制器来实现；发电机自动起停、重载询问等功能多采用继电器、半导体逻辑电路或程序控制器来实现。在采用微处理器CPU控制的船舶电站自动控制系统中，则借助硬件电路，采用事先编写并调试好的程序来实现电站自动化控制功能。

一、船舶电站自动控制系统控制功能的技术要求

船舶电站自动控制系统控制功能的技术要求主要包括如下几方面：

1. 发电机组的操作方式

（1）发电机组应设有自动、遥控和机旁操作的方式选择开关，并且机旁操作优先于遥控，遥控优先于自动。

（2）发电机组应能方便地转换操作部位，并在系统的面板上或者在集中操作部位的适当位置上设有操作部位转换的指示。

2. 备用发电机组的自动起动

船舶电站中各发电机一般都是互为备用的，发电机组可供备用的条件是：若备用发电机组

的燃油及压缩空气备好、盘车杆归位、有预热和预润滑、无起动阻塞、操作选择开关在"自动"位置、燃油手柄在"自动"位置,则认为机组已处于"备好"状态,"准备好起动"指示灯亮起,可以进行起动操作。

当出现下述任一条件时,控制系统就应发出"增机"指令,自动起动备用发电机组,起动次数应不超过 3 次。

(1)汇流排失电。

(2)经延时判断,确认运行机组重载。

(3)经重载询问,电网功率余量不够。

(4)运行机组机械故障(滑油压力低、冷却水出口温度高、超速动作等)。

(5)汇流排异常(电网电压或频率偏离正常设定值)。

(6)备用发电机组起动失败或合闸失败。

自动化电站中,对于备用发电机组的起动,通常在控制系统中设置固定的顺序,可按机组的编号依次循环。例如,一个具有三台发电机组的自动化电站按 1—2—3—1 的循环来控制备用发电机组的起动。只要在电网上已有一台机组在运行,即可按负荷的需要或按运行机组的技术状态产生的"增机"指令,顺序起动下一台机组。

在电站中只有三台机组的情况下,增机情况大致有:

(1)单机运行不正常或重载,要求增机,按顺序起动下一台。

(2)单机运行,突然跳闸,电网失电,起动下一台。

(3)单机运行,要求增机,但第一备用发电机组起动、合闸失败,"增机"指令应传递给最后一台。

(4)并联运行,要求增机,则起动最后一台备用发电机组。

上述后两种情况发生时,说明系统的机组已经用完,故自动化电站还设置监视"系统用完"的信号指示电路,以提示管理人员。

要注意的是,瞬态条件所反映的信号(如大容量电动机的起动电流)不应使备用发电机组产生不必要的自动起动。

3.备用发电机组主开关的自动合闸供电及自动有功及无功功率分配

船舶电站的备用发电机组应能在 45 s 内自动投入电网供电。

(1)当电网无电时,起动成功的备用发电机组在电压、频率符合要求后,其主开关即自动直接合闸。

(2)当电网有电时,起动成功的备用发电机组在电压、频率符合要求后,经过自动并车装置,使其合闸并入电网。并车后利用备用发电机组主开关的辅助触点,接通电流稳定装置或均压线及自动调频调载装置,实现无功、有功功率的自动分配和频率的自动调整。

4.运行发电机组的自动解列与停机

当出现下述任一条件时,控制系统应发出"减机或停机"指令,按程序自动解列或直接分闸。

(1)电网轻载:若两台及以上机组并联运行,当电网负荷降低到可以停掉一台机组时,延时自动发出解列指令。

(2)机械故障报警:当某运行机组出现冷却水出口温度偏高、滑油压力偏低等机械故障报警时,自动控制系统首先起动备用发电机组,并车后再转移负载;"解列"指令发出后,通过自动调频调载装置将待解列机组的负载转移给其他运行机组,再将待解列发电机组主开关分闸,冷却后停机。

为了尽可能地不中断供电,对于"运行不正常"现象的识别信号,可以分为两级:第一级作为预报;第二级作为保护装置的动作极限。预报级信号可以要求起动备用发电机组,以便赢得时间,等待备用发电机组起动和并车后再解列"不正常"的发电机组。当然,这种期望建立在不正常的发电机组还可以坚持运行一段时间的基础上。显然,这一段时间取决于两方面:一方面是备用发电机组的起动、加速、并车和负载转移所需的总时间,当然越短越好;另一方面是"运行不正常"现象发展的速度,当它发展到保护装置的动作极限时,如果并车尚未成功,则保护装置动作使"运行不正常"的发电机主开关分闸。

(3)汇流排参数异常:发电机单机运行时,出现电压或频率偏离正常设定值,自动控制系统先起动备用发电机组,起动成功正常建立电压后,直接分闸运行机组主开关,合上备用发电机组主开关,原运行机组停机。

对于因电力系统负荷降低而形成的"解列"指令,为了使电站中各台机组累计运行时数趋于一致,最好做到总是解列先投入运行的机组。

5.重载询问

现代大型船舶上,单机功率达数百千瓦的动力负荷已屡见不鲜,例如:电动舷侧推器、大型绞缆机、大型消防泵、大型提升机以及工程船舶上的其他某些动力负荷,其容量往往可与发电机的单机容量相比拟。当需要起动这样任一个大负荷时,应先询问电站功率余量是否满足其用电和起动要求,若不能满足,则应先起动备用发电机组,待其并车符合要求后才允许该负荷接入电网。

重载询问的方式一般有两种:一是在大功率负载起动控制箱上按下"起动"按钮,这一开关量信号不直接送到电动机控制电路,而是送至 PMS 的输入通道,PMS 将当前电网实际总负载和该大功率负载相加后,与电站在网运行发电机的总功率进行比较,若不超过运行机组的最大负荷量,则 PMS 输出一个无源开关量信号送回至电动机控制电路,起动大功率负载。否则,PMS 发出备用发电机组"自动起动"指令,起动成功后自动并车均功,PMS 再次进行比较,若符合该负载起动要求,则从前述同一输出通道起动该负载。二是在起动控制箱有一个"起动"按钮,在按"起动"按钮前,先按下"起动"按钮送至 PMS,PMS 进行判断,若符合负载起动条件,则 PMS 输出通道输出一个开关量信号到电动机控制箱,控制箱的"可以起动"灯亮,此时在控制箱上按下"起动"按钮,负载起动。若不符合,则起动备用发电机组,自动并车均功,再次比较后发出负载可以起动的信号,在控制箱上按下"起动"按钮,负载起动。

6.自动分级卸载

当发电机过载达到一定值时,自动地逐次分级卸去次要负载,以保证发电机向重要负载连续供电。分级自动卸载时,发出声光报警信号。

7.机舱重要负载分级起动

当船舶电网因故障失电又获电时,为避免由负荷同时起动造成的电流冲击,甚至使发电机主开关再次跳闸,自动电站能够对机舱重要负载进行分级起动。按照在紧急状况下各负载的重要性排好先后次序,并按其起动电流大小分组,然后按程序逐级起动,每两级起动的间隔为 3~6 s。

8.参数及状态监测和报警功能

为了对电站运行情况做适时控制,自动控制系统通常依靠各种传感器对电力系统中的大量参数连续而自动地进行巡回测量、数字显示、监视、报警和记录,同时输出信号,通过计算机或其他相应的自动控制设备来控制相关设备的运行。

9.安全功能

自动化控制装置应具有如下安全功能:

(1)装置失电时,不能影响发电机组和主配电板的安全运行。同时,应能在机旁实现各种手动操作。

(2)在紧急情况下,装置有手动应急停机措施。

(3)应设置可靠联锁装置,防止发动机组在机组故障情况下自行起动。

二、典型电站自动控制系统分析

船舶电站自动化系统的发展,主要经历了五个阶段:继电器控制、晶体管分立元件控制、单片机控制、PLC 控制、PPU 模块+PLC 控制。目前,在船舶中使用较多的电站自动控制系统是丹麦 DEIF 公司的 PPU 模块+PLC 的控制方式。图 6-12 是典型的集散型电站自动控制系统结构框图。该系统由现场设备控制层、监控层和网络管理层组成三层网络监控系统,包含了船舶电站自动化应具备的各项功能,通过总线和工业以太网把它们有机组织在一起,各种功能相互独立又相互联系,共同完成船舶电站的自动化运行。

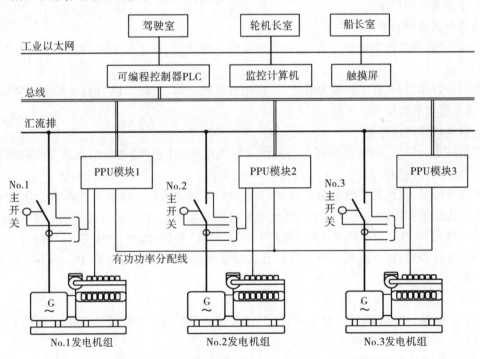

图 6-12 典型的集散型电站自动控制系统结构框图

1.PPU 模块+PLC 控制的主要功能

可编程控制器 PLC 在工作原理和装置结构上都与单片机类似,与单片机相比,其具有可靠性强、组合灵活、扩展方便、程序设计开发简单、现场调试容易等优点。日、韩及欧美等造船发达国家,利用 PLC 对船舶电站进行自动控制,已成功构成全自动电站。PLC 的优势在于其强大的逻辑控制能力,既能实现逻辑控制(例如机组的起停控制),也能实现过程控制(例如同步并车控制);但是其缺点在于程序执行的扫描周期较长,控制的实时性较差,而且PLC对模拟量的输入输出处理复杂,占CPU内存较大。

基于微处理器技术的并车和保护控制单元(Protection and Paralleling Unit,PPU),其优势在于实现控制功能的同时,拥有更强的数据采集及处理能力、强大的网络通信功能以及能够执行比较复杂的控制算法等。它采集信号的精度高,运算速度快,在控制发电机同步并车及负荷控制方面尤为突出。PPU模块的优点可以弥补PLC控制的不足。

目前,在船舶中以Multi-Line2系列的PPU-3模块+PLC控制的方式比较多见。随着技术的更新和产品的升级,Multi-Line300系列的PPU-300模块+PLC控制的方式也逐渐在船舶电站控制中得到应用。

(1)PPU模块的主要功能

PPU模块作为发电机组控制器,每台机组配置1套PPU模块,其主要功能如下。

①参数的设定、采集与数据处理

参数的设定可以在显示面板上或使用专用软件进行。主要设定机组的额定电压、电流、频率、功率因数及相应的死区范围等。

PPU模块采集发电机三相电压、发电机三相电流、电网三相电压;通过数据处理及计算得到频率、有功功率、无功功率、功率因数等电参数,并上传给PLC模块。

②主开关合闸控制

分为单机合闸和准同步并车合闸。

单机合闸:在电网失电状态下,备用发电机组起动成功,待电压和频率达到额定值后即自动合闸供电。

准同步并车合闸:在电网有电状态下,备用发电机组起动成功,PPU自动检测准同步并车条件,满足后自动合闸。

③自动调频调载控制

机组并车合闸后,PPU模块可实时根据并联机组的瞬时有功功率精确地发出调速信号,进行负载分配及恒频控制。

要注意的是:机组的解列控制是由PPU与PLC共同完成的。在网运行的某机组出现故障或是每台机组的实际输出功率的平均值低于单机额定功率的35%且持续5 min以上时(此参数可以调整),由PLC进行解列决策,向PPU模块发出"解列"指令;PPU收到"解列"指令后,起动负载转移程序,将欲解列机组承担的有功功率减至额定功率的5%~10%,适时控制解列机组分闸。

④保护功能

根据采集和计算得到的实际电参数,与设定值进行比较,PPU模块可以实现逆功率、过载、短路、欠压等发电机的保护。

(2)PLC控制的主要功能

PLC作为电站整体的管理模块,其主要功能包括发电机组的备机顺序设定、备机状态检测、自动增机、自动减机、自动分级卸载、重载询问、机舱重要泵的分级起动、原动机和电网的保护、监测报警等,并作为与监控层计算机的桥梁,完成数据通信。PLC与PPU之间通过总线(PPU-3模块)或网线(PPU-300模块)实现数据通信。

基于以上分析,PPU模块+PLC控制融合了两者的优点,两者相互配合,共同完成电站管理的现场控制,在船舶自动化电站中得到了广泛的应用。

2.电站控制的实现

船舶电站的控制有手动、半自动和自动三种模式。采用 PPU 模块+PLC 控制,其实现方法如下:

(1)手动控制模式

手动控制是指在 PLC 控制器和 PPU 控制器均不能正常使用时,通过手动方式使用船舶电站,保证船舶正常航行。其功能主要包括:起动发电机组,发电机同步并车,并联运行发电机之间负载分配,分级卸载,解列和停机,重载询问。

(2)半自动控制模式

半自动控制是指在 PLC 控制器不能正常使用时,可以通过 PPU 模块使用船舶电站,实现自动同步并车及自动调频调载控制。

(3)自动控制模式

自动控制是指 PLC 控制器和 PPU 控制器均可以正常使用,可以自动实现电站控制的全部功能。

3.PPU-3 模块

PPU-3 模块是一个基于微处理器(16 位单片机 HBS/2655)技术实现发电机并联运行及保护功能的船舶电站核心控制器,目前广泛应用于船舶电站自动控制系统中。

PPU-3 控制器可控制发电机准同步并车,并在同步运行后实现所有必需的发电机控制和保护功能,比如对发电机三相电压进行检测,并且在液晶显示屏 LCD(Liquid Crystal Display)上显示所有的测量值和报警值。各项保护的设定值既可通过 LCD 的按钮在线修改,也可通过 RS232 与 PC 机相连,利用操作软件进行编写、修改。

PPU-3 控制器的接口非常适合 PLC 控制系统,所以采用 PPU 与 PLC 配合使用,是目前船舶电站自动控制系统的主流选型。PPU-3 控制器可通过数字和模拟 I/O 检测端口,采集系统各运行参数并进行运算,输出至 PLC、继电器等报警单元,也可通过串行通信接口与其他控制器交换数据。

PPU-3 控制器内部有循环自检功能,可通过文字显示出错误的信息。当有任何错误出现时,可通过相应的配置继电器输出来指示错误。

图 6-13 所示是 PPU-3 模块主控单元。图 6-14 所示是 PPU-3 模块的显示单元,它是独立的部分,可直接安装在发电机控制屏门前面(附带 3 m 长显示面板电缆)。显示单元显示所有测量值和计算值以及来自事件日志的报警和数据。图 6-15 是 PPU-3 模块主控单元与显示单元连接图。

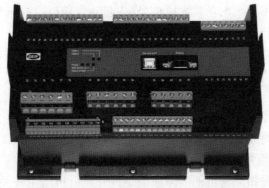

图 6-13　PPU-3 模块主控单元

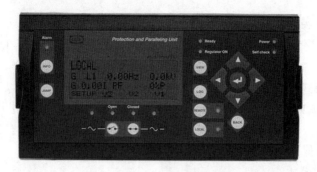

图 6-14　PPU-3 模块的显示单元

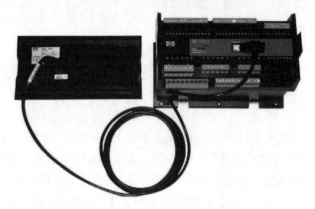

图 6-15　PPU-3 模块主控单元与显示单元连接图

三、船舶电站自动控制系统的常见故障

在电站自动控制系统中,由于主控单元多采用微机或 PLC 控制,故障主要发生在接口电路或外围线路。在此,不考虑 CPU 单元的故障。

(1)在自动调节原动机油门时,不能按要求增、减速(单机运行时仅调节频率,并联运行时进行功率的自动分配)。其可能故障原因是自动调频调载模块输出线路故障,应借助输出通道指示灯检查接线并排除故障。

(2)发出"自动增机"指令后,备用发电机组不能自动起动。其可能故障原因是备用发电机组未准备好,或是自动起动信号输出电路故障,应逐条检查并予以排除。

(3)备用发电机组起动成功后,不能自动合闸到原先失电的汇流排。其可能故障原因是汇流排失电监测继电器不能给出正常失电信号,或起动成功后,"合闸"指令发出过早,应重点检查电网失电监测继电器或调整"合闸"指令发出的延时。

(4)在自动并车时,不能正常同步合闸,待并发电机组持续增速或减速。其可能故障原因是去待并机调速器的控制信号有误,应检查速度控制信号的接线。

(5)在自动并车时,已经同步,但不能合闸。其可能故障原因是主开关合闸电路故障,可以在手动模式下试验该发电机组能否合闸,如果可以,则应重点检查 PMS 是否已经发出"合闸"指令,查看相关指示灯及电路。

(6)在自动并车时,待并发电机组主开关已经合闸,但是不断增速直至电网频率超过限定值或原运行机组逆功率脱扣。其可能故障原因是待并发电机组主开关合闸后,PMS 未能收到主开关合闸状态信号,应观察待并发电机组主开关已合闸指示灯是否亮起,然后继续做相应检查。

(7)在自动并车后,无负载自动分配功能。其可能故障原因是用于自动负载分配的连接线路未正确连接,应检查并予以排除。

(8)在自动并车后,负载自动分配不均匀,一台发电机承担所有负载,导致其他机组逆功率。其可能故障原因是功率检测环节故障,应重点检查电流互感器,或自动负载分配的连接线是否接反等。

(9)自动解列时不能自动分闸,导致逆功率跳闸。其可能故障原因是待解列发电机组的分闸控制电路故障,应检查线路予以排除。

PMS 系统发生故障的故障点很多,不同的控制系统也各有不同,以上仅分析了几种比较常见的故障。发生故障时,应认真分析整个控制系统的逻辑功能和电路接线图,采用正确的排查方法,进行故障的分析和排查。

复习思考题

6-1 叙述船舶主电源与应急电源之间的联锁关系。

6-2 叙述蓄电池状态检查方法。

6-3 叙述配制调整酸性蓄电池电解液的方法。

6-4 叙述酸性蓄电池的维护保养要求。

6-5 叙述蓄电池的维护保养注意事项。

6-6 叙述蓄电池充放电的操作方法。

6-7 识别框架式空气断路器的主要内部结构,叙述其功能。

6-8 叙述框架式空气断路器 ACB 的工作原理及功能测试方法。

6-9 叙述抽屉式空气断路器(主开关)的插入和抽出操作步骤并熟练完成。

6-10 叙述框架式空气断路器的操作及功能测试方法并实操。

6-11 叙述框架式空气断路器的维护内容。

6-12 简述框架式空气断路器不能合闸的原因判断及排除并实操。

6-13 叙述框架式空气断路器误跳闸的原因判断。

6-14 叙述框架式空气断路器分闸时无法脱扣故障的原因判断。

6-15 叙述电网绝缘性能降低和单相接地故障的确认方法。

6-16 叙述电网绝缘性能降低和单相接地故障的查找与排除方法。

6-17 叙述船舶接岸电时的注意事项。

6-18 叙述岸电箱的使用及功能试验操作。

6-19 叙述主配电板安全运行的管理要求。

6-20 叙述船舶应急配电板的检查内容。

6-21 叙述船舶应急配电板与应急发电机的功能试验步骤。

6-22 叙述同步发电机的自励恒压装置与发电机组的无功功率分配手动调节方法。

6-23 叙述发电机组的准同步并车条件。

6-24 简述发电机组的手动准同步并车操作步骤并熟练实施。

6-25 叙述发电机组并车后转移、分配负载的步骤并熟练实施。

6-26 叙述发电机组解列操作的步骤并熟练实施。

6-27 叙述无功功率分配装置故障的判断及排除方法(均压线、电压调整装置)。

6-28 叙述发电机的保护种类以及实现保护的电器。

6-29 叙述发电机过载故障的判断。

6-30 叙述发电机外部短路故障的判断。

6-31 叙述发电机欠压故障的判断。

6-32 叙述发电机逆功率故障的判断。

6-33 叙述发电机组主开关跳闸(自动化电站电网失电)的应急处理措施。

6-34 叙述发电机组主开关跳闸(常规电站运行机组因机械故障而发生电网失电)的应急处理措施。

6-35 叙述发电机组主开关跳闸(常规电站并车操作时发生电网失电)的应急处理措施。

6-36 叙述发电机组主开关跳闸(常规电站单机运行时过载发生电网失电)的应急处理措施。

6-37 叙述发电机组主开关跳闸(常规电站运行机组因发电机短路或欠压保护而发生电网失电)的应急处理措施。

6-38 叙述备用发电机组"准备好起动"的条件。

6-39 叙述自动化电站发出"增机"指令的条件。

6-40 熟练设置发电机组的自动起动顺序。

6-41 熟练实施发电机组的自动起动、自动并车、自动解列与停机功能试验。

6-42 叙述重载询问的工作原理。

6-43 叙述 PPU 模块+PLC 控制的主要功能。

船舶高压电站的管理与维护

第
七
章

目前国内外建造的船舶大多数是 440 V 或者 380 V 低压交流电力系统。随着船舶用电量的增加,发电机的容量也在增加,特别是一些特种用途船舶及电力推进船舶所装备的大功率用电设备,为降低电路及电器的电流值而须提高其电压值,使高压开始进入船舶电力系统和供配电装置领域,而且发展前景良好。例如,一些大型集装箱船舶侧推器的高压电动机、变频控制装置和配电网络,电力推进船舶的高压发电、配电、用电设备和网络。

本章主要介绍:高压电力系统的基本知识,高压电力系统的电网结构,高压配电装置,船舶高压装置的安全操作。

第一节　高压电力系统的基本知识

中国船级社《钢质海船入级规范》对交流高压电气装置的特殊要求指出:高压系统是指额定电压(相间电压)大于 1 kV 但不超过 15 kV,额定频率为 50 Hz 或 60 Hz 的交流系统,或在额定工作条件下最高瞬时电压超过 1 500 V 的直流系统。除另有明文规定外,低压电气设备的构造和安装一般也适用于交流高压电气装置。但如有特殊需要,经 CCS 同意后可以采用更高的电压等级。

采用高压电力系统后,保护装置、接地、高压变压器、配电方式、主开关型号、电缆端头的构造及处理方法都与低压电力系统有很大差别,特别是船舶高压电力系统往往采用中性点接地方式,与低压电力系统普遍采用中性点绝缘方式有着明显的区别,中性点采用何种接地方式也是船舶高压电力系统需要解决的关键技术。目前,从国内外应用来看,船舶高压电力系统普遍采用高电阻接地方式。船舶高压电力系统给船舶电气系统带来一系列新的变化,船舶设计、使用和管理者必须特别注意。

第二节　高压电力系统的电网结构

图 7-1 是船舶高压电力系统单线图,该电力系统由高压系统和低压系统两大部分组成。高压系统主要包括:主发电机、主配电板、高压负载和变流机组的高压电动机(或变压器);低压系统主要包括:变流机组的低压发电机(或变压器)、辅助发电机、辅助配电板、应急发电机、应急配电板、低压负载、应急负载、照明变压器、照明负载和岸电开关。

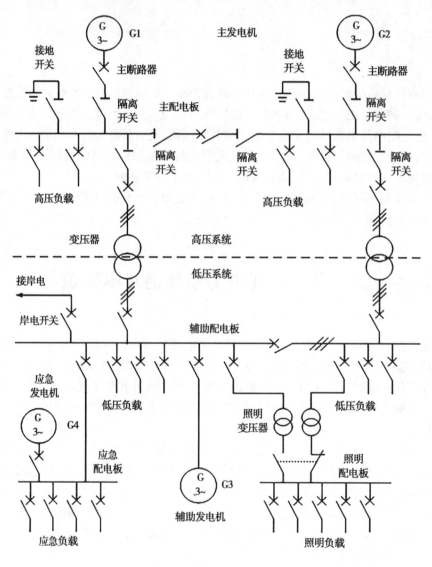

图 7-1　船舶高压电力系统单线图

从图中可以看出,高压电力系统中的低压系统部分与普通低压电力系统的组成非常相似:高压电力系统变流机组的低压发电机(或变压器)和辅助发电机等相当于低压系统的主发电机组;高压电力系统的辅助配电板相当于低压系统的主配电板;高压电力系统的其他部分,如应急发电机、照明变压器及其配电板等都与低压电力系统基本相同。因此,高压电力系统与低压电力系统的主要差别是增加了高压部分。

高压电力系统的高压部分的主发电机组一般也采用中速柴油机作为原动机,主发电机组的发电机通常为容量较大的同步发电机。高压系统的负载通常都是容量很大的负载,如电力推进船舶的推进电动机、海洋工程船舶的泥浆泵电动机等。这些高压负载电动机往往采用变频调速,其调速设备或其他辅助设备也要求为高压设备,有的负载设备可能存在不同电源频率。

高压电力系统除了高压负载外,还有大量的普通低压负载,因此需要将高压三相交流电变换成低压三相交流电。一种方法是采用变压器实现高压电变成低压电,但高压负载采用变频调速时产生的大量高次谐波会污染低压系统,造成低压系统的电能质量恶化,因此要有谐波抑制措施。为了解决这个问题,另一种方法是采用旋转变流机组进行电压变换,将谐波截留在高压系统中,避免了低压负载的谐波污染。

第三节　高压配电装置

为满足控制和分配电能的需要,高压配电装置(一般称为高压开关柜)上装有各种开关、控制及保护电器、电气测量仪表、信号指示灯。

高压配电装置按 CCS 规范的要求:应将主配电板至少分成两个独立的分段,通过至少一个断路器或其他合适的隔离设备分隔开,每一分段至少由一台发电机供电。如两个独立配电板由电缆进行连接,则在电缆的每一端应设有断路器。

在高压配电板中,有一个低压配电板中一般不会有的特殊结构——母线连接屏,简称母联屏。母联屏的作用主要是用来连接两段母线,通过高压断路器的分合闸控制,可以实现两段母线的断开和连接。

高压配电板的控制与低压配电板类似,对于高压发电机而言,具有与低压发电机完全相同的同步控制要求,包括调压、调速、同步检测以及自动准同步或手动准同步控制。除了可以在高压配电板上进行控制外,还可以在集中控制台上进行控制。

1.高压主配电板

图 7-2 是某万箱级集装箱船高压电力系统单线图(高压部分),该系统配置有高压岸电连接屏,在靠港停泊期间,岸电的接入可以减少船舶发电机组的燃料消耗,符合经济节能的环保要求。该高压主配电板由 19 屏组成,如表 7-1 所示:第 8、9、14、15 屏是主发电机屏;第 7 屏是涡轮发电机屏;第 2、3、4、17、18、19 屏是 1~6 号冷藏变压器屏;第 6 屏是舯侧推屏;第 1 屏是高压岸电连接屏;第 5、16 屏是高压主变压器屏;第 11 屏是母联屏;第 13 屏是同步并车屏;第 10、12 屏是接地保护屏。

高压配电板与低压配电板在电路结构上不同,高压配电板中每一屏只有一条电路,每一屏内部都具有相应的联锁保护要求。每屏的顶端配有专用的卸弧区域,用来泄放开关关断过程中释放出来的各种有害物质,这种有害物质与断路器开关内的灭弧材料有关系。

高压配电板的开关柜中真空断路器 VCB 一般为摇出式。控制断路器及接触器均需通电进行通断,其操作控制一般采用 DC 110 V 的 UPS 供电。

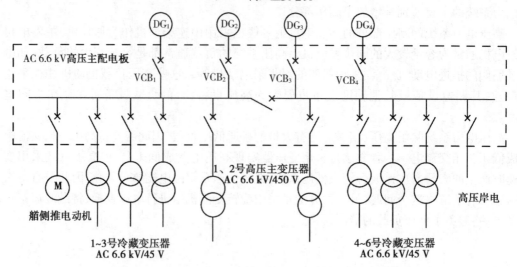

1~4号6.8 kV高压主发电机

图 7-2 某万箱级集装箱船高压电力系统单线图(高压部分)

表 7-1 万箱级集装箱船高压主配电板组成

1	2	3	4	5	6	7	8	9
AMP	RT$_1$	RT$_2$	RT$_3$	MT$_1$	BH	PTG	DG$_1$	DG$_2$
高压岸电连接屏	1号冷藏变压器屏	2号冷藏变压器屏	3号冷藏变压器屏	1号主变压器屏	艉侧推屏	涡轮发电机屏	1号主发电机屏	2号主发电机屏

10	11	12	13	14	15	16	17	18	19
GPT$_1$	BT	GPT$_2$	SYN	DG$_3$	DG$_4$	MT$_2$	RT$_4$	RT$_5$	RT$_6$
1号接地保护屏	母联屏	2号接地保护屏	同步并车屏	3号主发电机屏	4号主发电机屏	2号主变压器屏	4号冷藏变压器屏	5号冷藏变压器屏	6号冷藏变压器屏

下面介绍高压主配电板的几个主要控制屏的功能:

(1)高压发电机屏的功能

遥控功能:主要对发电机的起动、遥控操作,发电机负荷状态控制。

安全保护:对欠压、过载、短路、逆功率、接地故障、差动、电弧等实时保护。

测量和显示功能:对发电机的功率、功率因数、电流、电压、频率等进行测量显示。

(2)母联屏的功能

控制功能:具有手动并车、自动并车、自动负荷分配等功能。

保护功能:通常设有反时限过电流(过载)保护、定时限过电流(短路)保护、接地故障保护及电弧保护等功能。

测量和显示功能:能测量和显示母排的电压、频率,具有断路器、手车、接地开关的状态以及单线图模拟显示等功能。

(3)高压变压器屏的功能

高压变压器屏是将发电机输出的 AC 6 600 V 转换为 AC 440 V,供船上设备使用的电压转换设备。根据系统使用情况,该集装箱船的高压变压器分为主变压器(也称为日用变压器)和冷藏变压器两种:主变压器是用于船舶航行及日常满足设备使用的变压器;冷藏变压器是专门给冷藏集装箱供电的变压器。

2.高压断路器

高压断路器是高压电力系统中最重要的控制和保护设备。在正常运行时,高压断路器根据电网的需要,接通或断开电路,起控制作用;当电网发生故障时,高压断路器和保护装置及自动装置相配合,迅速、自动地切断故障电流,保障电网无故障部分的安全运行,以减小停电范围,起保护作用。

真空断路器本体不像低压断路器那样带有保护装置,而是通过独立的继电保护装置来控制断路器。目前采用的均为数字式多功能保护与控制装置,其具有强大的测量、显示、控制功能。

根据使用灭弧介质的不同,断路器可分为:油断路器、空气断路器、六氟化硫(SF_6)断路器、真空断路器等,其中在船舶中使用最多的是真空断路器。

高压真空断路器(或称高压开关)常用作发电机主开关及高压母线联络开关。它具有相当完善的灭弧结构和足够的断流能力,其触点处于真空中,在断开电路时,由于没有空气的存在,高压大电流电弧容易熄灭。图7-3是ZN63型高压真空断路器结构简图及实物图。

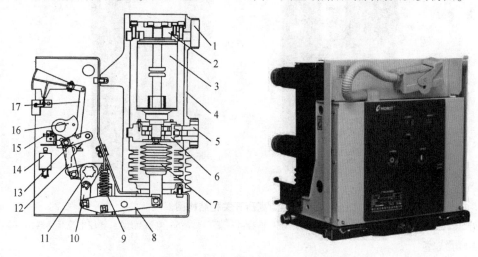

图7-3 ZN63型高压真空断路器结构简图及实物图

1—上出线座;2—上支架;3—真空灭弧室;4—绝缘筒;5—下出线座;6—下支架;7—绝缘拉杆(内加触点压力簧);8—传动拐臂(四连杆机构);9—分闸弹簧;10—传动连板(四连杆机构);11—主轴传动拐臂(四连杆机构);12—分闸保持掣子(四连杆机构);13—连板;14—分闸脱扣器;15—手动分闸顶杆;16—凸轮;17—分合指示牌连板

高压真空断路器额定电压为15 kV,额定分断电流为25 kA,额定电流为1 250 A,机械使用寿命为30 000次,合闸系统为马达-弹簧储能传动机构,可以电动储能和手动储能。高压真空断路器正面有状态指示器、计数器、弹簧储能指示器以及手动操作启停按钮,侧面有接地开关。

3.隔离开关和接地开关

船舶高压隔离开关是船舶高压电力系统中重要的开关电器,需与高压断路器配套使用,其主要功能是:保证高压电器及装置在检修工作时的安全,起隔离电压的作用,仅可用于不产生强大电弧的某些切换操作。由于断路器的断开点在外是看不见的,为了保证在检修船舶高压电力系统时操作人员的人身安全,在船舶高压主发电机断路器与高压汇流排之间,在分断高压汇流排的断路器两端,以及在高压变压器的断路器与高压汇流排之间,都串联了隔离开关。隔离开关是具有可见断开点的开关,由于隔离开关没有灭弧装置,所以不能带电进行分合闸操作。

另外,为了确保维修人员正在接触的线路无电,高压供配电线路上还安装了多处接地开关。接地开关(三相)的一端与母线相连,另一端与接地点可靠相连。与隔离开关相同,接地开关也没有灭弧装置,不可以带负载分合闸。在停电维修某一段线路和设备时,合上相应的接地开关,能保证被维修线路和设备可靠地接地,防止线路上电荷积累;或者在断路器意外合闸时,由于线路三相接地,短路电流会使断路器立即跳闸。

4.高压开关柜

图7-4是高压开关柜结构图。高压开关柜由柜体和手车(又称小车)两大部分构成。柜体由金属隔板分隔成四个独立的隔室:母线室 A、断路器手车室 B、电缆室 C 和继电器仪表室 D。

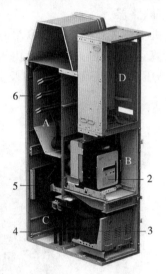

图7-4　高压开关柜结构图

1—多功能保护与控制装置;2—真空断路器;3—电压互感器;4—高压电缆;5—电流互感器、零序电流互感器;6—高压母线

（1）母线室

母线室布置在开关柜的背面上部,用于安装布置三相高压交流母线及通过支路母线实现与静触头连接。全部母线用绝缘套管塑封。在母线穿越开关柜隔板时,用母线套管固定。如果出现内部故障电弧,能限制事故蔓延到邻柜,并能保障母线的机械强度。

（2）断路器手车室

图7-5是断路器手车室结构图。手车室由真空断路器和其他辅助设备组成,手车底盘支撑断路器本体,使断路器在"试验"/"工作"位置移动,以及配合检修小车将断路器从手车室中拉出。断路器手车有两个位置,在"工作"位置时,断路器主电路的一次动触头与静触头接通,二次插头被锁住不能拔出;在"试验"位置时,断路器主电路的一次动触头与静触头隔离,二次插头解锁可以被拔出,也可以插在插座上,断路器可以进行电动分合闸操作,进行相关试验。

在断路器隔室两侧装有水平方向导轨,使断路器手车能沿着导轨前后移动,其内部装有一套螺旋推进机构,提供手动推进摇把。摇把顺时针转动,使断路器手车前进;摇把逆时针转动,使断路器手车退出,从而使断路器手车在"工作"位置和"试验"位置之间移动。手车从"试

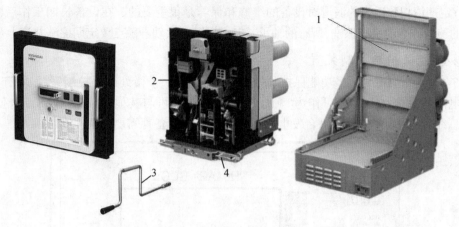

图 7-5 断路器手车室结构图

1—静触头隔板；2—断路器本体；3—手动推进摇把；4—手车底盘导轨

验"位置移至"工作"位置时,安装在手车室后壁上的静触头隔板(活门)自动打开,将一次触头接通;手车反方向运动时,则活门自动关闭,将一次触头完全隔离。

断路器手车具有安全可靠的联锁装置,能满足"五防"要求:

①当断路器手车离开"工作"或"试验"位置时,断路器不能合闸。断路器手车只有在"试验"或"工作"位置时,断路器才能进行分合闸操作。

②当断路器手车在"工作"或"试验"位置时,如断路器处于合闸状态,手车不能被移动。

③当断路器手车在"工作"和"试验"两个位置移动或从柜内进出时,断路器储能的合闸弹簧能自动释放。

④当断路器手车在"工作"位置时,接地开关不能合闸。当接地开关在合闸状态时,断路器不能进入"工作"位置。

(3)电缆室

电缆室连接进(出)电缆,内部安装电流互感器、接地开关、避雷器(过电压保护器)等附属设备,并在其底部配制开缝的可卸铝板,以确保现场施工的方便。

(4)继电器仪表室

继电器仪表室的面板上安装有多功能保护与控制装置、操作把手、仪表、状态指示灯或状态显示器,以及端子排、储能电机工作电源。

5.高压开关柜维护管理注意事项

(1)必须按照电气高压安全操作规程进行维修操作,确认要维修的设备处于安全隔离的状态。

(2)检查各开关柜上的各种控制功能、指示和显示是否正确;是否有异常声音和气味;每周用感应式测温仪检查电器连接点的温度并关灯检查带电母排。

(3)每年对开关柜进行清洁和紧固;每两年对开关柜的真空断路器进行过电压保护、欠压保护、过电流保护、优先脱扣保护、逆功率保护、差动保护等功能测试。每两年对真空断路器进行预防性试验,内容包括检查主触点、接触电阻和绝缘电阻,进行真空度试验和交流耐压试验,以及检查线圈的直流电阻和绝缘电阻。

(4)每半年检查手车开关的触点和固定触点的接触是否良好,触点有无腐蚀、损坏、过热变色的现象;检查真空断路器的附件和辅助设备的绝缘隔离板是否保持干燥和干净。

（5）定期清扫和适当的润滑对设备的维修和保养是很重要的。在设备长期工作后，需对设备内部的绝缘件表面进行擦洗，所有的轴承、转动部位、一次动静触点要定期擦洗并涂上凡士林。

6.多功能保护与控制装置

图7-6所示是HIMAP多功能保护与控制装置，它是一个微处理器控制系统，用于实现发电机和电网的保护。HIMAP可作为"独立"装置运行，也可与其他HIMAP设备结合使用（通过数据总线进行通信）。通常每台发电机、断路器、用电设备都需要配置一套HIMAP。

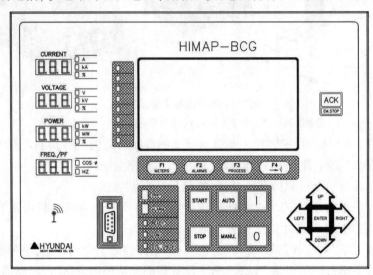

图 7-6　HIMAP 多功能保护与控制装置

完整的电站管理系统（PMS）通过总线连接所有相关的HIMAP实现，即冗余总线系统。这种方式提供了所有主要的PMS功能。

由于HIMAP的模块化设计，其功能和可能的连接可以轻松扩展。HIMAP可以通过接口连接到外部管理系统或互联网，可以限制显示和参数设置的外部访问授权。

HIMAP的操作、参数设置和监控通过显示面板实现：

（1）对发电机和断路器等状态的即时显示，包括电流、电压和功率等相关数据。

（2）各种控制和保护参数的修改（受密码保护）。

（3）在报警列表中显示报警及故障，并可在显示面板上确认。

第四节　船舶高压装置的安全操作

虽然船舶高压电力系统的电压等级很高，初次接触高压的电气维护管理人员会产生畏惧的心理，但是船舶高压电力系统的设备都要求具有较高的防护等级，各个设备的维护、管理都有明确的操作规程，这些操作规程有的由设备生产商制定，有的由船舶管理者制定，具有较高的科学性。船舶电气维护管理人员只要严格按照这些操作规程进行操作，小心谨慎、科学管理、及时总结经验，不断完善各设备的操作规程，船舶高压电力系统就会安全、可靠、高效地运行。

一、船舶高压配电装置的检测与操作规程

（一）船舶高压配电装置的检测

通过电压互感器、电压表及其选择开关，可以观察到发电机或高压电网的电压；通过电流互感器、电流表及其选择开关，可以观察到发电机的输出电流。发电机刚起动时，可通过观察发电机控制屏上的指示灯来判断是否有电，并可通过多功能保护与控制装置查看更多的相关参数。

需要注意的是，在正常运行中，高压设备处于封闭的高压柜内，不要试图使用验电笔或万用表测量其高压部分。可以打开高压柜上部的继电器仪表室，使用万用表测量其低压部分的内部相关参数。

（二）船舶高压电力系统的一般安全操作规程

1.船舶高压发电机检修操作规程

船舶高压发电机即使在停机状态，线路和设备上残存的电荷仍有可能形成高压。因此，要注意安全操作距离。

船舶高压发电机只有作为备用机时才能进行检修，以保证船舶电站供电的连续性。检修船舶高压发电机，必须将发电机组的方式选择开关打到"手动"位置，以防止发电机组误起动。断开发电机主开关，关闭励磁电源，合上接地开关，才能进行检修。如果需要测量船舶高压主发电机绕组的绝缘，必须将发电机中性点接地电阻断开。

检修时，操作人员必须戴绝缘手套，穿绝缘鞋。

对高压发电机的管理和检修应注意以下几个方面：

（1）严格的接地放电程序

由于定子绕组或励磁绕组的残余电场会释放出大量电荷，安全隐患极大，所以在停机维护保养定子绕组或励磁绕组前，必须严格执行接地放电程序，确认接地可靠、充分放电后，才能开始检修。

（2）注意发电机的绝缘

高压发电机电枢电压高、温升大、绝缘要求高，定期测量和保持绕组绝缘极为重要。对于6 600 V 的系统，应定期用 10 000 V 的兆欧表测量系统绝缘。检修中应注意防止损坏绝缘。

（3）注意漏水报警装置

高压发电机多采用水冷形式的空气冷却器，其冷却后的空气再去冷却电枢绕组。冷却器设置在发电机顶部，一旦冷却水漏出进入绕组，后果将不堪设想。因此在设计上，系统中增加了漏水监测报警装置，即使轻微的漏水也能及时报警。在发电机检修中，应进行漏水报警的实效检验，并将其编入船舶设备检查周期表，严格执行，及时发现和排除异常，保证其工作正常。

（4）检修完毕也必须严格执行恢复程序

因检修完毕后，恢复程序时出错也会酿成重大事故，故检修完毕后，也必须按照正确顺序恢复各开关、设备的状态，做好运行的准备。

2.船舶高压断路器检修操作规程

高压配电板通常分为左右两侧，分别放置在不同的高压配电室中，高压配电室配有高压绝缘地面，并且高压配电板具有非常高的防护等级，以保证操作人员的安全。

船舶高压断路器检修的流程为:将断路器置于"试验"位置,断开相应的隔离开关,闭合接地开关,打开开关柜,方可检修断路器。检修完毕后,关闭开关柜,断开接地开关,闭合相应的隔离开关,将断路器置于"工作"位置。虽然断路器、隔离开关与接地开关和柜门之间都有电气或机械联锁,以防止误操作,但是操作人员仍应按照操作流程逐步操作。

3.船舶高压隔离开关操作规程

由于有电气或机械联锁,操作隔离开关时,要与高压断路器的分合闸操作相配合,只有在断路器断开后,才能进行断开隔离开关的操作。断路器在合闸位置时,不能分断隔离开关。同样,必须在合上隔离开关之后才允许合上高压断路器。

4.高压接地开关的操作规程

检修完成后,首先打开接地开关,然后合上隔离开关,最后才可以进行相应的断路器合闸操作。

5.不间断电源管理操作规程

不间断电源(UPS)是高压电力系统及控制系统的应急供电装置,如果 UPS 不能正常工作,在船舶失电后,高压电力系统及控制系统将不能工作,导致高压电力系统处于瘫痪状态。因此,对 UPS 的操作和管理应予以重视,同时 UPS 的功能试验也是船舶高压电力系统的必检内容。

平时应保持电瓶间整洁,并确保通风良好;应保持电瓶及接线柱清洁,并确保接线紧固。日常应经常检查 UPS 各参数是否正常。平日 UPS 采用浮充电制,每月充分放电一次,后手动充足,再转浮充。检修 UPS 时,应将 UPS 转为旁路供电,以保证高压电力系统及控制系统的供电。UPS 的蓄电池应每 5 年更换一次。

二、船舶高压装置的安全操作与"五防"措施

(一)船舶高压装置的安全操作

1.使用高压个人防护装备

对于船舶高压电力系统,操作人员即使没有直接接触带电设备,如果不慎距离带电设备太近,小于规定的安全操作距离,也可能造成严重的触电事故。船舶高压电力系统的变压器、电流互感器、电压互感器、断路器等一般要求安装在完全封闭的开关柜中。当需要带电操作某些设备时,要严格按照安全操作规程,戴绝缘手套、戴护目镜、穿绝缘鞋、使用专用的绝缘工具进行。常态下必须断电操作,操作前必须确保接地开关处于接地状态。

本身的绝缘强度足以抵抗电气设备运行电压的用具叫基本绝缘安全用具,如在涉及低压设备操作中使用的带绝缘柄的工具、绝缘手套等,在涉及高压设备操作中使用的验电笔、绝缘拉杆等。本身的绝缘强度不足以抵抗电气设备运行电压的用具叫辅助绝缘安全用具,如在涉及低压设备操作中使用的绝缘垫、绝缘鞋、绝缘台等。

绝缘用具应试验合格、在有效期内、电压等级相符。绝缘杆应连接牢固,附件应清洁干燥。绝缘靴、绝缘手套应无粘连、无孔洞,手套应做充气试验,绝缘靴底纹不能磨平。绝缘杆应装套垂直竖放,手套应使用专用架竖放,其余装在专用的保险箱内。

应根据不同的使用场所及不同的防护要求,选择合适的防护用品,绝不能选错或将就使

用。必须了解防护用品的性能及正确的使用方法。必须牢记,使用不能起作用的防护用品比不使用防护用品更危险,因为使用者会误以为他已经得到了保护而实际上并没有。因此,使用前必须严格检查防护用品,如呼吸器要定期检查,以免急救时无法正常工作。要妥善维护保养防护用品。安全帽是最常用的头部保护工具。

2.高压安全操作要求

对高压设备维护,需要在得到船舶轮机部门同意后,才能由至少2人(其中一个人是具体操作人员,另一个人是安全员)组成的工作组来进行并确保安全,不会发生误操作。操作过程中切记不要带电操作,即使在断电的情况下,也必须在使用接地棒可靠接地后,才能进行操作。送电或断电过程中必须做到"五防"。操作者穿好耐压的高压绝缘鞋,方可进入高压设备操作岗位。做好高压设备维护准备清单,逐项确认。

所有高压设备均应设有适当的安全防护,并在显眼处悬挂危险警告标牌,如"高压危险"和闪电图样。如果有设备在维护,还应在设备周围布置一圈安全警示围栏,防止无关人员进入。

高压电缆也应具有合适的标志,以便识别。高压设备本身的状态也需要用显眼的标牌标示出来,如"合闸""分闸""已储能""已脱开""故障脱扣"等。

(二)船舶高压开关柜的"五防"措施

随着船舶高压电力系统的不断发展,特别是控制技术的不断更新,船舶高压电力系统的防误装置得到了不断的改进和完善。防误装置的设计原则是:凡有可能引起误操作的高压电气设备,均应装设防误装置和相应的防误电气闭锁回路。为保证安全及各联锁装置可靠、不致损坏,必须按联锁防误操作程序进行操作。船舶高压开关柜的"五防"措施是船舶高压电力系统安全生产的重要措施。

船舶高压开关柜的"五防"措施的具体内容如下:

1.防止误操作断路器(即防止带负荷移动断路器手车)

断路器手车只有在断路器分闸状态下才能进行拉出或推入"工作"位置的操作。断路器手车只有在"试验"或"工作"位置时,断路器才能进行分合闸操作。在断路器合闸后,断路器手车无法移动,防止了带负荷误拉、推断路器。

2.防止带接地开关误合断路器

仅当接地开关处于分闸位置时,断路器手车才能从"试验"位置移至"工作"位置进行合闸操作,实现了防止接地开关处于闭合位置时误合断路器。当接地开关处于合闸位置时,机械装置锁住断路器手车,使断路器不能从"试验"位置移至"工作"位置。

3.防止带电误合接地开关

仅当断路器手车处于"试验"位置时,接地开关才能进行合闸操作,实现了防止带电误合接地开关。当断路器处于"工作"位置时,无论断路器是否已经合闸,此时均不能操作接地开关。

4.防止带负荷误分合隔离开关

隔离开关无灭弧装置,因此不能带负荷分合隔离开关。隔离开关与相应的断路器有机械或者电气的联锁,只有断路器分闸后,才能分合隔离开关。

5.防止误入带电间隔

接地开关处在分闸位置时,开关柜的下门及后门都无法打开,防止人员误入带电间隔。仅当断路器手车处于"试验"位置、接地开关处于合闸状态时,才能打开开关柜的后门;打开后门后,接地开关不能分闸,只有关闭后门后,接地开关才能进行分闸操作。

三、船舶高压配电装置的主要隔离与切换操作

(一)高压母联开关的操作

图 7-7 所示是典型的环形供电网络,所有重要负载至少有两条供电路径,可以很好地保证系统供电的可靠性。对系统保护来说,如果故障发生在负载端,则只需将输出端电路切断。如果分站(左、右两个发电机组各构成一个分站)发生了故障,则将该分站从系统中切除,环形网络打开,其余分站将继续运行。

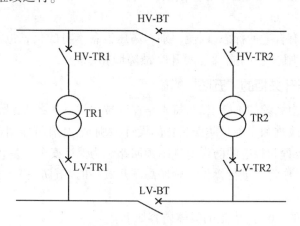

图 7-7　典型的环形供电网络

在高压设备运行中,中间隔离的母联开关的 HV-BT 合闸操作必须满足同步操作的要求,即在母联开关合闸前,需要左、右两个分站达到同步才能合闸,而同步的调整一般事前确定好,由负载重的分站作为电网运行,负载轻的或空载的分站作为待并机处理。分闸操作与发电机的解列操作是一样的。

(二)主变压器的切换操作

整个低压配电板的负载屏都由一台高压主变压器副边供电。高压主变压器是船舶高压电力系统的关键设备,将高压配电屏的高压降压成 450 V 电压,供全船除高压电器之外的所有负载使用。

由于主变压器的容量大、温升较高(报警值为 120 ℃左右)、压降大、体积大,日常管理中要求两台主变压器交替互换使用,以利于监控温度和有效降温。

主变压器设计时采用不并联、单独运行的方式,所以两台主变压器有联锁,保证一台运行,另一台停止。一般每季度互换一次,最长不超过 6 个月。备用主变压器的初级线圈可以保持与高压母线合闸连接状态,虽然消耗部分电能(耗量很小,电流不到 1 A,可以忽略不计),却能够保持主变压器绝缘良好和处于良好的备用状态,一旦出现低压汇流排失电,能够及时供电。

主变压器的互换使用主要是下列三种状态的转换:

（1）两台主变压器分别向两个低压主汇流排供电,转换为一台主变压器向两个低压主汇流排供电。

（2）一台主变压器向两个低压主汇流排供电,转换为两台主变压器分别向两个低压主汇流排供电。

（3）一台主变压器向两个低压主汇流排供电,转换为另一台主变压器向两个低压主汇流排供电。

这三种状态的转换操作,涉及保持机舱连续供电或快速恢复供电。在图7-7所示的变压器切换控制回路中,断路器HV-BT将高压汇流排分为左、右两个,断路器LV-BT将低压汇流排分为左、右两个。

（三）主变压器的跳闸处理

主变压器设有高温报警和高温跳闸保护。一旦达到跳闸温度设定值,低压配电板上的断路器LV-TR1或LV-TR2跳闸断电,全船失电,应急发电机组自动起动、合闸供电,类似传统低压电力系统的船舶失电。但是,运行的高压主发电机并没有跳闸,所以备用发电机不会也没有必要自动起动合闸供电。

但在全船失电时,备用主变压器不会自动合闸供电,必须在低压配电板上手动合闸才能供电。所以,主变压器跳闸时,应急处理程序中多一个低压配电板中备用主变压器手动操作合闸的环节。这就要求管路人员能够判断失电的具体情况,掌握处理主变压器跳闸的方法,及时采取措施恢复供电。

（四）高压岸电与船电之间的切换

为满足排放的国际要求,船舶靠岸后需接受岸电。但是岸电与船电的高压切换牵涉的设备非常多,如果与低压一样采用断电换电,很多设备就需要逐步断电操作,然后再进行逐步送电操作。这不仅给操作带来复杂要求,而且容易出现操作失误,引起故障,有的正常操作也会对设备有过电压的损坏影响。所以,一般要求岸电与船电需要带电换电,即不间断换电,这就要求岸电投入需要并车操作,这时调节的设备只能是船电设备。岸电脱离操作也必须是解列操作。所以岸电也需要有并车操作控制系统来满足高压电之间的切换,实现岸电与船电的不断电转换。

在确认岸电相序正确后进行并车操作,并车的条件包括:

①船舶主发电机单机运行;②电压相等;③频率相等;④相位相等。

并车方式(手动或自动准同步)可以通过同步屏上的转换开关进行选择(通常选择"AUTO"方式)。并车操作可按发电机的并车操作规程进行,但在并车过程中只能调节船舶发电机的电压、频率和相位。

若选择"AUTO"方式,船舶电站功率管理系统(PMS)将视岸电为另一台船舶发电机,进行岸电和船电的自动并车、负载转移、发电机自动解列及自动停车的控制。自动并车和负载转移的过程延续时间约为10 s,10 s后发电机的真空断路器VCB将自动分闸。当负载增加到最大值或岸电突然失电时,应立即起动一台船舶发电机。

1.船舶高压岸电系统的组成

船舶高压岸电系统主要包括:高压岸电电缆绞车;高压岸电连接屏(HV shore power connection panel);高压岸电接收屏(HV shore power receive panel),如图7-8所示。

两套高压岸电电缆绞车分别位于船尾左右两舷(upper deck层)。连接岸电时,先将绞车的移门打开,然后用手动液压泵将电缆搁架向船舷方向完全放出,再通过马达转动电缆绞车将电缆徐徐放到码头上,由码头工作人员将电缆插头与码头上的岸电插座相连,岸电首先被引到岸电连接屏。

岸电连接屏由左舷岸电连接屏、右舷岸电连接屏和高压岸电配电屏组成。操作人员在岸电配电屏上检查岸电相序是否正确(若不对,通知码头换相),并分别检查岸电的电压、频率等参数,若参数正常,就可以在左舷(或右舷)岸电连接屏上闭合断路器,将 6 600 V 的岸电送至位于集控室的高压主配电板上的岸电接收屏。

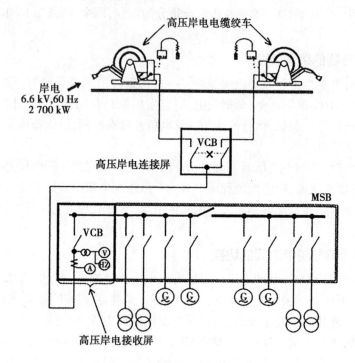

图 7-8　船舶高压岸电系统

岸电接收屏用来将岸电通过主汇流排向船舶电网供电。岸电接收屏上有真空断路器VCB、接地开关、相序指示仪、数字式多功能表(可进行电压、频率、电流和功率指示)等,并通过多功能保护与控制装置实现岸电的过电流保护(长延时、短延时)和欠压/断相保护。

2.岸电系统的安全操作

整个操作过程必须有两名以上专业人员参加,应该是轮机长现场指挥,电子电气员具体操作,一名轮机员协助;现场人员配备对讲机,保持船舶内部指挥协调以及与岸上人员的沟通联络,确保操作安全顺利地进行。

其安全操作共分为六个步骤:

(1)船舶岸电系统接地放电

船舶接岸电前,岸上专业人员上船接洽,并要求船舶岸电系统进行接地放电。在岸电专业人员的见证下,船员在高压岸电连接屏上完成接地放电程序。

(2)电缆的送岸连接

电缆绞车有自动张紧功能(类似自动绞缆机),能够保持电缆在设定张力下伸出一定的长度,间隔一定时间自动收绞一次,可有效保护电缆不受外力损坏。

必要时可适当调节电缆绞车力矩和绞缆时间。调节后电缆应该不吃紧也不松弛外溜,电缆绞车每 10 min 左右自动绞缆 3 s。如果原设定的电缆绞车力矩偏大、绞缆时间偏长,有必要调小和调短。

(3)岸电系统应急断电线路的连接、试验和送电

应急断电线路的原理:将连接电缆中的应急停止控制回路接入高压真空断路器欠压线圈电路(串联,电压 110 V),当船舶任何一个应急按钮按下,或船上岸电电缆绞车送出电缆到仅存最后一圈时,自动断开岸电高压断路器,起到应急保护作用。依下列程序进行:

①岸上人员接妥电缆接口后,连接应急断电线路。

②船上操作人员配合,在艉部岸电箱、岸电连接屏、高压配电板 MSB 上的岸电接收屏等三处,按照岸上人员的指挥来操作应急断电按钮,做应急断电实验。

③岸上人员确认试验成功,就完成了 6 600 V 高压岸电的全部供电准备工作,随时可合闸供电。

(4)相序检验

在岸电连接屏上检验相序,待确认后可以合闸,向高压岸电接收屏送电。

(5)高压配电板合闸送电

高压配电板的合闸送电有多种方式(船舶供电的断电合闸和不断电合闸;不断电合闸方式又分为自动同步合闸和手动同步合闸)。

船舶断电合闸:相序检测后,按下发电机主开关分闸按钮,全船失电;接着按下岸电合闸开关,恢复船舶供电。

若选用自动同步模式,只需按下高压岸电合闸按钮,自动同步并车后供电,船舶发电机自动进行负载转移、分闸,机舱在不断电的情况下完成岸电供应转换(类似发电机转换操作)。然后记下电度表的读数,以便结算。

(6)岸电供电结束的恢复程序

起动一台船舶发电机,选择并电模式。

若选用不断电自动同步模式,只需按下待并发电机合闸按钮,自动同步并车后岸电负荷自动转移到船舶发电机,岸电分闸,机舱在不断电的情况下完成船电供应转换(类似发电机转换操作)。

船舶断电合闸与上述程序相同,起动船舶发电机后,先岸电分闸,全船失电;接着按下发电机的合闸开关,恢复船舶供电。然后记下电度表的读数,以便结算。最后在岸电连接屏上分闸。岸电撤除程序如下:

①通知岸上人员停止供电(当然,船舶操作人员也可以按下应急断电按钮,遥控岸电断路器分闸断电)。

②配合岸上人员脱开电缆连接。

③操纵 6 600 V 高压电缆专用收放装置,逐步收起电缆。

④操纵收起液压导缆托架,关上舷门。

四、船舶高压电力系统的管理

船舶高压电力系统管理的内容主要包括:系统参数的监测记录、系统各设备的检查与维护、系统功能和报警的定期试验等。

（一）船舶高压电力系统参数的监测记录

船舶电站功率管理系统将各设备的运行参数采集到主控制单元,通过人机界面集中显示,操作人员可以直观地观测到系统各设备的运行状态,如高压电站的电压、电流、频率、功率等。

表 7-2 是某船舶高压电站参数监测记录表,该表列出了高压电力系统主要设备的运行参数。船舶电气维护管理人员每天应按时对主要设备的参数进行记录并进行比较,通常系统各主要设备的状态可通过参数直接反映出来,对参数的分析可以帮助管理人员提前对设备的故障进行预判断,有效地减少故障的发生。例如,某管理人员在记录高压电站主变压器电流参数时,突然发现变压器副边电流出现变化,经过检查主变压器发现,变压器副边绕组接线接触不良,有打火现象,于是立即减少变压器用电负载,直至更换备用主变压器,有效避免了故障的扩大。

表 7-2　某船舶高压电站参数监测记录表

设备名称	监测参数							
主发电机	电压	电流	功率	绕组温度	冷却水温度	冷却风温度	驱动端轴承温度	自由端轴承温度
主变压器	原边电压	副边电压	电流	绕组温度	冷却水温度	冷却风温度	—	—
推进电动机	电压	电流	转速	功率	绕组温度	—	—	—
艏侧推电动机	电压	电流	功率	绕组温度	—	—	—	—

（二）船舶高压电力系统各设备的检查与维护

船舶高压电力系统各设备的检查与维护是管理人员对高压电站管理的主要内容,既包括对电站各设备的日常检查,又包括对各设备的日常维护保养。

船舶电力系统与陆地电力系统相比,最大的不同是船舶电气设备所处的工作环境更加恶劣,船舶空间更加狭小,船舶航行产生的振动加上高压电站的谐波都对电气设备影响较大。因此,对电气设备的检查维护,首先,要检查其硬件安装的固定情况及接线紧固情况,只有设备被稳定安装,才能保证当船舶出现较大的晃动或振动时,电气设备可稳定地运行,同时电缆接线的紧固连接保证了电气设备正确采集或传输信号。根据经验,船舶电气设备故障及系统的误报警接近 40% 是由接线松动导致的。其次,随着船舶电气设备集成化程度的提高,其对环境和空气清洁度的要求也越来越高,所以操作人员在对高压电站日常维护保养过程中,要保持系统设备工作环境的清洁。最后,对各设备的散热系统应重点检查和维护,通常情况下,电气设备运行的温度每升高 10 ℃,其使用寿命就缩短了将近一半,因此,对船舶高压电站设备的散热和冷却系统的检查也是船舶高压电站管理的重要内容。

（三）船舶高压电力系统功能和报警的定期试验

对船舶高压电力系统的功能和报警应定期地进行试验,试验的主要项目如下:

1.主要功能试验项目

(1)对手动并车装置进行检查和效用试验。

(2)模拟试验运行中的发电机组预报警,备用发电机组能否在规定的时间内自动起动并合闸供电。

(3)模拟试验当电网失电时,备用发电机组能否在规定的时间内自动起动并合闸供电。

（4）模拟试验当在网运行的主发电机剩余功率不足时,船舶电站功率管理系统能否在规定的时间内起动备用发电机组并合闸供电。

（5）模拟试验当在网运行的主发电机剩余功率不足且没有备用发电机组可用时,能否实现次要负载分级卸载功能。

2.主要报警试验项目

（1）模拟发电机组机械故障报警,例如,原动机润滑油压力低、冷却淡水温度高报警等。

（2）模拟主发电机过载、短路、逆功率、欠压、过电压、高频、低频报警。

（3）模拟各种温度传感器温度过高报警。

（4）模拟高压发电机冷却水泄漏报警等。

对船舶高压电力系统定期地进行功能试验,可以保证系统功能处于随时可用状态。如定期模拟试验电网失电,发电机能否在规定时间内自动起动、合闸供电,防止当高压电力系统突然失电时,系统不能自动恢复,导致更严重事故的发生。

定期的报警试验同样是船舶高压电力系统管理的重要内容,如果报警系统功能不可用,在系统出现故障后,船舶电站功率管理系统不能立刻报警,有可能导致设备的损坏,甚至出现更严重的事故。保证高压电力系统各报警功能的正常,可以及时地发现系统的故障,保证船舶电力系统的安全运行。

（四）船舶高压电力系统日常维护安全程序

船舶高压电力系统日常维护还需要注意以下问题:

1.一般操作程序

（1）高压开关柜送电操作步骤

①通过转运小车把断路器手车推入开关柜内并使其锁定在"试验"位置。推断路器时需把断路器两推拉把手往中间压,同时用力往前推(往柜内推),断路器到达"试验"位置后,放开推拉把手,把手自动复位。

②将断路器的二次插头插入开关柜的二次插座内,并用扣件锁定。

③关闭开关柜后门(电缆室门)和前门(断路器室门);打开接地开关操作活门,用接地开关操作手柄(逆时针方向)打开接地开关;抽出接地开关操作手柄并关闭接地开关操作活门,确认接地开关处于分闸状态。

④关闭继电器仪表室门,观察上柜门各仪表、信号指示灯是否正常(正常时综合保护装置电源灯亮,断路器分闸指示灯和储能指示灯亮,如所有指示灯均不亮,则打开上柜门,确认各电源开关是否合上;如已合上,各指示灯仍不亮,则需检修控制回路)。

⑤此时,手车处于"试验"位置。用就地或遥控操作方式操作断路器合、分各一次,确认断路器控制回路接线及信号回路显示正确。

⑥打开手车机构操作活门,用手车推进摇把(顺时针方向转动摇柄,约20圈)将手车推入"工作"位置(手车到达"工作"位置时会发出"咔嗒"的扣锁响声);取出手车推进摇把并关闭手车机构操作活门,二次插头被锁定,断路器手车主回路接通,查看相关信号。

⑦此时,手车处于"工作"位置,用就地或遥控操作方式操作断路器合闸。

⑧检查上柜门的带电显示器 A/B/C 三相指示灯是否亮起。此时开关柜已处于高压带电状态,测量或观察多功能保护与控制装置显示的母线电压及输出电流是否处于正常范围。

（2）高压开关柜停电操作步骤

①用就地或遥控操作方式操作断路器分闸。

②检查开关柜的带电显示器 A/B/C 三相指示灯是否熄灭。此时开关柜已处于高压出线侧断电状态，但高压母线侧仍然处于带电状态。

③打开手车机构操作活门，用手车推进摇把（逆时针方向转动摇柄，约 20 圈）将手车退出到"试验"位置（手车到达"试验"位置时会发出"咔嗒"的扣锁响声），取出手车推进摇把并关闭手车机构操作活门。

④此时手车处于"试验"位置，二次插头锁定解除，属于停电待用状态。

（3）手车拉出柜外的操作步骤

①断路器手车需要拉出柜外时，应首先完成停电操作程序的所有步骤。

②需要进行接地开关合闸操作时，应打开接地开关操作活门，用接地开关操作手柄（顺时针方向）使接地开关合闸，抽出接地开关操作手柄并确认接地开关处于合闸状态。

③打开开关柜前门（断路器室门），拔掉手车的二次插头。

④将手车转运小车放置并锁定在开关柜前指定位置；将手车的左右把手同时向内拉，并将手车拉出至转运小车上；将手车的左右把手同时向外推，与转运小车锁孔可靠锁定。

⑤检查开关柜内的上、下静触头防护活门是否处于自动闭合位置，关闭开关柜前门（断路器室门）。

（4）高压电缆室停电检修操作步骤

①完成停电操作程序的所有步骤。

②打开接地开关操作活门，用接地开关操作手柄（顺时针方向）使接地开关合闸，抽出接地开关操作手柄并确认接地开关处于合闸状态。此时电缆出线侧已处于安全接地状态。

③打开开关柜后门（电缆室门），用高压验电装置检测并确认电缆室内的所有导电部分完全处于停电状态后，检修人员才可进入高压电缆室进行工作。

（5）高压母线室停电检修操作步骤

①完成停电操作程序的所有步骤。

②再次确认进线柜和分段开关柜断路器手车已处于"试验"位置或柜外隔离位置，并确认进线电缆或母线已处于完全停电状态。

③打开高压母线室的后盖板或顶板，用高压验电装置检测并确认母线室内的所有导电部分完全处于无电压状态后，检修人员才可进入高压母线室进行工作。

（6）检修作业具体步骤

用验电笔检验并确认停电操作结果正确无误；停电后在作业点的前、后部位挂好接地线和相应的警示标牌；按计划进行检修作业。

（7）高压设备绝缘电阻的测量

在对高压设备进行绝缘测量时，先确认真空断路器 VCB 处于"试验"位置；然后接地放电，脱开接地开关，进行绝缘测量。如进行第二次测量，还应该再次接地，脱开接地开关，然后进行第二次绝缘测量。

应了解接地故障监视仪、高压绝缘棒、高压验电器等设备的作用，并能判断低绝缘及接地故障。

2.高压许可和协调工作

不能随意对高压设备进行操作，特别是带电开关操作，防止电压冲击；未经轮机长同意，不要擅自打开或检修设备;高压设备送电时,要确认没人,不要擅自送电。高压设备在得到轮机长许可的前提下,还需要具体协调其他人一起工作,绝不可一个人单独操作设备,具体如下:

(1)通知值班轮机员。

(2)电子电气员需与监护人沟通,让监护人明白自己要干什么活。

(3)当监护人离开时,电子电气员应停止工作。

(4)监护人应配有通信设备,与值班轮机员或值班驾驶员保持联系。

(5)监护人应熟知一些救护常识。

(6)监护人至少为一人。

3.检查设备是否存在高电压的方法

检查设备是否存在高电压,除观察相关设备的指示灯、仪表、断路器开关状态后,还必须通过接地棒放电的方式,保证在进行任何操作或检查前,设备处于断电状态。为此,必须严格按照接地放电程序进行操作。用接地鳄鱼夹钳住可靠接地点,手持接地棒的绝缘部分,尽可能远离导电铜接头,用该导电铜接头碰触已确认断电的设备,将电网中预留在断电线路中的残电通过接地放掉,注意每相都需要进行同样的操作。有的设备自带接地开关,操作方法就简单很多。检查步骤包括:①确定设备已经断电;②验电;③连接接地线和接地开关;④安排监护人。关键的验电工作由值班电气人员完成:先验低压,后验高压;先验低处,后验高处;先验近处,后验远处。

五、船舶高压装置的常见故障及其处理方法

与低压电站对比,船舶高压电站的发电、并电、负载分配等功能几乎都是一样的。在发生配电故障时,实施断开主开关 VCB、起动备用发电机组、自动并车等操作控制。因设备电压高,容量大,存在感应电、静电荷、冷却等相关问题,即使在发电机的断路器分闸断电后,线路和设备上残存的电荷仍有可能形成高压。定子绕组或励磁绕组残余电场释放出来的电荷能量足以击倒一头牛,安全隐患极大。此外,操作人员即使没有直接接触带电部分,如果相距带电部分过近、小于规定的安全操作距离(对于带电体,在空气中,数值为 6 600 V 的电压有效安全距离为 90 mm),也可能造成严重的触电伤害。因此,如何保障安全被视为高压系统最重要的问题。

船舶高压装置的典型故障有:主发电机(或主变压器)差动电流超过阈值;主变压器绕组高温导致跳闸保护;左(或右)汇流排接地故障。

出现故障后,首先,进行消声、报警应答操作;其次,采取正确措施(必要时换用备用发电机组或主变压器、进行汇流排隔离等);再次,查明故障原因;最后,排除故障,恢复正常。

复习思考题

7-1 叙述高压电力系统单线图的基本结构。

7-2 叙述高压主配电板的组成和基本操作内容。

7-3 叙述高压开关柜的基本组成。

7-4 叙述高压电力系统的安全保护及其实现方法。

7-5 叙述高压配电装置的检测内容与操作规程。

7-6 叙述船舶高压发电机的检修操作规程。

7-7 叙述船舶高压断路器的检修操作规程。

7-8 叙述高压操作的"五防"措施。

7-9 叙述船舶高压配电装置的主要操作项目。

7-10 熟练实施船用高压系统的转换和隔离操作项目。

7-11 叙述高压母联开关的操作步骤。

7-12 叙述手动进行高压主变压器切换操作的步骤。

7-13 叙述高压开关柜送电操作步骤。

7-14 叙述高压开关柜停电操作步骤。

7-15 叙述高压设备绝缘电阻的测量步骤。

7-16 叙述船舶高压装置的典型故障及其处理方法。

船舶照明设备的管理与维护

第八章

船舶照明系统包括正常照明、应急照明、小应急照明和航行信号灯。船舶照明系统中的主要设备包括：舱室照明灯、舱面工作照明灯和强光照明灯、探照灯、航行信号灯以及低压行灯等。此外，电风扇、小容量电动机、电热器以及舱内通信系统的一些报警装置都由照明系统供电。

正常照明由船舶主电源供电。应急照明由应急电源供电，包括应急发电机供电和蓄电池组供电两种形式。

本章主要介绍：船舶常用灯具、常用灯具的检修。

第一节　船舶常用灯具

一、常用灯具的分类

灯具即照明器，由电光源、灯壳、灯罩及其附件等组成。灯具的主要功能是：分配光源的光通，避免对眼睛直接眩光，防止光源的污染和侵害，保护电光源不受机械损伤等。在有些舱室的照明器还有装饰和美化环境的作用。

船用灯具要符合船用条件，其外部壳罩的防护结构也是按统一的国际防护标准（IP）分级的。根据使用环境条件的不同，其防护等级大致可分为以下三种类型。

（1）保护型：有透光灯罩可以防尘，也避免直接触及带电部分，多用于比较干燥的居住、办公舱室和内走道等处所。

（2）防水型：光源被透光灯罩等密闭起来，灯体与灯罩之间有密封垫圈，这类灯具的防护结构基本相同，但其防护级别不同，有防滴、防溅、防水蒸气、防喷水和防海浪冲击等，用于潮湿和有蒸气、水侵害的场所。

在容易受到机械损伤处所的防水型照明器，不仅有坚固的金属壳体和透明灯罩，而且灯罩外还有坚固的金属护栅，如图8-1所示。

（3）防爆型：一种是隔爆型结构，即透明灯罩与灯座间用法兰连接，法兰间有隔爆间隙，气体在灯内发生爆炸时，由间隙外逸的气体经法兰隔爆面的充分冷却，不会引起外部混合气体的

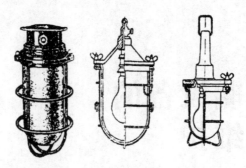

图 8-1　有金属护栅的防水白炽灯具

爆炸。坚固的壳体和灯罩能承受住内部爆炸压力而不致损坏。隔爆型气体放电灯的镇流器安装在防爆接线盒内。另一种是密闭安全型,正常运行时,不产生火花、电弧,灯具外表面温度不会引起爆炸。防爆灯用于在正常条件下可能存在可燃性粉尘或爆炸性气体的场所,如煤舱、油柜舱、蓄电池室、油船的泵舱及舱面空间等处的照明。

二、电光源

常用的电光源分为热辐射光源和气体放电光源两大类。白炽灯、卤钨灯等属于热辐射光源;荧光灯、高压汞灯、高压钠灯、金属卤化灯和汞氙灯等属于气体放电光源。下面主要介绍白炽灯和荧光灯。

1.白炽灯

白炽灯是将灯丝通电加热到白炽状态,利用热辐射发出可见光的电光源。图 8-2 是某型号白炽灯实物图。

图 8-2　某型号白炽灯实物图

1)白炽灯的特点

白炽灯结构简单,使用灵活,能瞬时点燃、无频闪、可调光、价格便宜。但由于热灯丝蒸发出来的钨附着于温度较低的灯泡内壁,会使灯泡逐渐黑化,光通减少,光效变低,同时也会使灯丝变细,致使白炽灯的使用寿命不长,且耐振性差。白炽灯的使用寿命和光通量受电压波动影响较大:电压升高 5%,其使用寿命就会缩短 25%;电压降低 5%,其光通就会减少 18%。

船用白炽灯的特点:灯丝稍粗,且其支撑加固,有较高的机械强度和耐振性。除作为普通照明光源外,船舶航行灯、信号灯和应急照明灯都只采用白炽灯,因为它不会因电压降低而熄灭。航行灯一般用插口(C 型)灯头,大功率白炽灯都用螺口(E 型)灯头,以增大导电接触面积。

2) 白炽灯常见故障及其原因和排除方法

(1) 故障现象 1:灯泡不发光

故障原因及排除方法:

①灯丝断裂:更换灯泡。

②灯座或开关接触不良:把接触不良的接点修复,无法修复时,应更换完好的灯座或开关。

③熔断器烧毁:更换熔断器。

④开关损坏或电路开路:修复开关或修复电路。

⑤停电:查明停电原因及停电点,并修复。

(2) 故障现象 2:灯泡发光强烈

故障原因及排除方法:

①灯丝局部短路:更换灯泡。

②灯泡两端电压高于额定电压:查明原因并修复。

(3) 故障现象 3:灯光忽亮忽暗

故障原因及排除方法:

①灯座或开关触点或接线松动,或表面存在氧化层(铝质导线、触点易出现):修复松动的触点或接线,去除氧化层后重新接线,或去除触点的氧化层。

②电源电压波动(通常由附近有大容量负载经常起动引起):无须修理。

③熔断器接触不良:重新安装或加固压接螺钉。

④导线连接不妥、连接处松散:重新连接导线。

(4) 故障现象 4:连续烧断熔断器

故障原因及排除方法:

①灯座或接线盒连接处两线头互碰短路:重新接妥线头。

②负载过大:减轻负载。

③熔断器额定电流过小:按容量正确选配熔断器规格。

④线路短路:修复线路。

⑤胶木灯座两触点间胶木严重烧毁(碳化,绝缘破坏造成短路):更换灯座。

(5) 故障现象 5:灯光暗红

故障原因及排除方法:

①灯座、开关或导线对地严重漏电:更换完好的灯座、开关或导线。

②灯座、开关接触不良,或导线连接处接触电阻增加:修复接触不良的触点,重新连接接头。

③线路导线太长太细,线路压降太大:缩短线路长度,或更换较大截面的导线。

2.荧光灯（俗称日光灯）

日光灯是一种预热式低压汞蒸气放电灯。灯管抽空后充入少量的氩气和汞,灯管内壁涂有荧光物质,管内两端灯丝上涂有发射电子的阴极物质。灯管的型号、形状和功率不同,所要求的启动电压、工作电压和工作电流不同,因此与其配套的镇流器和启辉器也不尽相同。图8-3是日光灯采用(a)电感镇流器和采用(b)电子镇流器的一般电路接线图。

日光灯具有表面亮度低、表面温度低、光效高、使用寿命长、显色性较好、光通分布均匀等优点,被广泛应用于精细工作或长时间从事紧张视力工作的场所,但不适于频繁开关的场所,因为频繁开关会加速阴极物质消耗,使其使用寿命大为缩短。电源电压的波动对日光灯的光

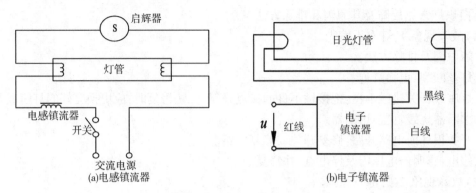

图 8-3　日光灯的电路接线图

通影响不大,但电压过低会产生跳光现象,这相当于频繁点燃,会缩短使用寿命。此外,电压大幅度跌落,也会导致日光灯熄灭。

1)电感镇流器日光灯的基本组成

图 8-4 是电感镇流器日光灯的组成结构图。电感镇流器主要由日光灯管、镇流器、启辉器三部分组成。

日光灯管:灯管内充有微量的氩和稀薄的汞蒸气,灯管内壁上涂有荧光粉,两个灯丝之间加上高电压时,汞蒸气导电发出紫外线,荧光粉受到紫外线照射发出柔和的可见光。

镇流器:与日光灯管串联,它实际上是绕在硅钢片铁芯上的电感线圈,其感抗值很大。镇流器的作用是:启动时产生足够的自感电动势(达 400~500 V),使灯管容易放电点燃;正常工作时,限制灯管的电流。镇流器一般有两个出线头。

启辉器:俗称跳泡,是一个小型的辉光管,在小玻璃管内充有氖气,并装有两个电极。其中一个电极由膨胀系数不同的两种金属(通常称双金属片)组成,冷态时两电极分离,电源电压可使两电极间产生辉光放电,双金属 U 形电极受热变形而弯曲,使两个电极自动闭合。内部电容的作用是防止动、静片分离时产生火花而烧毁触点。启辉器相当于一个简单的自动开关,可用普通开关或短绝缘导线代替。启辉器在正常工作时不起作用,可以去掉。

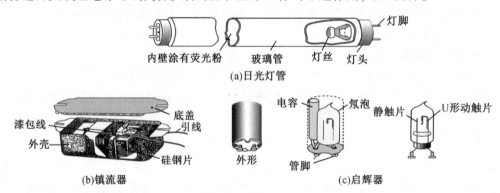

图 8-4　电感镇流器日光灯的组成结构图

2)电感镇流器日光灯的基本工作原理

日光灯的点燃过程:

①如图 8-3(a)所示,闭合电源开关,电压加在启辉器两极间,氖气放电发出辉光,产生的热量使 U 形动触片膨胀伸长,跟静触片接触使电路接通,灯丝和镇流器中有电流通过。

②电路接通后,启辉器中的氖气停止放电,U 形动触片冷却收缩,两个触片分离,电路自动

③在电路突然断开的瞬间,由于镇流器电流急剧减小,会产生很高的自感电动势,其方向与电源电动势方向相同。这个自感电动势与电源电压加在一起,形成一个瞬时高压,加在灯丝两端,灯管内气体开始放电,于是日光灯管成为电流的通路开始发光。

日光灯正常发光:

日光灯开始发光后,由于交变电流通过镇流器线圈,线圈中会产生自感电动势,它总是阻碍电流变化的,这时的镇流器起着降压限流的作用(此时灯丝两端电压约为 100 V,此电压低于启辉器的启辉电压,否则在日光灯正常工作时,启辉器还会辉光放电),保证日光灯正常发光。并联在灯管两端的启辉器,也因电压降低而不能放电,其触片保持断开状态。

3)电感镇流器日光灯常见故障及其原因和排除方法

(1)故障现象 1:灯管不发光

故障原因及排除方法:

①灯座触点接触不良或电路线头松散:重新安装灯管,或重新连接已松散线头。

②启辉器损坏,或与基座触点接触不良:先旋动启辉器,试看是否发光,再检查线头是否脱落;如排除后仍不发光,应更换启辉器。

③镇流器绕组或管内灯丝断裂或脱落:用万用表测量绕组和灯丝是否通路。

④温度过低造成灯管内气体不易电离放电:灯管的适宜工作温度是 18~25 ℃,使用中要注意环境温度。

⑤灯管内电子发射物质消耗尽:检查灯管两端,如发黑,应更换灯管。

⑥电源电压过低:用万用表检查电源电压,检查电压低的原因,予以排除。

(2)故障现象 2:灯管两端发亮、中间不亮且灯丝部位有闪烁

故障原因及排除方法:

启辉器接触不良或内部小电容击穿:出现此现象时可以换个启辉器试一下,按上述启辉器损坏检修方法检查,若为小电容击穿,可剪去后再用。

(3)故障现象 3:灯管两端发亮、中间不亮且灯丝部位没有闪烁

故障原因及排除方法:

灯管慢性漏气:此时无论启辉器怎么跳动,灯管都不能点燃发光,应更换灯管。

(4)故障现象 4:启辉困难(灯管两端不断闪烁,中间不亮)

故障原因及排除方法:

①启辉器不配套:换上配套的启辉器。

②电源电压太低:调整电压。

③环境温度低:可用热毛巾在灯管上来回熨烫。

④镇流器不配套,启辉电流过小:换上配套的镇流器。

⑤灯管老化:更换灯管。

(5)故障现象 5:灯光闪烁或管内有螺旋形滚动光带

故障原因及排除方法:

①启辉器或镇流器连接不良:接好连接点。

②镇流器不配套(工作电流过大):换上配套的镇流器。

③新灯管的暂时现象:使用一段时间会自行消失。

④灯管质量不好:更换灯管。

（6）故障现象6：镇流器异声

故障原因及排除方法：

①铁芯叠片松动：固紧铁芯。

②绕组内部短路（伴随过热现象）：更换镇流器。

③电源电压过高：调整电压。

（7）故障现象7：灯管两端发黑

故障原因及排除方法：

①灯管老化：更换灯管。

②启辉不佳：排除启辉电路故障。

③电压过高：调整电压。

（8）故障现象8：新灯管灯丝烧断

故障原因及排除方法：

①电路接错：检查线路连接情况，修理故障点。

②镇流器绕组内部短路：绕组短路会使镇流器失去限流作用，流过灯丝的电流过大，使灯丝烧断，应更换镇流器。

③灯管质量差：由于灯管严重漏气，通电后灯管瞬间冒白烟烧坏，应更换灯管。

第二节　常用灯具的检修

一、灯具的试验和测量方法

具体试验的方法和步骤如下：

1.测量冷态绝缘电阻值

一般采用500 V兆欧表进行测量。

（1）照明分电箱冷态绝缘电阻值应不小于1 MΩ。

（2）工作电压大于100 V的照明分电箱的最后分支冷态绝缘电阻值应不小于1 MΩ。

（3）工作电压不大于100 V的照明分电箱的最后分支冷态绝缘电阻值应不小于0.5 MΩ。

（4）照明变压器的冷态绝缘电阻值应不小于1 MΩ。

（5）各信号灯、航行灯的冷态绝缘电阻应不小于1 MΩ。

2.通电检查

（1）照明系统检查

①每一个照明分电箱内均应设有与设计相符的每一分支所提供照明处所或区域的铭牌标志。分别检查每一分支线路的各个灯具的工作情况，并检查各灯具控制开关的可靠性。

②检查照明变压器的三相负载是否平衡。

③主电源失电后，在45 s以内应急发电机自动起动，应急发电机供电开关自动合闸对外供电或蓄电池电源接通对外供电。检查应急照明灯的工作情况，并检查应急照明灯具布置的合理性和各灯具控制开关的可靠性。

④检查室外灯、工作灯在驾驶室遥控开关控制的可靠性。

⑤检查甲板灯、舷梯灯、船名灯等的照光角度。

(2)各种信号灯和航行灯检查

①通电检查信号灯和航行灯工作的可靠性及每盏航行灯是否能正确发出声光报警信号。如果采用与航行灯串联连接的灯光信号,应采取防止由于信号故障而导致航行灯熄灭的措施。

②检查两路电源的转换,要求正确、可靠。对装有逆变器的船舶,还应检查逆变器供电的可靠性。

③检查手提式白昼信号灯的工作情况。检查其自带的充电式蓄电池的使用有效期是否符合标准。

(3)测量热态绝缘电阻

通电结束以后,应测量所检验设备的热态绝缘电阻阻值。其热态绝缘电阻阻值的测量方法、部位及要求与冷态绝缘电阻阻值的相同。

二、白炽灯具的检修注意事项

(1)检查灯头进线处,查看进线是否有因发生破损而接线碰壳的情况。

(2)检查灯头连接线,查看灯头芯线是否碰壳、接线螺钉是否碰壳、连接线绝缘破损而碰壳。

(3)检查灯头里的舌片是否歪到一边造成短路。

(4)检查灯头上的连接线是否碰在一起造成短路。

(5)检查室外白炽灯具的水密状况。

三、日光灯具的检修注意事项

(1)检查进线,查看进线是否有因发生破损而接线碰壳的情况。

(2)检查启辉器,查看接触是否良好。

(3)检查日光灯,查看灯脚接线是否良好。

(4)检查镇流器,查看接线是否良好。

(5)检查室外日光灯具的水密状况。

复习思考题

8-1 叙述白炽灯灯泡不发光的可能原因及排除方法。

8-2 叙述白炽灯灯泡发光强烈的可能原因及排除方法。

8-3 叙述白炽灯灯光忽亮忽暗或时亮时熄的可能原因及排除方法。

8-4 叙述白炽灯连续烧断熔丝的可能原因及排除方法。

8-5 叙述白炽灯灯光暗红的可能原因及排除方法。

8-6 叙述日光灯的基本组成和基本工作原理。

8-7 叙述日光灯灯管不发光的可能原因及排除方法。

8-8 叙述日光灯灯管两端发亮、中间不亮且灯丝部位有闪烁的可能原因及排除方法。

8-9 叙述日光灯灯管两端发亮、中间不亮且灯丝部位没有闪烁的可能原因及排除方法。

8-10 叙述日光灯起辉困难(灯管两端不断闪烁,中间不亮)的原因及排除方法。

8-11 叙述日光灯灯光闪烁或管内有螺旋形滚动光带的可能原因及排除方法。

8-12 叙述日光灯镇流器异声的可能原因及排除方法。

8-13 叙述日光灯灯管两端发黑的可能原因及排除方法。

8-14 叙述日光灯新灯管灯丝烧断的可能原因及排除方法。

8-15 叙述白炽灯具的检修注意事项。

8-16 叙述日光灯具的检修注意事项。

船舶电子设备的管理与维护

随着船舶电气化和自动化程度的不断提高,电子设备在船舶设备及控制系统中的应用越来越广泛,因此,船舶电气设备管理人员掌握电子设备的管理方法和维修技能是很有必要的。

本章主要介绍:电阻、电容和电感的测量,船舶常用半导体器件的测试,电子设备的故障检查,微机监控系统的常规维护与保养,电子控制电路与焊接工艺。

第一节　电阻、电容和电感的测量

下面以 MF-47 型模拟式万用表为例,说明电阻、电容和电感测量的方法和步骤。

一、电阻的测量

1.选择挡位

测量前先估计被测电阻的阻值大小,选择合适的挡位,挡位的选择原则是:在测量时尽可能让表针指在欧姆刻度线中央,因为表针指在刻度线中央时的测量值最准确。若不能估计电阻的阻值,可先选高挡位测量;当发现阻值偏小时,再换成合适的低挡位重新测量。

2.欧姆调零

挡位选好后要进行欧姆调零:将红、黑表笔短路,观察表针是否指在欧姆刻度线的"0"位(最右侧),若表针未指在"0"位,可调节欧姆调零旋钮,直到将表针调至"0"位为止(注意,每切换一次量程,都必须调零)。如果无法将表针调至"0"位,一般是万用表内部电池用旧所致,需要更换新电池。

3.连接测试电路或元件

将表笔与被测电路元器件并联测量电阻。电阻没有正、负之分,红、黑表笔可随意接在被测电阻两端。

4.正确读数

当量程位于 $R×1\ \Omega$ 挡时,应在标有欧姆(第一条)的标度尺上直接读数;置于其他挡位时,应乘上量程值,即相应的倍率。

必须注意:在测量电路电阻时,必须切断电路电源,同时被测电阻至少有一端与电路完全断开,保证没有其他电路与被测电阻并联;若电路中有大电容,必须先使其放电,然后测量;禁止两手同时接触元件或表笔,以免影响测量精度;在测量间隙,不要将两支表笔接触,以免短路空耗万用表的电池。

二、电容的测量

电容器是因为其两端电压有变化才有的电流,例如一开始瞬间在电容器两端添加 5 V 的直流电压,那么电容器就好像是短路了,然后电容器电压慢慢增大,电流越来越小,相对等效电阻就会大一点。电容器充满电后,它的等效电阻达到最大,此时的电流叫漏电流,其对应的电阻叫漏电阻。利用万用表内的电池对电容充放电,可以测试电容器的性能。

1.电容器漏电的检查

用万用表的电阻量程($R×1\ k\Omega$ 或 $R×10\ k\Omega$)进行测试。万用表调零后,表笔一搭上电容器的两根引线,表头指针很快就偏转到"0"位,然后,慢慢地回到电阻无穷大处。如果指针回不到无穷大处,则表头指针所示的读数乘上量程,即为电容器的漏电阻。一般电容器的漏电阻阻值在几十兆欧至几百兆欧(电解电容器除外)。在测量时,两手不得接触表笔导电棒。

2.电容量的测试

一般用万用表的电阻挡来判别电容量大小。选择电阻挡合适量程,将两表笔搭在电容器的引线上,若指针很快向"0"方向偏转或到"0"位,然后慢慢地向电阻无穷大方向偏转,且回复的速度很慢,而且向"0"方向偏转较大,说明电容量大;反之,电容量小或电容器变质。也可以用同型号、同容量的新电容器与其做比较,若被比较的电容器是好的,两者的偏转幅度和回复速度应基本相同;否则,可判断被比较的电容器变质。

对于小容量的电容器(几个皮法至几千皮法),用 $R×1\ k\Omega$、$R×10\ k\Omega$ 挡测量时,表针是不动的,即阻值无穷大;对于容量在 $0.01\sim0.47\ \mu F$ 的电容器,表针会轻微向右摆动,充电完毕后表针又回到无穷大处,电容量越大,表针向右摆动幅度越大。若表针向右摆动幅度很大或到达"0"位,并停在那里,说明电容器已被击穿或短路;如果表针向右摆动后,回不到无穷大处,说明电容器漏电。漏电阻大说明电容器的性能好;当漏电阻太小时,电容器就不能用了。将两支表笔对调一下进行测量,若得到的反向电阻值与刚才正向测量的电阻值不相等,则此电容器可能是电解电容器;若正向测量比反向测量的电阻值大,则正向电阻是电解电容器的实际漏电阻,此时黑表笔接的是电解电容器的正极。

3.电解电容器极性的判别

可根据电解电容器在正接(万用表的黑表笔接电容器的正极,红表笔接电容器的负极)时漏电流小(漏电阻大)、反接时漏电流大的特点来判别其极性。

测量时,最好选用 $R×100\ \Omega$ 或 $R×1\ k\Omega$ 挡,先假定电极为电容器"+"极,将其与万用表的黑表笔相接,另一电极与万用表的红表笔相接,记下表针停止的刻度(表针偏左,阻值大);然后将电容器放电(即将电容器两根引线短接一下),两支表笔对调,重新进行测量。两次测量中,表针最后停留的位置偏左(阻值大)的那次,黑表笔接的就是电解电容器的正极。

三、电感的测量

MF-47 型模拟式万用表的刻度盘中标有"L(H)50 Hz"字样的为电感量刻度线。在测量电感器的电感量时可查看该刻度线。另外,用万用表可以大致判断电感器的好坏,即用万用表测量一下电感器的阻值。将万用表置于 $R×1\ \Omega$ 挡,测得的直流电阻值为 0 或很小(零点几欧到几欧),说明电感器未断;当测量的线圈电阻值为无穷大时,表明线圈内部或引出线已经断开。在测量时要将线圈与外电路断开,以免因外电路对线圈的并联作用而造成错误的判断。

第二节　船舶常用半导体器件的测试

下面以 MF-47 型模拟式万用表为例,说明船舶常用半导体器件测试的方法和步骤。

一、二极管的测试

利用模拟式万用表欧姆挡测量二极管时,通常用 $R×100\ \Omega$ 或 $R×1\ k\Omega$ 两挡进行测量,测大功率管时,可用 $R×10\ k\Omega$ 挡,其他挡不宜用。$R×1\ \Omega$ 挡电流太大,可能烧毁小功率二极管,而 $R×10\ k\Omega$ 挡电压太高,管子可能被反向击穿而损坏,因此不能盲目使用。

1.判别极性

根据二极管正向偏压电阻小,反向偏压电阻大的特性,可以利用万用表判别它的极性。万用表内的电池极性与插孔的极性相反,红表笔对应电池负极,黑表笔对应电池正极,图 9-1(a)所示是万用表欧姆挡等效电路。测量时,按图 9-1(b)所示的方法接线,把两支表笔分别接二极管的两个管脚,读出电阻值;对调表笔再测一次。两次测量中电阻小的那一次(指针在右侧)二极管正向偏压,黑表笔接的是阳极,红表笔接的是阴极。换句话说,两次测量中电阻大的那一次(指针在左侧或靠近∞)二极管反向偏压,红表笔接的是阳极,黑表笔接的是阴极。

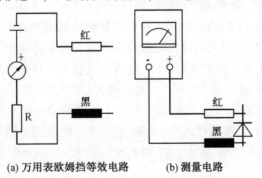

(a) 万用表欧姆挡等效电路　　(b) 测量电路

图 9-1　二极管测量示意图

2.判别性能

一般常用的二极管的正向导通电阻为几百欧到几千欧,反向电阻在几百千欧以上。正、反向电阻相差愈大,说明其单向导电性愈好。通常大功率二极管的正、反向电阻相差较小;如果测得的正、反向电阻都极大,则表明二极管内部断路;如果测得的正、反向电阻都极小,则表明二极管内部短路,管子已损坏。

二、三极管的测试

1.管型（PNP 型、NPN 型）和基极判别

因为三极管内部有两个 PN 结,即发射结和集电结,可以利用 PN 结的单向导电性,通过测两个 PN 结的正、反向电阻来判别是 PNP 型管,还是 NPN 型管,而且,还可以判别基极。

测量方法:如图 9-2 所示,选择模拟式万用表的 $R×100\ \Omega$ 或 $R×1\ k\Omega$ 挡并调零,将黑表笔固定在其中一个管脚,将红表笔分别接另外两个管脚,看两次指针偏转的情况。如果两次测量指针的偏转都很大(指针在右侧),说明电阻小;此时将红表笔固定在这个管脚上,将黑表笔分别接另外两个管脚,如果这次测量指针的偏转都很小,说明电阻大,则固定表笔的这一脚是基极 B,而且管型为 NPN 型。

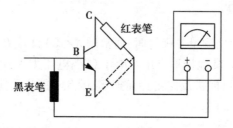

图 9-2   三极管基极判别示意图

如果用红表笔固定在其中一个管脚上,黑表笔接另外一个管脚,所测的电阻两次都小(且换一下表笔,两次电阻都大),则红表笔接的一定是 PNP 管的基极 B。

如果测量的结果不是上述情况,应将黑表笔换一个脚再试,测三次中必有一次结果与上述情况相符,否则三极管已经损坏。

2.三极管发射极 E、集电极 C 的判别

三极管发射极 E、集电极 C 的判别方法是在三极管的基极和管型确定之后,根据三极管在正常使用时放大倍数大,反向使用时放大倍数极小的特点判别集电极与发射极的。

以 NPN 型管为例,在剩下两个管脚中,假设其中任意一个脚是集电极 C,另一个是发射极 E,测量方法如图 9-3 所示,用黑表笔接 C,红表笔接 E,再用沾湿的两个手指同时捏住 C、E 两极,但不要使两管脚接触(或在 B、C 之间接一个几十千欧姆的电阻),记下表针偏转的角度;再假定另一个管脚为集电极 C,按同样的方法再测量一次。两次测量结果比较,指针偏转角大的一次,说明三极管的电流放大系数 h_{FE} 大,则此次的假设是正确的,即黑表笔对应的是集电极 C。

若三极管为 PNP 型,进行三极管发射极 E、集电极 C 的判别时,黑表笔接假设的发射极 E。

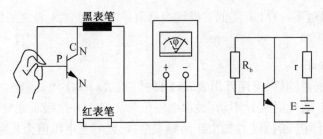

图 9-3　三极管 C、E 的判别

三、晶闸管的测试

单向晶闸管是由三个 PN 结的半导体材料构成的,其基本结构、符号及等效电路如图 9-4 所示,晶闸管有三个电极:阳极 A、阴极 K 和门极 G。从等效电路上看,阳极 A 与门极 G 之间是两个反极性串联的 PN 结,门极 G 与阴极 K 之间是一个 PN 结。下面以使用模拟式万用表为例,说明晶闸管测试的方法。

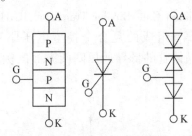

图 9-4　晶闸管的基本结构、符号及等效电路图

1.极性判别

根据 PN 结的单向导电特性,将模拟式万用表选择适当的电阻挡,测试极间正、反向电阻(相同两极将表笔交换测出的两个电阻值)。对于正常的晶闸管,G、K 之间的正、反向电阻相差很大,G、K 分别与 A 之间的正、反向电阻相差很小,其阻值都很大。这种测试结果是唯一的,根据这种唯一性就可判定出晶闸管的极性。

对于小功率普通晶闸管,将万用表置于 $R×1\ Ω$ 挡(或 $R×10\ Ω$ 挡),调零,用红、黑两表笔分别测任意两管脚间正、反向电阻,直至找出读数较小(从几欧至几百欧)的一对管脚。测这对管脚的正、反向电阻,读数小的那一次,此时黑表笔的管脚为门极 G,红表笔的管脚为阴极 K,另一管脚为阳极 A。

2.判断其好坏

用万用表 $R×1\ kΩ$ 挡测量普通晶闸管阳极 A 与阴极 K 之间的正、反向电阻,正常时均应为无穷大。若测得 A、K 之间的正、反向电阻值为零或阻值较小,则说明晶闸管内部击穿短路或漏电。

测量门极 G 与阴极 K 之间的正、反向电阻值,正常时应有类似二极管的正、反向电阻值(实际测量结果较普通二极管的正、反向电阻值小一些),即正向电阻值较小,反向电阻值较大;若两次测量的电阻值均很大或均很小,则说明该晶闸管 G、K 极之间开路或短路;若正、反电阻值均相等或接近,则说明该晶闸管已失效,其 G、K 极间 PN 结已失去单向导电作用。

测量阳极 A 与门极 G 之间的正、反向电阻,正常时两个电阻值均应为几百千欧或无穷大;

若出现正、反向电阻值不一样(有类似二极管的单向导电),则 G、A 极之间反向串联的两个 PN 结中的一个已击穿短路。

3.触发能力检测

对于小功率普通晶闸管,可用万用表 $R×1 \ \Omega$ 挡(或 $R×10 \ \Omega$ 挡)测量。测量时黑表笔接阳极 A,红表笔接阴极 K,此时表针不动,显示电阻值为无穷大。用镊子或导线将晶闸管的阳极 A 与门极 G 短路,相当于给门极 G 加上正向触发电压,此时若电阻值为几欧至几十欧(具体电阻值根据晶闸管的型号不同会有所差异),则表明晶闸管因正向触发而导通;再断开 A 极与 G 极的连接(A、K 极上的表笔不动,只将 G 极的触发电压断掉),若表针示值仍保持在几欧至几十欧的位置不动,则说明此晶闸管的触发性能良好。

注意:检测较大功率晶闸管时,需要在万用表黑笔中串接一节 1.5 V 干电池,以提高触发电压。

四、绝缘栅双极型晶体管 IGBT

绝缘栅双极型晶体管(Insulated Gate Bipolar Transistor,IGBT),是由 BJT(双极型三极管)和 MOSFET(绝缘栅型场效应管)组成的复合全控型电压驱动式功率半导体器件,兼有 MOSFET 的高输入阻抗和巨型晶体管的低导通压降两方面的优点。IGBT 等效电路及符号如图 9-5 所示。

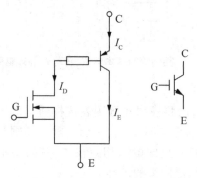

图 9-5 IGBT 等效电路及符号图

IGBT 是一种场控器件,其开通和关断是由栅极和发射极间的电压 U_{GE} 决定的。当 U_{GE} 为正且大于开启电压 $U_{GE(th)}$ 时,MOSFET 内形成沟道,并为晶体管提供基极电流,进而使 IGBT 导通。当在栅极与发射极间施加反向电压或不加信号时,MOSFET 内的沟道消失,晶体管的基极电流被切断,使得 IGBT 关断。

1.IGBT 使用注意事项

由于 IGBT 模块为 MOS 结构,使用时要特别注意静电:

(1)在使用模块时,尽量不要触摸驱动端子。

(2)在用导电材料连接驱动端子的模块时,在配线未布置好之前,不要接上模块。

(3)尽量在底板良好接地的情况下操作。

(4)当必须要触摸模块端子时,要先将人体或衣服上的静电放电后,再触摸。

(5)在焊接时,为了防止静电的产生,应先将焊接设备处于良好的接地状态。

(6)装模块的容器,要选用不带静电的。

2.极性判别

首先将模拟式万用表置于 $R×1\ k\Omega$ 挡,因为 C、E 极之间一般自带反向保护二极管,测量时,阻值较小的一次中,红表笔接的为集电极 C,黑表笔接的为发射极 E,剩余的一极为栅极 G。

3.判断其好坏

将万用表拨在 $R×10\ k\Omega$ 挡,用黑表笔接 IGBT 的集电极 C,红表笔接 IGBT 的发射极 E,此时万用表的指针不偏转。

用镊子(或手指)同时触及一下栅极 G 和集电极 C,这时 IGBT 被触发导通,万用表的指针摆向阻值较小的方向,并能稳定指示在某一位置。

然后再用镊子(或手指)同时触及一下栅极 G 和发射极 E,这时 IGBT 被阻断,万用表的指针回零,即可判断 IGBT 是好的。用手指触及时,IGBT 不能完全阻断。

注意判断 IGBT 好坏时,一定要将万用表拨在 $R×10\ k\Omega$ 挡,因 $R×1\ k\Omega$ 挡以下各挡万用表内部电池电压太低,检测好坏时不能使 IGBT 导通,从而无法判断 IGBT 的好坏。

第三节　电子设备的故障检查

船舶电子设备的种类很多,出现故障后就检修技术本身而言,有很强的规律性,通过"看、摸、听、闻"等通常能发现故障所在。电子设备发生故障,主要是由电阻、电容、电感等电路元件和晶体管、集成电路等电子器件以及变压器、开关、保险管等部件的损坏而引起的,也可能是由电路的连线或触点接触不良造成的。电子设备故障检查通常采用以下基本方法。

一、不通电观察法

在电子设备出现故障后,可先在不通电的情况下,观察电子设备表面上的开关、旋钮、插口、接线柱等有无松脱、滑位、断线等问题。打开电子设备外壳盖板,观察内部的元件、器件、插件、电源变压器电路连线等有无烧焦、漏液、发霉、击穿、开断;电子元件的管脚有无霉断、脱落、松动、锈蚀等。

二、通电观察法

通电后观察电子设备或其内部有无火花、冒烟、气味等,转动电位器、开关观察接触是否良好,手摸元件温度是否过高或烫手,静听设备或元件有无放电声音和其他异常声音。

三、元件代换法

通过观察法发现值得怀疑的元件或某一块电路板后,可将其取下后换上同型号的元件(或电路板)。注意在取下元件(或电路板)时,不能带电操作,特别是一些接插件,在取下或安装时一定要断开电源,以免损坏这些元件。还要注意,在取下元件时,一定要做好标记(特别是接插件的插脚),集成电路的管脚排列是顶视逆时针方向排列,即在有字的一面的一端,有一个小缺口或小点,其左面一排靠近小缺口或小点的那一个脚为第1号,逆时针方向依次为2,3,4……

四、测量法

1.测量电压法

用测量电压检查电路是最方便的方法,它不需要取下元件,不仅能带电操作,而且也不需要断开电路。如测量电源变压器,测量原边电压正常,副边无电压,一定是变压器的绕组断路;又如测量三极管 C、B、E 三个极对地的电压,可判断三极管是否良好,电路工作是否正常等。测量时,先测量电源电压,再测其他各点的电压,先测关键点的电压,再测一般点的电压,如果电源无电压,当然设备就不能工作。

2.测量电阻法

测量电阻时一定要先断开电源,可以在线路板上直接测量元件(在线测量),在线测量时要熟悉电路的结构,或至少熟悉部分电路的结构,明确并联的元件或电路对电阻的影响。怀疑某元件有问题时,可取下元件测量。电子设备最常见的出故障的部件是一些经常活动的部件,如开关的触点、电位器的滑动触点等,还有引线的接头、接插件的插脚接触不良等。测量时,可活动这些部件并观察电阻值的变化。

3.测量电流法

许多电路都是以电流的大小来确定工作点的。电流大,一般是负载有短路,或某一元件短路,电流大往往引起电源电压降低。若无法确定是电源的故障还是负载的故障,可先断开负载,测量电源端电压,若电压还低,说明是电源的故障。若电压正常,说明是负载故障。电流大,多数情况是元件有短路,如二极管、三极管、集成电路、电容被击穿短路等;电流小,一般是元件有开路,如上述这些元件开路或失效等。

第四节　微机监控系统的常规维护与保养

引起微机监控系统发生故障的主要原因是:电源电压偏高或偏低,突然断电之尖峰电压冲击,环境或微机内部芯片温度过高,电磁干扰,元器件老化或其他原因造成的短路、开路、接地、操作不当等。

一、电源电压偏高或偏低，突然断电之尖峰电压冲击

电源电压偏离额定值 20% 以上,将不能满足计算机系统的要求,特别是突然断电时瞬间峰值电压对系统和元件都有较大损伤,应该避免。一般可采取使用 UPS 不间断供电电源解决。

二、环境或微机内部芯片温度过高

电子元件内部过热会使元件过早老化而损伤。另外,芯片在使用中所产生的热量分布是不均匀的,一般在引线部位发热多,所以,芯片内部引线处特别容易因冷热不均而断路。一般是采取集控室安装空调和控制屏内冷却风机等措施,同时注意保持集控室和控制台内清洁。

三、电磁干扰

大负荷电开关的合/断、突然断电、跳闸等所产生的尖峰电压干扰和板内印刷线间所产生的噪声和人体静电都可能使电子元件击穿。

电磁干扰问题在系统设计和安装时已经采取了相应的措施,而人体静电放电干扰则是管理维修人员要特别注意的,通常防静电的措施主要有机壳屏蔽及在触摸计算机或插拔印刷电路板前,先用手触摸接地金属物体放电。

四、腐蚀作用

空气中的化学物质会使电路板插脚接触表面腐蚀氧化而造成接触不良,引起系统发生随机性故障,极难查出故障部位。

防腐蚀和防静电是一对矛盾,降低空气湿度可降低腐蚀作用,但降低湿度又会使静电放电干扰增加,所以,一般使集控室内相对湿度保持在 $55\% \pm 5\%$ 较为合理。排除因腐蚀而造成接触不良故障的方法是插拔法。

五、尽量避免操作不当及引起系统短路、断路和接地故障

不要随意操作各功能按钮和各种设备,插拔印刷电路板前必须放掉人体静电和关掉电源,以避免因操作不当而损坏设备。在进行系统操作时,一定要按照规定的程序进行操作,以避免破坏系统软件或使存储器中的程序丢失。

对于安装在机舱各装置上的传感器等外部设备,要经常检查,以防因进水和碰撞等而引起短路、断路和接地等故障。

第五节　电子控制电路与焊接工艺

随着船舶自动化程度的不断提高和电子技术在船上的广泛应用,焊接工艺成为船舶电气设备管理人员必须掌握的一门技术。在对电子设备或电路板进行维修时,焊接质量直接影响到设备的工作状态是否正常,某个焊点不符合质量要求,就可能使一台设备或一个系统不能工作,甚至可以使整艘船舶失控。本节着重讨论在印刷电路板上焊接电子元件的焊接工艺,并简单介绍电子元件的识别和电路的调试方法。

电子电路板的安装一般按先大后小的原则,即先安装焊接变压器、散热器、电位器、开关、大电容等器件,而后安装焊接小型电阻和电容等,最后安装焊接小型二极管、三极管及集成电路等。

一、焊接技术

焊接技术包括焊接工具、焊料、焊剂的选择和焊接工艺。

(一)焊接工具的选择

焊接工具主要是电烙铁,电烙铁的加热芯实际上是绕了很多圈的电阻丝,电阻的长度或它所选用的材料不同,功率也就不同。按功率分,电烙铁有 500 W、200 W、100 W、75 W、50 W、25 W、20 W 等多种规格,电烙铁直接影响焊接的质量,应根据不同的焊接对象选择不同功率的电烙铁。焊接电子电路时一般选用 25 W 电烙铁,焊接点的面积较大时可选用 45 W 或更大功率的电烙铁。焊接 CMOS 电路一般选用 20 W 内热式电烙铁,焊接时还须将外壳连接良好的接地线。

(二)焊料的选择

常用的焊料是焊锡,它是一种锡铅合金。在锡中加入铅后可获得锡与铅都不具有的优良特性,锡铅比例为 60:40 的焊锡,其熔点只有 190 ℃左右。锡铅合金的特性优于锡、铅本身,机械强度是锡、铅本身的 2~3 倍,而且降低了表面张力和黏度,增大了流动性,提高了抗氧化能力。

常用的焊锡丝有两种:一种是将焊锡做成管状,管内填有松香,称焊锡丝,使用这种焊锡丝时可以不加助焊剂;另一种是无松香的焊锡丝或焊锡块,焊接时要加助焊剂。焊锡块一般用于焊电缆头等。焊锡丝有粗有细,要根据焊件的情况选择。

(三)焊剂的选择

焊剂是提高焊锡熔化时的温度,增加其流动性,保证焊接的质量。常用的焊剂有松香和松香酒精溶液,后者是用一份松香粉末和三份酒精(无水乙醇)配制而成,焊接效果比前者好;另有一种焊剂是焊油膏,焊油膏是酸性焊剂,对金属有腐蚀作用,易造成电路的短路,在电子电路的焊接中,一般不使用,如果确实需要,焊接后应立即用溶剂将焊点附近清洗干净。

(四)焊接工艺

对于初学者来说,首先,要求焊接牢固、无虚焊,因为虚焊会给电路造成严重的隐患,给调试工作带来很多麻烦;其次,是要注意焊点的大小、形状及表面粗糙度等,这些都会影响焊接的质量。

1.焊接前的准备工作

(1)焊件表面处理

焊接前,必须把焊件表面处理干净。长时间的储存或环境污染会造成焊件表面带有锈迹、污垢或氧化物,导致粘不上锡而焊不牢,或出现虚焊影响焊接质量。一般可先用酒精擦洗,严重的要用砂纸摩擦,直到露出光亮金属后再蘸上松香水,挂上锡。多股导线挂锡前要用剥皮钳或其他的方法去掉绝缘皮(不要将导线剥伤或断股),再将剥好的导线拧在一起后挂锡。新的电子元器件的管脚都经过了电镀处理,有一层发亮的金属膜,用布或细砂纸擦一擦即可。

（2）元件成形处理

根据元件在电路板上的位置，把元件管脚处理成合适的形状。弯曲管脚时要离元件根部 3~4 mm，不要弯成直角；对温度敏感的元件，如二、三极管管脚要留 10 mm 左右。

（3）烙铁头的处理

新的烙铁通电到能熔化焊锡的时候，需在烙铁头做"挂锡"处理。

外热式电烙铁的烙铁头一般是实心紫铜制成，新的烙铁头在使用前，要用锉刀锉去烙铁头表面的氧化物，然后再接通电源，待烙铁头加热到颜色发紫时，再用含松香的焊丝摩擦烙铁头，使烙铁头上挂上一层薄锡，这就是挂锡工作。对于旧烙铁头，随着使用时间的延长，工作面不断损耗，表面会变得凹凸不平，这时需要用平锤锉去烙铁头的缺口和氧化物，并根据焊接对象磨成一定形状再"挂锡"。

2.焊接方法

选择焊接方法是焊接质量的关键，做好这一环节极其重要。在印刷电路板上焊接元件是一件技术性很强的工作。印刷电路板有单面板、双面板和多层板，拿到印刷电路板后，首先要分清元件面和焊接面，焊接面敷着焊接元件管脚的铜薄焊盘和铜薄连线，都经过电镀处理，焊接时不必再处理。元件一般是排在元件面上，电子元件排列整齐。

图 9-6 是焊接示意图。焊接前首先用棉丝把烙铁头上的氧化物擦干净，焊接时一般左手拿焊锡丝，右手拿电烙铁（如同握笔的手势），烙铁头的方向最好与焊盘成 45°左右；烙铁手柄不要握得太死，烙铁头（或尖）同时抵住焊盘和元件脚引线，要拿稳，不能抖动，保持 4~5 s，然后把焊锡丝触到烙铁尖上，看焊锡已熔化并流在焊盘上，焊锡量以包满引线为宜，立即移开焊锡丝，随后迅速抬起烙铁头，则焊点光滑，但如温度太高，则易损坏焊盘或元件。整个过程只需几秒钟，铬铁头停留的时间不能过长或过短。焊点应呈圆锥状、圆润光滑、无裂纹、无毛刺、无虚焊，图 9-7 是焊点示意图。

焊接时千万注意不要将烙铁头在焊点上来回移动或用力下压。

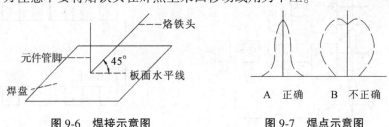

图 9-6　焊接示意图　　　　图 9-7　焊点示意图

3.焊接注意事项

（1）焊接时必须扶稳焊件，特别是焊锡冷却过程中不能晃动焊件，否则容易造成虚焊。

（2）每个焊点最好一次成功，如果需要再次焊接时，一定待两次焊锡一起熔化后方可移开烙铁头。

（3）焊接各种晶体管时，最好用镊子夹住被焊晶体管的管脚，避免温度过高损坏管子。

（4）装在印刷电路板上的元件尽可能保持同一高度，元件管脚不必加套管，把管脚剪短些即可。

（5）安装时元件极性、型号和数值朝上或朝外，便于观察。

（6）集成电路的焊接。集成电路组件的外形有直立式和扁平式两种。直立式集成电路组件的焊接方法与焊接晶体管相同。扁平式集成电路组件由于引线与引线之间的间隙很小,因此,在焊接前,应先将集成电路组件的引线和印刷电路板上相应的焊盘分别挂上锡,焊接动作要快,最好一次焊接成功。

(7)焊接时应避免烙铁头在元件上停留时间过长,以免烧坏元件。对怕热的元件(如半导体元件),焊接时要用金属镊子夹住元件的管脚,帮助其散热。焊接低压半导体元件、CMOS元件和绝缘栅场效应管时,电烙铁的金属外壳要可靠接地,如无地线时,则应将电源插头拔下后用电烙铁的余热焊接。

(8)安装元件时,一般情况下应以板面为基准,电容器、三极管等采用立式安装,电阻、二极管采用卧式安装,所有元件安装在同一面。

二、电子控制电路图分析

1.555集成定时器芯片

图9-8是555集成定时器芯片的内部电路和外引线排列图。它由三个阻值为 5 kΩ 的电阻组成的分压器、两个电压比较器 C_1 和 C_2、基本 RS 触发器 G_1 和 G_2、放电三极管 V_1、与非门 G_3 和反相器 G_4 组成。

如果"8"端接电压正端 V_{CC} (5~18 V 均可),"1"端接负端 GND,则分压器为两个电压比较器 C_1、C_2 提供参考电压。若"5"端悬空,则比较器 C_1 的参考电压为 $U_{R1} = \frac{2}{3}V_{CC}$,加在同相输入端;$C_2$ 的参考电压 $U_{R2} = \frac{1}{3}V_{CC}$,加在反相输入端。

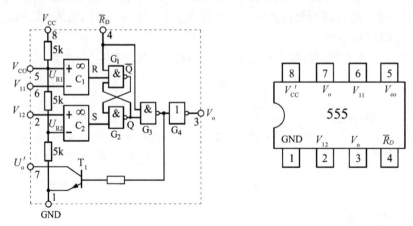

图 9-8　555 集成定时器芯片的内部电路和外引线排列图

C_1 和 C_2 的输出端控制 RS 触发器状态和放电三极管 V_1 开关状态。当"6"端输入信号 V_{11} 输入并超过 $\frac{2}{3}V_{CC}$ 时,C_1 输出 R 为低电平,RS 触发器复位,555 集成定时器芯片的输出"3"端 V_o 为低电平,同时三极管 V_1 导通放电;当"2"端输入信号 V_{12} 低于 $\frac{1}{3}V_{CC}$ 时,C_2 输出 S 为低电平,RS 触发器置位,555 集成定时器芯片的"3"端 V_o 输出高电平,同时 V_1 截止。

"4"端是复位输入端 $\bar{R}_D$,当其为 0 时,555 集成定时器芯片输出低电平。平时该端开路或接 V_{CC} 。

"5"端是控制电压输入端 V_{CO} ,平时输出 $\frac{2}{3}V_{CC}$ 作为比较器 C_1 的参考电平,当"5"端外接一个输入电压,即改变了两个比较器的参考电平,从而实现对输出的另一种控制,在不接外加电压时,通常接一个 $0.01\ \mu F$ 的电容器到地,起滤波作用,以消除外来的干扰,以确保参考电平的稳定。

V_1 是放电三极管,当 V_1 导通时,给接于"7"端的电容器提供低阻放电电路。

2.多谐振荡器电路

多谐振荡器又称为无稳态触发器,它没有稳定的输出状态,只有两个暂稳态。在电路处于某一暂稳态后,经过一段时间可以自行触发翻转到另一暂稳态。两个暂稳态自行相互转换而输出一系列矩形波。多谐振荡器可用作方波发生器。

图 9-9 是由 555 集成定时器芯片构成的多谐振荡器电路和工作波形图。R_1、R_2、C_1、C_2 是外接元件。刚接通电源 V_{CC} 时,$u_c = 0$,$u_o = 1$。当电容 C_1 充电使 u_c 升至 $\frac{2}{3}V_{CC}$ 后,555 集成定时器芯片内部比较器 C_1 输出低电平($R=0$),基本 RS 触发器置于 0,定时器输出 u_o 由 1 变为 0。同时,放电三极管 V_1 导通,电容 C_1 通过 R_2 放电,u_c 下降。在 $\frac{1}{3}V_{CC} < u_c < \frac{2}{3}V_{CC}$ 期间,u_o 保持低电平状态。在 u_o 下降至 $\frac{1}{3}V_{CC}$ 以后,比较器 C_2 输出低电平($S=0$),使触发器置于 1,输出 u_o 由 0 变为 1。同时放电三极管 V_1 截止,于是电容 C_1 再次被充电。如此不断重复上述过程,多谐振荡器的输出端就可得到一串矩形波。

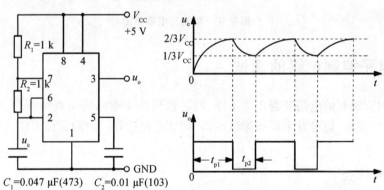

图 9-9　多谐振荡器电路和工作波形图

振荡周期等于两个暂稳态的持续时间。第一个暂稳态时间 t_{p1} 为电容 C_1 的电压 u_c 从 0 充电至 $\frac{2}{3}V_{CC}$ 所需的时间;第二个暂稳态时间 t_{p2} 为电容 C_1 的电压从 $\frac{2}{3}V_{CC}$ 放电至 $\frac{1}{3}V_{CC}$ 所需的时间。

在 555 集成定时器芯片电路图焊接过程中,要注意,电子元件排列整齐、焊点圆润光滑且无虚焊;焊接操作方法正确,操作不当会导致元件损坏;通电测试时,要注意电源和输入端信号的正确接入。

3.电池充电电路

图 9-10 是电池充电电路图,图中开关 SA 是 100 mA、50 mA 充电电流的选择开关,LED 发光二极管承受正向电压导通发光,发光强度与通过的电流大小有关。LED 与 R_5 串联后,并接于 R_4 两端,R_4 两端电压的大小,反映充电电流的大小,LED 发光的亮、暗指示开关 SA 的不同位置,R_5 是 LED 的限流电阻,使通过 LED 的电流限制在一定数值。当开关 SA 处于如图所示的 100 mA 位置时,稳压二极管 D_z 将三极管 T 的基极电压稳定在 6 V,所以,三极管发射极的电压约为 5.3 V,而该电压除以电阻 R_4 和 R_2 之和,得到的电流约为 100 mA,则流过电池的电流为 100 mA,可见电池的充电电流为 100 mA。如果开关 SA 处于 50 mA 位置,则发射极电压 5.3 V 除以电阻 R_4 和 R_3 之和,得到的电流为 50 mA,即通过电池的电流为 50 mA。可见开关 SA 控制了充电电流的大小。

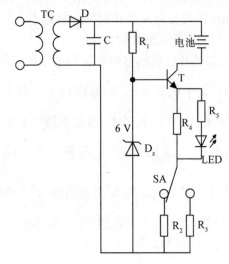

图 9-10　电池充电电路图

三、电子控制电路的调试

调试是对安装好的电路能否正常工作,能否达到性能指标的检查和测试。使用的仪器通常有万用表、示波器、信号发生器等测试仪器,调试必须遵守一定的测试方法,并按一定的步骤进行。

1.不通电检查

(1)检查焊点是否有粘连、虚焊、假焊和漏焊。

(2)根据电路原理图,检查电路板上每个结点所连接的元件与原理图是否一致。

(3)检查二极管、三极管、电解电容等管脚有无错接,集成电路是否插对等。

(4)用万用表测量电源、信号线和地线,检查其是否短路。

2.通电测试

(1)接通电源,首先要观察有无异常现象,包括有无冒烟;感受是否能闻到异常气味,手摸元件是否发烫。如果出现异常,应立即关闭电源,待排除故障后方可重新通电。

(2)静态调试。确定电路无异常现象后,在没有外加信号的条件下,测试电路各点的电位,如测量模拟电路的静态工作点,将测出的数据与设计值相比较,若超出允许范围,则应分析原因进行处理。

(3)动态调试。调试信号幅值、波形的形状、频率、放大倍数、输出动态范围等。把测试结果与设计的指标做比较,经深入分析后对电路参数做出合理的修正。

应注意,在修理时不能单纯地调换已损坏的器件,应当进一步查对电子设备的电路原理图,查出导致故障发生的真正原因,这样才算完全修好设备。否则,真正的故障因素没有排除,设备开机使用后,更新的器件可能又会损坏。

复习思考题

9-1 叙述模拟式(指针式)万用表测量电阻的注意事项。

9-2 叙述模拟式(指针式)万用表测试电容的方法。

9-3 叙述模拟式(指针式)万用表进行二极管性能测试与极性判别的方法和步骤。

9-4 叙述模拟式(指针式)万用表进行三极管性能测试与极性判别的方法和步骤。

9-5 叙述模拟式(指针式)万用表进行晶闸管性能测试及极性判别的方法和步骤。

9-6 叙述模拟式(指针式)万用表进行IGBT性能测试及极性判别的方法和步骤。

9-7 叙述电子线路及电路板焊接工艺要求。

9-8 叙述电路板、电子元件的焊接与装配注意事项。

9-9 熟练识别555集成定时器芯片构成的多谐振荡器电路及控制电路原理。

9-10 任意指定555集成定时器芯片构成的多谐振荡器电路中的电子元件并识别实物。

船舶电缆处理工艺和安全用电

第十章

本章主要介绍:安全用电的基本知识,船舶电气设备的防火、防爆和防静电,船舶电气设备的接地要求,船用绝缘材料及电气设备绝缘的意义和要求,船舶电缆及处理工艺。

第一节　安全用电的基本知识

缺乏安全用电常识或对电气设备的使用管理不当,是发生触电事故的主观原因;电气设备的绝缘损坏使原本不带电的物体带电,是发生触电事故的客观原因,也是最大的隐患;环境条件对造成触电也有着重要影响。

一、触电伤害的种类

当人体触及带电体,或带电体与人体之间闪击放电,或电弧波及人体时电流经人体进入大地,或通过其他导体形成导电回路,人体受到较高电压或较大电流伤害,会造成人体局部受伤或致残,甚至死亡的现象,称为触电。按照人体被伤害的不同程度,触电可分为电伤(外伤)和电击(内伤)两种。

1.电伤

电路放电时,电流的热效应、化学反应、机械效应对人体外表造成局部伤害,一般会在肌体上留下伤痕。常见的电伤有电灼伤、电烙印和皮肤金属化。电灼伤的特征是皮肤红肿、起疱或烧焦。皮肤金属化是发生电弧时,熔化或蒸发的金属微粒喷射并渗入皮肤表面及深部而形成。

2.电击

电击是指人体直接接触带电体时,电流通过人体内部器官而造成伤害。人遭电击时,轻则疼痛麻木、肌肉抽搐,重则强烈痉挛、呼吸困难、失去知觉甚至心脏停止跳动,停止呼吸而死亡。

当人体任何两点直接触及(或通过导电介质连通)不同电位的带电体时,都可能发生触电事故。对于钢质船,整个建筑是一个良导体,而且空间窄、设备多,人体经常会触碰到电气设备的金属壳体或构架。另外,船舶经常处于潮湿等恶劣环境中,很容易造成绝缘损坏,或安全接地因腐蚀或锈蚀而失去保护作用等,所以船舶属于触电危险处所。

二、人体触电电流及安全电压

触电对人体伤害的程度与通过人体电流的大小、种类、路径和持续时间有关。通过人体电流的大小取决于人体两点的接触电压和人体电阻。人体总电阻是皮肤角质层电阻和体内电阻之和,皮肤角质层电阻为 40 kΩ~100 kΩ,而体内电阻仅为 600~800 Ω,但皮肤潮湿、不洁净或有伤口时,皮肤角质电阻可下降到 1 kΩ 左右。因此人体电阻不是固定的常数,而且实际触电时的人体电阻和电流还与人体的触电部位、接触面积和接触紧密程度有关。通常有两种触电情况:一是接触单相对地电压;另一种是同时接触两相电压(即线电压)。船舶一般都是三相绝缘系统,因此后者危险性更大。

危险的电流通过人体,首先是使肌肉突然收缩,使触电者无法摆脱带电体,以至中枢神经麻痹,导致呼吸或心脏跳动停止。0.6~1.5 mA 的工频交流电流通过人体时,人体开始有感觉;8~10 mA 时人手已较难摆脱带电体;几十毫安通过呼吸中枢或几十微安直接通过心脏均可致死。因此电流通过人体的路径不同,其伤害程度也不同。

手和脚之间或双手之间触电最为危险。

安全电压是指使人体不产生严重反应的接触电压。根据触电时人体和环境状态的不同,安全电压的界限值也不同。国际上通用的可允许接触的安全电压分为三种情况:

(1)人体大部分浸于水中的状态,其安全电压小于 2.5 V。

(2)人体显著淋湿或人体一部分经常接触到电气设备的金属外壳或构架的状态,其安全电压小于 25 V。

(3)除以上两种情况以外,对人体加有接触电压后,危险性高的接触状态,其安全电压小于 50 V。

三、触电事故的预防及急救

1.预防触电措施

(1)加强安全用电教育;了解触电原因,增强自我保护意识;严格操作规程,持证上岗;一般情况下禁止带电检修,不得已时应采取可靠的安全措施,最低也应有技术等级相同的人员在场监护;使用非安全电压便携式电气设备前,必须仔细检查其电缆、插头等的绝缘状态,特别是安全接地芯线,因为其容易折断而不易觉察。

(2)电气设备必须有可靠的安全接地或接零,应经常检查、维护电气设备的接地或接零。中性点接地系统单相触电时,人体承受相电压,电流经人体、船体和中性点接地线形成闭合回路,触电后果严重。中性点不接地时,若线路绝缘良好,对人体无伤害。但船上的电气设备绝缘性能经常会出现下降,一旦触电,流过人体的电流是很大的,也会造成伤害。

一般来讲,中性点接地系统的单相触电的危险性要比中性点不接地系统的大得多。

2.触电急救注意事项

(1)就近拉断电源开关或熔断器,或用干燥不带电的衣物器具使触电者迅速脱离电源,救护者人体各部分都不可直接触及触电者,避免连带触电。注意触电者脱离电源时是否有碰伤或摔伤的危险,以便采取必要的措施。

(2)将触电者置于通风温暖的处所,对呼吸微弱或已停止呼吸的,要实施人工呼吸或胸外心脏按压抢救。只要触电者没有明显的死亡症状,就应坚持抢救。

四、安全用电的基本要求

为了保障设备维护维修的安全,避免意外事故的发生,确保人员和设备的安全,相关工作人员需要掌握以下基本要求:

(1)维修前,查看设备运行状态,做好准备工作。注意维修前、中、后的安全操作规范,包括安全挂牌、安全供电等。

(2)分析维护操作过程中可能存在的安全隐患。带电测试时要防止触电;若断电测试,将设备停止、断电,拆除相关熔断器,拆装、拆线等操作时应做好标记。

(3)维护中,应核对图纸或说明,以明确设备的名称、型号及作用。

(4)维护过程中,应正确使用万用表测电压、电阻,使用钳形表测电流,使用兆欧表测绝缘。

(5)维护后,恢复设备的正常功能,记录好操作过程,清理维修区域,做好维修总结。

第二节　船舶电气设备的防火、防爆和防静电

一、电气设备的防火、防爆

燃烧和爆炸须同时具备三个条件:①有可燃性气体或物质;②有空气或氧气;③有火源或危险温度。

只要这三个条件不同时存在,就能避免燃烧和爆炸。燃烧和爆炸是同一化学反应,当空气中所含可燃气体达到一定的浓度时,由于氧化反应的传播速度极快,燃烧将变成爆炸。爆炸和燃烧都产生大量的光和热,但爆炸还伴随由于气体急剧膨胀而发出的巨大声响。

引发船舶发生火灾和爆炸的原因有多种,电气设备的短路、过载、绝缘老化以及某些故障都是导致火灾的隐患,这些隐患主要是作为火灾的热源或火源。电气设备的热源或火源包括正常的和非正常的。正常的热源或火源如高温元件或电灯、各种触点正常开断产生的火花。非正常热源或火源主要有:

(1)电气设备(特别是插座)进水形成短路或接地,在短路或接地点局部发热。

(2)导体的连接点的松动、氧化、腐蚀等引起接触电阻过大,造成局部发热。

(3)电气设备或电缆长期超负荷工作,或由于短路故障、非正常电压等引起电流过大,使温度过高而可能引起火花。

(4)由于乱接、乱拉电线,或在插座上接超过线路允许载流量的电热器或其他用电设备而造成线路过热。

(5)其他原因造成的绝缘性能下降或绝缘破坏,发生短路、接地故障,引起局部过热。

另外,有可燃物质出现在不该出现的地方和空间,为正常工作的电器火源或热源提供了可燃物质,从而成为火灾的隐患。例如用汽油清洗机器部件时未采用有效的防火措施,未注意良好通风,以致有油气积聚等。

电气设备的防火要求是避免发生和注意消除上述各种情况的火灾隐患。应定期检测和检查电气设备的绝缘,以使其保持良好的绝缘状态。在有易燃易爆炸的场所必须使用合格的防爆电气设备。

二、油船和散装化学品液货船电气设备的防火、防爆要求

(1)不论是直流或单相、三相交流低压电力系统,都必须是对地绝缘的系统,即发电、供电和配电电路均不应接地,更不能以船体作为回路。但允许使用互感器二次绕组、抗无线电干扰电容器及电网绝缘监测器接地,允许内燃机起动、点火系统的接地回路。

(2)不同电压等级的电网不应有电气上的直接连接。

在有引起爆炸或可能引起爆炸的区域和处所,原则上不准安装电气设备(包括电缆),必须安装的电气设备及电缆都应是防爆型和本质安全型。

所谓本质安全型的电器和电路,就是它在正常或故障情况下都不能引燃可爆炸性气体。本质安全型设备主要用于危险处所的测量、监视、控制和通信。安装的一些插座也都是带开关联锁的插座,只有当开关断开电源时,插头才能插入或拔出,以避免产生火花。在这些危险处所,电气设备的控制开关和保护装置都设置在安全区,并设有永久性标志,以便识别。

作为船舶工作人员,不允许在这些有危险的区域拉临时电线或安装临时设备;不允许使用带电缆的便携照明或普通手电筒,应使用合格的防爆照明器;在油船及散装化学品液货船上禁止挂彩灯。

三、电气设备的灭火

电气设备着火时,不能使用消防水龙灭火,以防止通过水柱触电。正确的做法是首先应迅速切断着火电源,然后用二氧化碳、干粉或卤代烃(1211)灭火器等灭火。但停电时应注意尽量缩小停电范围。

四、防静电知识

任何两种不同物质的摩擦、紧密接触及分离、受压、受热或感应都能产生正负电荷分离的静电现象。液体的流动、过滤、搅拌、喷雾、飞溅、冲刷、灌注、剧烈晃动等过程,也都可能产生十分危险的静电;人体、衣着也会产生危险的静电。穿脱毛料与合成纤维衣物时,由于摩擦和接触及分离所产生的静电电压可高达数千伏至数万伏,足以引燃周围爆炸性气体。人体是静电的良导体,人体处于带电的静电空间,因感应而成为一个独立的带电等位体,人体与地或与周围物体之间达到一定的电位差时就会产生放电。因此,在静电危险场所工作的人员应穿导电好的服装和鞋袜;在货油舱甲板上禁止穿脱衣物;由生活居住区进入货油舱前,手应触摸专设的用来消除静电的金属板,以防止人体带静电进入危险区。

此外,船舶在航行中除防直接雷击外,带电低云层的静电感应也会使船舶金属体感应带

电,船舶航行与空气的摩擦也能使金属体带电。

五、船舶防静电的措施

上述种种原因产生的静电积累到一定程度就会在突出部位产生放电,成为火灾和爆炸的隐患。特别是油船,存在可燃气体的空间较大,容易引起爆炸。所以船舶除了安装避雷装置外,还必须设置消除静电的装置。

(1)金属导体之间或法兰连接的管路之间要用金属导线可靠地连接,并可靠地金属接地,以便及时泄放静电。图10-1、图10-2、图10-3 和图10-4 分别表示索具、活动吊杆、舱口盖和油管的消除静电荷的接地。

(2)电气设备的金属外壳均须可靠接地,所有电气设备的保护接地可作为防静电接地。

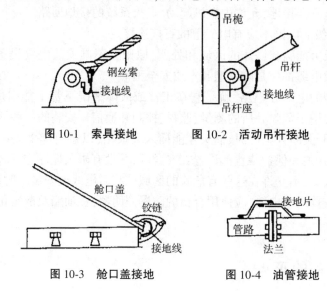

图 10-1　索具接地　　　图 10-2　活动吊杆接地

图 10-3　舱口盖接地　　　图 10-4　油管接地

第三节　船舶电气设备的接地要求

电气设备的接地就是将电气设备的金属外壳、支架和电缆的金属护套与大地等电位的金属船体做永久性的电气连接,它对保护人体不受触电伤害和保证电力系统和电气设备的正常运行都具有重要的意义。为防止人身触电,有两种保护措施,即对电气设备采取保护接地或保护接零。此外还有为使电气设备正常工作的工作接地(如电力系统的中性点接地、绝缘指示灯接地、电焊机接地等)、防无线电干扰的屏蔽接地以及避雷接地等。

一、保护接地

保护接地是将工作电压在 50 V 以上的电气设备金属壳罩、构架和电缆金属护套等与金属船体做可靠的金属连接。

这些部件一旦带电,会使站在地上的人体的接触电压和人体电流接近于零。保护接地适用于中性点对地绝缘的 500 V 以下的低压电力系统,如图 10-5 所示。虽然是中性点绝缘系统,但由于配电线路与地间存在分布电容以及对地的绝缘电阻 R',故人体触及带电体仍与系统构成交流回路。但由于有远小于人体电阻 R_b 的接地电阻 R_0 与其并联,故通过人体的电流 $I_b \approx 0$。

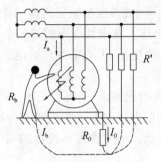

图 10-5　保护接地

《钢质海船入级规范》对保护接地的要求如下:

(1)电气设备金属外壳须进行保护接地,但工作电压不超过 50 V 的设备或具有双层绝缘设备的金属外壳或为防止轴电流的绝缘轴承座除外。

(2)电气设备直接紧固在船体的金属结构上或紧固在与船体金属结构有可靠金属连接的底座(或支架)上时,可不另设专用导体接地。

(3)不论是专用导体接地或靠设备底座(或支架)接地,其接触面均须光洁平贴,保证有良好的接触,并应有防止松动和生锈的措施。

(4)电缆的所有金属护套或金属覆层须做连续的电气连接并可靠接地。

(5)固定安装的电气设备,若用专用导体接地,则其导体应用铜或导电良好的耐蚀金属材料制成。必要时应有防止机械损伤即防蚀措施。接地导体截面积最低不得小于 1.5 mm^2。图 10-6 所示为安装在木封板上的电气设备用接地线接地的示例。

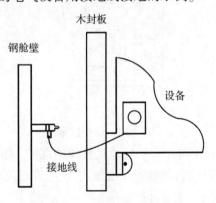

图 10-6　接地线接地示例

二、工作接地

陆上广泛使用的三相四线制系统,配电变压器的中性点一般是直接接地的,这种接地叫工作接地。从配电变压器(或发电机)的中性点引出一线叫中线(亦称工作零线),这种三相四线制的三个线地之间电压为220 V,叫相电压,供照明或小型单相动力用。

三相四线制系统中性点工作接地的作用如下:

(1)可迅速切断故障设备。在中性点不接地的供电系统中,一相发生接地,接地电流很小,不足以使保护装置动作来切除故障设备。在中性点直接接地的供电系统中,发生单相接地,将引起较大的单相接地短路电流,能使保护装置迅速动作,切除故障设备。

(2)降低人体所承受的触电电压。在中性点不接地的系统中,当一相接地,而人身又触及另一相时,人体承受的是380 V的线电压;但对中性点接地的系统来说,当人身触及一相时,承受的是220 V的电压。

(3)降低供电线路和用电设备的绝缘水平,降低成本。在中性点接地的系统中,每相对地的电压是相电压,因此这种系统的供电线路和用电设备的导电部分对地或者对金属外壳的绝缘水平可按相电压来设计,成本降低。但中性点不接地的系统,其绝缘则要按线电压来考虑,成本较高。

三、保护接零

对于中性点接地的低压电力系统为防止人体触电,将电气设备的金属外壳、电缆金属护套等与系统的零线做可靠的电气连接,即为保护接零。

如图10-7所示,当电气设备某相绝缘损坏碰壳时,通过零线构成单相短路。因这种单相短路电流较大,可使电气设备的继电保护开关或熔断器断开,不仅避免了人身触电,而且迅速切断了故障设备,同时又保证了其他电气设备的正常运行。人体即使在保护电器断开之前触及外壳,由于人体电阻远大于零线回路电阻而使人体电流较小。船体作为中性线的三相四线制系统,虽然接零就是保护接地,但它是以这种接零的保护方式实现保护的。

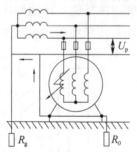

图 10-7 保护接零

在陆上,三相四线制系统不可用保护接地代替保护接零。因为采用单纯的保护接地的用电设备,其导电部分与外壳碰连时,接地短路电流比较小,使过流装置不动作、漏电设备电压超出安全电压。

发电机中性点接地器的接地电阻 R_g 的阻值和用电设备接地器的接地电阻 R_0 的阻值比较大(各约4 Ω),设备通过机壳发生接地的单相短路电流为 $[U_p/(R_0+R_g) = 220/8 = 27.5\ \text{A}]$。当设备保护电器的动作值大于该短路电流时,其就失去了保护作用;而且相电压 U_p(220 V)被 R_0 和 R_g 分压,使设备外壳有110 V的电压,远超过安全电压。所以单相家用电器应使用具有接零保护(保护零线不通过开关和熔断器)的三眼插座和三脚插头,以避免触电。

四、其他接地

为防止电磁干扰,在屏蔽体与干扰源的金属外壳与地之间所做的良好电气连接,称为防干扰屏蔽接地。为防止直接遭雷击,将避雷针接地的,称为避雷接地。避雷针的高度应高出桅杆或桅顶上的电气设备 300 mm,并可直接焊在钢质桅杆最顶端。

第四节　船用绝缘材料及电气设备绝缘的意义和要求

一、船用绝缘材料

这里所说的绝缘材料是指电工绝缘材料。依据国家标准 GB/T 2900.5—2013《电工术语 绝缘固体、液体和气体》的规定,绝缘材料的定义是:用于防止导电元件之间导电的材料。绝缘材料的电阻率很高,通常为 $10^6 \sim 10^{17} \Omega \cdot m$。

在电气设备、输电线路和电工仪器仪表中,绝缘材料的作用是将带电部件与其周围的其他部件或带电部件之间相互隔离(绝缘),使电流按规定的途径流通,并保证设备的安全运行。船舶绝缘材料的性能应符合船舶工作条件,能耐热,抗潮,抗霉,耐酸、碱、盐、油和长期使用等。

（一）绝缘材料的性能指标

(1)耐压性能好:绝缘材料都是在一定的电压下工作的,工作电压过高会加速其老化。所有绝缘材料都能满足船用低压设备的性能要求。

(2)耐热性能好:工作于电气设备(电机、电器、电热器等)上和温度较高场合(如锅炉舱等)的绝缘材料,由于设备和周围环境温度的升高,其温度也随之升高。绝缘材料受热后将发生软化、熔化、挥发、灼焦、开裂、脆化、电阻率降低、损耗增加、老化和热击穿等一系列性能与形态的变化,因而要求绝缘材料的导热性好、热导率高,同时有足够的热稳定性。

(3)耐潮、抗霉性能好:船舶绝缘材料经常受到霉菌的侵袭,使材料丧失绝缘性能。在遭霉菌侵袭后,轻者绝缘材料表面呈现白霉点,重者可长出白色绒毛状的霉菌,导致绝缘性能变差甚至击穿。当温度为 20~30 ℃,相对湿度为 85%~100%时,最适宜霉菌的生长。为了提高抗霉性,往往用在船用绝缘材料中加入防霉剂的方法来杀死或抑制霉菌的生长。有些电气设备会增设必要的加热环节,以提高材料防潮防霉的性能。

(4)机械强度高:船舶绝缘材料因受到机械力的影响(如振动、压挤、拉伸等),会产生裂纹、起层皮、变形和破损等,因此要注意选择机械强度高的绝缘材料。

（二）绝缘材料的耐热等级

每种绝缘材料都有一个最高温度的限制,称为最高容许温度,在此温度下长期工作时,材料的性质不发生显著变化,能够可靠工作至设计使用寿命。按照各种绝缘材料的最高容许温度,绝缘材料可划分为 7 个耐热等级,见表 10-1。

表 10-1　绝缘材料的耐热等级

耐热等级	容许工作温度/℃	主要绝缘材料
Y	90	以未浸渍过的棉纱、丝、再生纤维素、醋酸纤维素和聚酰胺为基础的纺织品、纸、纸板、木质板、低燃点的塑料等
A	105	以用植物油改良天然树脂漆、虫胶等浸渍或覆盖过的棉纱、丝、再生纤维素、聚酰胺为基础的纺织品、纸、纸板、木质板，如漆布、漆丝、漆包线等
E	120	有机填料的塑料、高强度漆包线、乙酸乙烯漆包线、玻璃布、油性树脂漆，以再生纤维素纸和布为基础的层压制品
B	130	聚酯薄膜，经树脂胶合或浸渍、涂覆的云母、玻璃纤维、石棉等以及聚酯漆、聚酯漆包线
F	155	以有机纤维材料补强和不补强的云母制品、玻璃丝和石棉；以玻璃丝和石棉纤维为基础的层压制品；以无机材料补强和不补强的云母制品
H	180	以补强或无机材料不补强的云母制品；加厚的 F 级材料；复合云母、有机硅云母制品，硅有机漆，复合玻璃布，复合薄膜等
C	180 以上	不采用任何有机黏合剂浸渍的无机物制品，如石英、石棉、云母、玻璃和陶瓷材料等

电气设备投入运行后，电气设备各部分的温度将高于环境温度。电气设备的温度 θ 与环境温度 θ_0 之差称为电气设备的温升，以 τ 表示，则：

$$\tau = \theta - \theta_0 \quad 或 \quad \theta = \theta_0 + \tau$$

电气设备工作时的温度 θ 是由环境温度 θ_0 和温升两部分来确定的。当所用的绝缘材料确定后，电气设备的最高容许温度 θ_{max} 就确定了，这样，在一定的环境温度下，电气设备就有一个与所用绝缘等级相对应的最高容许温升 $\tau_{max} = \theta_{max} - \theta_0$，称为温升限值。它是制造厂确定额定容量和额定电流的主要依据，其应被标示在产品的铭牌上。对船舶电气设备来说，国家规定的标准环境温度为 $\theta_0 = 45\ ℃$。

对船舶电气管理人员来说，随时了解运行中电气设备的工作温度是非常重要的，但要准确测出电气设备工作时的温度是比较困难的。用不同的测温方法测得的温度往往不同，如电阻法能测得温度的平均值，酒精温度计能测得可接触到的表面温度，这些都不是最热点的温度，所以，电气设备最热点的温度一般用测量值加 10~20 ℃。

二、电气设备绝缘的意义和要求

电气设备的绝缘不仅直接影响其正常运行和使用寿命，而且影响着用电安全。只有绝缘良好，才能隔离电气设备中有不同电位的部件，才能使电流沿着一定的导体路径流通，才能保证电气设备的正常工作；只有绝缘良好，才能使人免遭触电，才能使人安全操作。所以要求船用电气设备在潮湿、霉菌、盐雾、油雾等恶劣的环境条件下，都能保持良好的绝缘状态。

电气设备的绝缘是靠各种绝缘材料(包括空气、液体的、固体的)来实现的。对船用电气设备提出的三防(防湿热、防霉菌和防盐雾、油雾)要求，基本上是针对绝缘材料而言的。而在构成电气设备的材料中，绝缘材料是最薄弱的环节，电气设备的使用寿命很大程度上取决于绝缘材料的使用寿命。在满足上述要求的条件下，在实际使用中影响绝缘材料使用寿命的主要因素是它的耐热性(或热稳定性)。许多电气设备的损坏也往往是由绝缘材料的热击穿引起的。因为每一种绝缘材料都有一个耐热的极限温度,超过这个极限温度将加速绝缘材料的老化,使其过早地失去绝缘性能;严重时会使绝缘材料迅速灼烧而引发短路或火灾。所以在使用中,电气设备中的最热点温度不能超过其绝缘材料的最高允许温度。

三、电气设备使用的额定值

1.电气设备额定值及其意义

电气设备使用的额定值是指在给定的工作条件下能保证其正常运行所容许使用的电压、电流、功率、频率、温升等数据。给定(或规定)的条件主要是指前述的环境条件以及使用条件。

使用条件有连续工作制、短时工作制、重复短时工作制、频繁操作和非频繁操作等。也即在这些规定的条件下不超过额定值运行,电气设备的绝缘就不会发生电击穿或热击穿,特别是热击穿。电气设备运行中温度的高低取决于它的发热和散热情况。各种电气设备的发热情况,如电机、电器、电缆电线等,主要是它们的各种功率损耗都将变成热量。这些功率损耗概括起来有铜损、铁损和机械摩擦损耗等,这些热量将电气设备的温度升高。其中铁损与电压(磁通)和频率有关,在额定电压和额定频率下运行时铁损是不变的固定损耗。而铜损与电流的平方成正比,随电流的大小而改变,是决定电气设备温度的主要因素。

电气设备在发热的同时也向外散发热量,散热量的大小与本身的散热面积大小、通风条件、周围的温度有关。与周围温度的温差越大,散热量也越大。当发热量大于散热量时,电气设备的温度将继续上升;当发热量等于散热量时,温度不再上升,保持稳定的温度;当电气设备停止运行时,只有散热,温度逐渐降低,直到等于周围环境温度。升温和降温都需要经历一定的时间。只要电气设备运行时的最高温度不超过其绝缘材料的最高允许温度,就不会减少它的使用寿命。电气设备的额定温升是指在额定运行状态下的最高允许温度与标准环境温度之差。

2.电气设备按额定值工作时的注意事项

(1)绝大多数电气设备发生短暂的过载是允许的,因为额定温升与其绝缘材料的允许温度之间都有适当的余量,而且温度升高需要一定的时间。

(2)若实际的环境温度超过规定的标准环境温度(如45 ℃),应考虑适当减载或加强冷却措施。注意清除任何妨碍散热的因素和故障,如表面的污垢、覆盖、遮挡、通风道的阻塞等。

(3)不同工作制的电气设备不能互换代替。例如短时工作制的设备,其标准短时工作制有15 min、30 min、60 min和90 min四种。因其运行时间短,在运行期间达不到稳定温度,为充分利用绝缘材料的耐热性能,其使用的额定电流(或功率)要大于连续工作制的,使其运行的最后温度接近于绝缘材料的允许温度,所以不能以短时额定值连续运行。重复短时工作制是以10 min为一个周期重复循环,在一个周期中额定运行时达不到稳定温度,空载运行时又降不到环境温度。由于它比连续运行的多了空载散热的时间,其使用的额定值也偏高,所以不能作连续运行使用。重复短时工作制的额定负荷工作时间与工作周期之比称为负载持续率或暂载率(FC%)。标准持续率有15%、25%、40%和60%四种。

第五节　船舶电缆及处理工艺

一、船用电缆的结构和选择

1.船用电缆的结构

船用电缆一般由导电芯线、绝缘层和护套三部分组成,有些船用电缆在其防护套外还附加有铠装层或是屏蔽层,能够增强抗机械损伤能力和电气屏蔽作用,图10-8是船用三芯电缆的一般结构图。

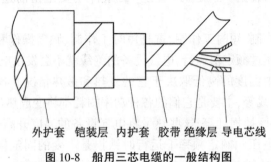

外护套　铠装层　内护套　胶带　绝缘层　导电芯线

图10-8　船用三芯电缆的一般结构图

(1)芯线:主要功能是传输电能并承受一定的机械力。芯线的材料基本上都是电解铜,电解铜可提高其导电性能。芯线的形状一般为圆形,这样有利于增大散热面积。芯线有单股与多股之分。多股芯线是为了在大电流通过时减小电缆的温升,由多根圆形截面软铜丝绞合而成。

(2)绝缘层:主要功能是隔绝芯线与外界物质的联系,防止芯线接地或相间短路;同时起保护芯线、延长电缆使用寿命的作用。

目前船用电缆采用的绝缘材料有天然橡胶、聚氯乙烯、丁苯-天然橡胶、丁基橡胶、矿物质或有机硅橡胶等。

(3)护套:主要功能是用来保护电缆内部免遭机械损伤,同时防止水、盐雾、油、生物、火灾、霉菌等各种腐蚀的破坏。护套的常用材料是聚氯乙烯和橡皮,聚氯乙烯护套具有较好的综合防护性能(机械强度高,不延燃,有较好的耐油、耐酸碱性);而橡皮护套的弹性、耐磨性、柔软性、温度适应范围等较好。某些合成橡皮还具有一些特殊的性能,如丁腈橡皮有良好的耐油、耐水、耐磨和不延燃性能,而且机械强度较高;氯丁橡皮有较高的机械强度和不延燃性能,而且气候适应性好。

(4)铠装层:铠装层是一种具有高强度保护作用的护层,适用于机械损伤较严重场合的电缆。船用电缆采用的铠装层有镀锡铜丝编织、镀锌钢丝编织、尼龙编织和金属软管等,其中金属软管铠装层有很好的机械保护性能。

2.船用电缆的选择

(1)电缆型号的选择

常用的电力和控制电缆的规格用芯线数和截面积表示。例如:3×50,表示3芯,每根芯线的截面积是50 mm²;30×1,表示30芯,每根芯线的截面积是1 mm²。船用电缆种类和型号主要由五部分组成：

分类代号 + 绝缘代号 + 护套代号 + 派生代号 + 外护层代号

（2）电缆截面积的选择

电缆的载流量是确定导体截面积的主要依据，主要由绝缘材料的长期允许工作温度、环境温度、工作制和敷设条件等决定。必须根据使用条件选择电缆，保证电缆实际通过的电流低于其允许电流。

选择电缆截面积时，要注意以下几点：

①对于同一导体截面积的电缆，芯数越多，额定载流量越小。

②随着导体截面积的增加，单位面积的额定载流量减小。

③绝缘材料允许的工作温度越高，额定的载流量越大。

船舶电缆经多年的使用后，其绝缘层会老化，并且可能受到外部的损伤，如机械损伤、局部火灾和海水侵蚀损伤等，这些损伤将使电缆失去工作能力。当局部损伤时，需要根据要求选择电缆进行更换。

二、电缆的切割、芯线端头处理及接线处理

（一）电缆芯线长度的确定

电缆在切割时必须要留有合适的长度。芯线的长度包括必需长度、备用长度和余量长度。必需长度是指芯线沿控制箱内壁至所连接的接线柱的长度，加上制作端头所需长度之和；备用长度的作用是保证同一根电缆的芯线在相应的接线柱之间能够互换。对于三芯电力电缆，只需保证其中任意两根能对调即可，如图10-9所示。

对于芯线截面积小于 4 mm² 的电缆，除留有必需长度和备用长度外，还要留有能再制作 2~3 个同样端头的余量长度。对于芯线截面积大于 6 mm² 的电缆，一般是由电缆切口处到接线柱直接引线，芯线除留有必需长度和备用长度外，可不留余量长度。对于多芯电缆，在确定芯线长度时，应能保证芯线沿控制箱内壁可以接至最远一个接线柱，然后，再留有制作 2~3 个同样端头的余量长度，如图10-10所示。

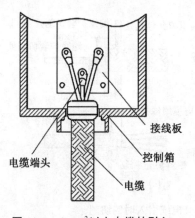

图10-9　6 mm²以上电缆的引入

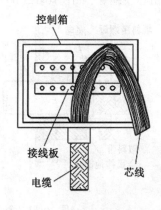

图10-10　多芯电缆的芯线长度

此外，芯线长度的确定，不但要考虑控制箱内允许安置芯线空间的大小，还要考虑芯线在

控制箱内的布置情况,要做到整齐、对称和美观。

(二)电缆的切割

电缆引入控制箱前,按引入方式及芯线长度的要求保留好足够长度的电缆后,即可将多余的电缆切除,并剥掉一定长度的电缆护套或编织铠装层,以避免造成控制箱内器件的损坏或短路。同时由于控制箱内的空间有限,芯线的长度必须适当,不能过长。在对电缆进行具体切割时,必须了解以下的切割要求和切割方法。

1.电缆护套切割的要求

(1)电缆护套切割如图10-11所示,在切割电缆护套时,不得损伤芯线的绝缘层,并要保证电缆引入控制箱时芯线有必要的长度。

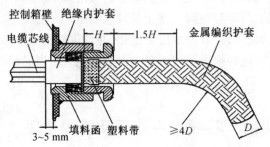

图10-11　电缆通过填料函引入控制箱时的切割

(2)在切割绝缘内护套时,电缆引入控制箱的进口处且靠近控制箱内壁一侧的绝缘护套应保留3~5 mm,如图10-11所示。对内部空间较宽敞的设备(主配电板、分电箱等),其护套可保留至接线柱附近再剥去。

(3)对于绝缘内护套在接线柱附近剥去的电缆,其金属编织护套应在电缆进入控制箱后,靠近内壁处切割。内护套露出金属编织套距离不能少于5 mm。

(4)电缆进入防水填料函时,金属编织护套应在进入填料函的密封圈前切除,使填料压紧在电缆的绝缘护套上,以保证其密封良好;而金属编织护套的切口不应露出填料函压紧螺母的外表面,以防止金属丝扎伤电缆或造成短路,如图10-12(a)所示。

(5)电缆进入无防水要求的控制箱时,其金属编织护套应比绝缘护套多切除2~3 mm,以免编织护套刺伤芯线绝缘,如图10-12(b)所示。

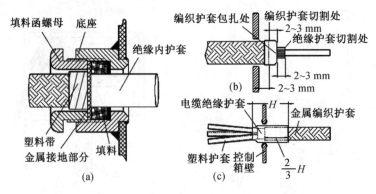

图10-12　金属护套电缆引入时的切割

(6)金属编织护套切割后,应在切割处包以2~3层塑料胶带扎紧,以防编织护套松散。芯线如需加套管,则应连同芯线套管从根部开始一起包扎,一般应使包扎长度的2/3在金属编织护套上,如图 10-12(c)所示。

(7)对于采用金属护套接地的电缆,在切割时必须留有接地所需要的金属编织套的长度。在切割处,先将金属编织护套剥开一缺口,然后将金属编织护套完整无损地脱出,再在其端部连接接地端。

2.电缆护套切割的方法

(1)金属编织护套及绝缘护套的切割

打开控制箱,观察其内部接线柱的布置情况,确定芯线在控制箱内的分支和线路,同时依据进入控制箱的电缆芯线截面积的大小,确定芯线的长度。

将电缆引入控制箱,做好切口标记。对于电缆束,要求切口在同一直线上。

按切口标记切除金属编织护套。对于钢丝编织套,因其涂有防锈漆,使编织护套与绝缘护套黏合在一起,这会给剥除编织护套造成困难,此时可用木槌轻轻敲击,待其分离后再行切割。敲击时切勿用力过大,以免使电缆变形受损。

绝缘护套在切割时,可从距已切割的金属编织护套边 2~3 mm 处开始,在绝缘护套上做一圆周切口,切口深度为绝缘护套深度的 2/3,并以同样的深度做纵向切口,直至电缆末端,如此便可将绝缘护套剥去。对于天然橡胶护套,且电缆直径在 20 mm 以下时,可不做纵向切口;对于电缆直径在 20 mm 以上的绝缘护套,开剥时劳动强度较大,可使用绝缘护套开剥叉等专用工具。

(2)塑料电缆的切割

塑料电缆的切割比较困难,切割时必须做圆切口及两条对称的纵向切口,且要求切口深度应为护套厚度的 4/5 左右,通常采用由钢锯条制成的切割刀等专用工具来切割。

(三)电缆芯线的套管及包扎

切割后的电缆,由于芯线与绝缘层间、芯线内部、绝缘层与护套间都存在缝隙,易使潮气或腐蚀性气体侵入而降低电缆的绝缘性能,从而会缩短电缆的使用年限。另外,由于船舶环境条件差,其中的高温、凝露、盐雾及霉菌等也会加速电缆绝缘层的老化。因此,必须对船舶电缆的芯线进行套管或包覆处理。

电缆芯线的处理,要满足以下的要求:

(1)进入防水式电气设备的电缆芯线,不必进行包扎。

(2)进入防滴式、防护式和开启式设备的电缆,若芯线为橡皮绝缘,且有可能受到腐蚀性气体污染时,则应套塑料管或包上塑料胶带加以保护。采用套管包扎时,套管的直径不宜过大,长度应略大于芯线绝缘的长度,套管应套至芯线的根部,套管与护套的连接处,应用塑料胶带扎紧,如图 10-13(a)所示。

而采用塑料胶带包扎时,应在芯线的全长上进行包扎,要保证塑料胶带有 1/2 左右的重叠,且应从芯线根部开始包至端部,再从端部回绕到根部,如图 10-13(b)所示。

(3)对于进入白炽灯、电阻箱等温度较高的电气设备的电缆芯线,应套以玻璃丝套管或玻璃丝黄蜡管保护;对于进入电热炉等高温电气设备的电缆芯线,应剥去绝缘层,在芯线上套以瓷珠加以保护,而且瓷珠必须要有一定的密度,否则会引起芯线的短路。

(4)塑料绝缘的电缆芯线,可不必进行包扎塑料胶带的处理。

(5)控制箱内的电缆芯线应置于线槽内或予以捆扎,以防止芯线束晃动。捆扎时,可采用塑料螺旋管、尼龙扎带及尼龙线等。

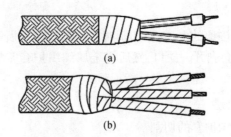

图 10-13　电缆芯线的处理

（四）芯线的标记、端头制作和接入

1.芯线的标记

电缆芯线的端头处应有与图纸相对应的标记(线号),以便于控制箱故障的检查与维修。芯线标记的符号应清晰、整齐、耐久且不褪色,通常选用与芯线绝缘层外径相符的白色塑料套管(或 PVC 套管、热缩管)切割而成,上面的字符可用线号机打印或用特种墨水手写。控制箱内芯线线号套管应排列整齐。

2.芯线端头的制作

控制箱等设备对外接线采用接线(端子)板,内部导线与外部电缆芯线的导线在接线板上的连接片(接线柱)上连接。连接是可拆卸的,而且可以多次拆卸。在现场调试设备或将设备拆下船修理,都需要拆开接线连接。端头制作就是要保证连接牢固,可以多次拆卸而不会损坏。

目前,船舶电缆芯线端头的处理,广泛采用的是在芯线端头上压接冷压铜接头的工艺方法。其规格为 $1 \sim 400 \ mm^2$,常用的形式有:板形铜接头,如图 10-14(a)所示;管形铜接头,如图 10-14(b)所示。

(1)电缆冷压接头的压接工艺

①选择的冷压接头套管内径略大于电缆芯线端头的外径,其接线孔径应略大于控制箱内接线柱的直径。

②芯线的绝缘层的切割不得损伤芯线,且切口应平整,其切割长度 $L = L_1 + (2 \sim 3 \ mm)$,如图 10-14(c)所示。

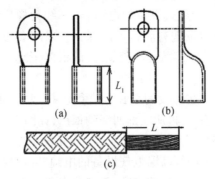

图 10-14　芯线端头的制作

③压接前应除去铜接头上的橡皮膜及油污等杂质。

④所有冷压接头必须用专用工具或模具进行压接,且应保证压接质量。2.5 mm^2以下芯线铜接头压紧后应用手拉一下来检查其松紧情况。

（2）芯线端头制作步骤

芯线端头是绞合多股导线,如果用螺钉压紧会散开,特别是大截面导线。因此都是在端头上压接铜接头,铜接头有孔状和销(针)状。孔状铜接头端头制作步骤如图10-15所示。芯线端铜接头用螺钉紧固在控制箱内的接线板上。

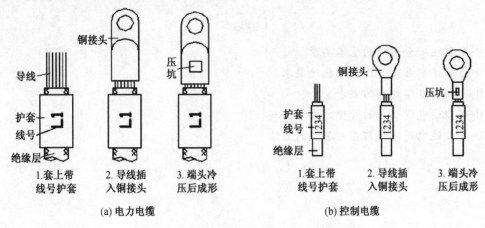

(a) 电力电缆　　　　　　　(b) 控制电缆

图10-15　电缆芯线孔状铜接头端头制作步骤

3.芯线的接入

（1）在电缆芯线完成端头制作后,即可按图纸编号将之正确地接至控制箱内的接线柱或接线板上。

（2）接线应保证准确无误、接触良好、连接牢固。螺栓连接端子应有防止松脱的弹簧垫圈和平垫圈。

（3）接线前的对线非常重要,查对芯线是对电缆两端同一芯线的确认,也是对芯线色标或数字标记的再确认。图10-16是对线方法示意图,对线需要两个人合作,采用电流回路的方法进行。一人在设备1处,用接地线将一根芯线对地连接,箱脚的固定螺栓是与船体连接的;另一人在设备2处,用万用表的一端接地(船壳),一端逐一连接电缆芯线,如果万用表指示电阻为0,则说明这根芯线和设备1处接地的芯线是同一根。

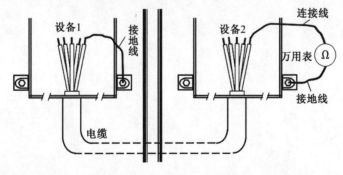

图10-16　对线方法示意图

（4）导体在接线端固定时,应采用面接触,以保证其能承受短路电流的热和力的作用。

复习思考题

10-1 叙述安全用电的基本要求。

10-2 叙述船舶电气设备的接地要求。

10-3 叙述电缆切割的要求。

10-4 叙述电缆端头的处理方法和连接。

10-5 叙述电缆接线前查对芯线的方法。

附录 海船船员考试大纲(2022版)实操评估考试大纲 (电气自动化部分)

电气与自动控制(大管轮)

评估大纲	适用对象		
	3 000 kW 及以上船舶大管轮	750~3 000 kW 船舶大管轮	未满 750 kW 大管轮
1 电气安全			
1.1 常用电气仪表的使用,如万用表、钳形表、电压表、电流表、兆欧表等	√	√	√
1.2 安全用电的基本要求	√	√	√
1.3 电路符号及电路图的识读			√
2 电气控制故障分析			
2.1 一般电机起动控制箱的故障诊断,如断线、短路或接地	√	√	
2.2 常见电气元件的故障,如继电器、接触器	√	√	√
2.3 常见电气元件的故障,如断路器、大功率器件、发电机、电动机等	√	√	
3 单个器件的功能测试			
3.1 二极管、三极管	√	√	√
3.2 晶闸管、IGBT、PLC 模块、电磁阀、电动执行机构等	√	√	
3.3 热继电器的功能测试方法	√	√	
3.4 继电器和电磁接触器的功能测试方法	√	√	
3.5 时间继电器的功能测试方法	√	√	
3.6 熔断器的功能测试方法	√	√	√
3.7 塑壳断路器(MCCB)的功能测试方法	√	√	
3.8 空气断路器(KACB)的功能测试方法	√	√	
4 单元的测试和功能试验			
4.1 智能传感器的测试	√	√	
4.2 温度控制模块	√	√	
5 系统功能测试及故障处理			
5.1 主机遥控系统的操作程序,功能测试及故障处理	√	√	
5.2 发电机及配电系统的操作程序,功能测试和故障处理	√	√	√
5.3 辅锅炉控制系统保护功能的操作程序及故障处理	√	√	
5.4 分油机自动控制操作程序及故障处理	√	√	

续表

评估大纲	适用对象		
	3 000 kW 及以上船舶大管轮	750~3 000 kW 船舶大管轮	未满 750 kW 大管轮
5.5　制冷和空调自动控制和保护的操作程序及故障处理	√	√	
5.6　舵机控制的操作程序及故障处理	√	√	
5.7　泵和管系控制的操作程序及故障处理	√	√	
5.8　甲板机械电气控制的操作程序及故障处理	√	√	
5.9　电机起动控制、油泵自动起动控制、报警及报警监测系统等的功能测试	√	√	√
5.10　火灾探测系统的功能测试	√	√	√
6　自动控制系统的常见故障及处理方法			
6.1　常见传感器和执行阀件的故障诊断,包括 PT100 断线、热电偶断开,4~20 mA 信号回路断开或短路,热敏电阻、光敏电阻、光电池、差动变压器、磁感应接近开关、编码器、转换模块等	√	√	√
6.2　电动阀卡死、气动阀漏气	√	√	
6.3　变送器的校准和调整方法	√	√	√
6.4　调节器的接线与操作使用	√	√	
7　PLC 的联机操作与 PLC 主要模块故障分析,如信号不到位、执行不到位、程序错误等			
8　监测系统的故障诊断			
8.1　监测系统通信总线的状态检测和故障判定	√		
8.2　监测系统主要接口功能模块的测试和故障诊断	√	√	
9　计算机控制系统的常见故障及排除			
9.1　线路故障、接口故障、继电器板故障	√		
9.2　通信故障、内存故障、CPU 死机等	√		
10　软件版本控制			
10.1　软件的备份与记录	√	√	
10.2　参数的备份与记录	√	√	
10.3　软件的版本跟踪升级	√	√	
10.4　PLC 程序的上传与下载	√	√	
10.5　计算机应用程序和参数的编辑与保存	√	√	
11　高压装置的安全操作			
11.1　高压电的检测与操作规程			
11.2　高压操作五防措施	√		
11.3　高压配电装置的操作与管理	√		

电气与自动控制（二/三管轮）

评估大纲	适用对象	
	750 kW 及以上船舶二/三管轮	未满 750 kW 船舶二/三管轮
1　电气控制箱的维护保养及故障查找与排除		
1.1　根据线路图,指出各元器件在控制箱内的实际位置	√	
1.2　根据故障现象判断故障性质和故障可能存在的环节	√	
2　电子控制线路识图、器件识别与功能测试、焊接与装配		
2.1　电子元器件的识别	√	
2.2　电路板、电子元器件的焊接与装配	√	
2.3　电气控制线路图识别	√	
2.4　简单的电子控制线路图识别	√	
3　船舶电力系统的继电保护及主要故障的判断和排除		
3.1　自动空气断路器的维护;主要故障的判断及排除	√	
3.2　发电机外部短路、过载、失(欠)压故障的判断	√	
3.3　船舶电网绝缘性能降低和单相接地故障的查找	√	√
4　船舶电站手动操作		
4.1　发电机手动准同步并车	√	
4.2　并联运行发电机组的负荷转移及分配	√	
4.3　发电机组的解列	√	
5　船舶电站的管理与维护		
5.1　主配电板安全运行管理	√	√
5.2　发电机主开关跳闸的应急处理	√	
5.3　船舶应急配电板与应急发电机功能试验	√	
5.4　岸电箱的使用及其功能试验	√	√
5.5　船舶自动化电站	√	
6　高电压设备(如适用)		
6.1　能够在高压系统出故障时采取必要的补救措施,制定高压系统部件隔离的切换方案	√	
6.2　熟练操作船舶高压电系统,执行系统切换和隔离程序,进行高压设备绝缘电阻检测	√	
7　自动化仪表		
7.1　温度、压力测量仪表的使用、保养	√	
7.2　压力开关的操作和调整	√	
7.3　电动差压变送器的使用操作与调整	√	

续表

评估大纲	适用对象	
	750 kW 及以上船舶二/三管轮	未满 750 kW 船舶二/三管轮
7.4 数字式调节器的使用操作与调整	√	
8 船舶自动控制系统		
8.1 熟练识读气动系统图	√	
8.2 掌握自动控制系统各主要单元的功能和性能测试方法，包括测量单元、调节单元和主要执行阀件的效能测试	√	
8.3 冷却水温度控制系统的功能测试	√	
8.4 主推进装置的安全保护功能测试	√	√
8.5 副机安全保护的功能测试	√	√
8.6 燃油黏度自动控制系统的功能测试	√	
8.7 辅锅炉安全保护及自动控制系统的功能测试		√
8.8 分油机自动控制系统的功能测试	√	
9 推进装置及控制系统的安全操作与应急程序		
9.1 熟练实施主机自动减速和停车后的恢复程序(包括机动操作的转换、机动操作方法、故障排除等)	√	
9.2 熟练实施全船停电后的恢复程序,包括副机的重新启动或备用副机的启动、电力供应的恢复、故障排除等	√	
9.3 熟练实施火警系统、风油切断装置动作后的故障排除及功能恢复	√	
10 机舱监视与报警系统		
10.1 掌握报警监视系统的使用	√	√
10.2 报警监视系统的功能测试	√	√
10.3 相关信息查找	√	√
10.4 主要参数的设置(如报警设定值,延时时间值等)	√	√

船舶电工工艺和电气设备

评估大纲	适用对象	
	750 kW 及以上船舶二/三管轮	未满 750 kW船舶二/三管轮
1 熟练使用万用表		
1.1 测量电阻和交(直)流电压	√	√
1.2 进行二极管性能测试与极性判别	√	√
1.3 进行晶体管性能测试与极性判别	√	
1.4 进行可控硅的性能测试及极性判别	√	
2 熟练使用钳形电流表测量线路电流	√	√
3 熟练使用交流电压表和电流表		
3.1 交流电压的测量	√	√
3.2 交流电流的测量	√	√
4 熟练使用便携式兆欧表对电气设备的绝缘电阻值进行测量	√	√
5 继电器、接触器的维护保养及其参数整定		
5.1 熟练测试、调整压力继电器(或温度继电器)的设定值与幅差值	√	
5.2 熟练整定时间继电器	√	
5.3 熟练整定热继电器	√	
6 船用电动机维护保养和起动		
6.1 熟练解体交流电动机	√	√
6.2 熟练装配交流电动机	√	√
6.3 熟练清洁电动机、检查零部件,添加轴承润滑脂	√	√
6.4 熟练处理受潮、绕组绝缘值降低的电动机	√	√
6.5 三相异步电动机不能起动故障的可能原因的判断	√	√
6.6 三相异步电动机起动后转速低且显得无力故障的可能原因的判断	√	
6.7 三相异步电动机温升过高故障的可能原因的判断	√	√
6.8 三相异步电动机运行时振动过大故障的可能原因的判断	√	√
6.9 三相异步电动机轴承过热故障的可能原因的判断	√	√
6.10 熟练连接三相异步电动机直接起动控制电路	√	√
6.11 熟练连接三相异步电动机星—三角降压起动控制电路	√	
6.12 熟练连接三相异步电动机变频起动	√	
6.13 熟练使用 PLC 控制电动机的起停,并进行编程和测试	√	

续表

评估大纲	适用对象	
	750 kW 及以上 船舶二/三管轮	未满 750 kW 船舶二/三管轮
6.14　电压、电流互感器的功能测试与安装使用		
7　照明设备的维护		
7.1　熟练安装与检修船用灯具	√	√
7.2　常见灯具的检修	√	√
8　蓄电池的使用与维护		
8.1　蓄电池的使用	√	√
8.2　蓄电池的维护与保养	√	√

参考文献

［1］中国船级社.钢质海船入级规范,2023.

［2］中华人民共和国国海事局.海船船员考试大纲.2022 版,2022.

［3］交通运输部.海船船员培训大纲.2021 版,2021.

［4］吴浩峻,王浩亮,张金男.船舶电气设备及系统.大连:大连海事大学出版社,2021.

［5］吴浩峻.船舶电站自动控制系统.大连:大连海事大学出版社,2020.

［6］张春来,吴浩峻.船舶电气设备管理与工艺.3 版.大连:大连海事大学出版社,2016.

［7］林洪贵.船舶电站.西安:西安交通大学出版社,2015.

［8］中国船级社.国际海事组织国际海上人命安全公约综合文本 2014.北京:人民交通出版社.

［9］张春来,吴浩峻.船舶电气设备维修技术.大连:大连海事大学出版社,2011.

［10］张立毅,王华奎.电子工艺学教程.北京:北京大学出版社,2006.

［11］李万成.模拟电子技术基础实验与课程设计.哈尔滨:哈尔滨工程大学出版社,2001.